北欧の巨匠に学ぶ図法

家具・インテリア・建築のデザイン基礎

BASIC DESIGN OF FURNITURE / INTERIOR / ARCHITECTURE

鈴木敏彦＋大塚篤＋小川真樹＋半田雅俊＋村山隆司

ARNE JACOBSEN

彰国社

「ブックデザイン」　榮元正博

読者へ

アルネ・ヤコブセンは、生前のインタビューで以下のように告白している。

「誰でも若い時にはアイデアが豊富に浮かぶ。そして建築家として自分と重ね合わせる人物が出てくる。私の場合、その尊敬する人物はミース・ファン・デル・ローエだ。家具まで含めた一貫性を感じた。ベルリンの展示会だった。彼のバルセロナ・チェアは有名だ。理想を追求したデザインは現代でも高く評価されている。」

ヤコブセンにとって、デザインと建築の師匠は同時代のミースだった。何かを学ぼうと考えたとき、その道の先を行く人物から学ぶことは多い。しかし結果的に、ヤコブセンはミースよりも多くの家具やプロダクトを発表した。尊敬する人物の仕事を目の端で追いかけながら、彼は彼なりのデザインを成し遂げたからだ。

それにしても、師に値する人物と巡り会えるのはなんて幸運なことだろう。そこで本書では建築を学ぶ諸君の指南役に、アルネ・ヤコブセンを選んだ。最初は真似るだけでもいい。やがて彼の考え方を習得し、自分の手で再構成していくうちに、わずかながらもオリジナリティが生まれてくるだろう。続けていくうちに、いつかは師匠を超える日が来る。

本書では、身の回りの家具やプロダクツから、インテリア、建築へとスケールを広げる方法を記した。北欧の建築およびデザインの巨匠であるアルネ・ヤコブセンの作品に触れながら、建築を総合的にデザインする方法をひもといた。かつてヤコブセンが、20世紀の巨匠のひとりであるミース・ファン・デル・ローエからトータルデザインを学んだように、読者諸君が本書を噛み砕いて、21世紀の建築の時代をつくっていくことを願っている。

CONTENTS

3 建築の図法

4 おわりに

0

prologue

はじめに

アルネ・ヤコブセンの家具・プロダクト、インテリア、建築を題材に図法を学ぶ

従来、日本の建築教育は工学系で教えられ、インテリアデザインやプロダクトデザインは美大系で教えられてきた。しかし、そもそも建築とは総合的なものだ。人々が生き生きと生活するためには、身の回りのスケールまで含めたデザインが重要である。

本書は、プロダクト、インテリア、建築を横断するデザインを総合的に学ぶための教科書である。建築という総体を表現するためにはトータルデザインの図法が重要となる。そこで、北欧デザインの巨匠であるアルネ・ヤコブセンに指南役として登場してもらう。ヤコブセンは生涯をかけて建築のみならず、家具や照明、フォークやグラス、さらにはドアノブやスイッチまでもトータルにデザインした。

本書の構成は大きく3つに分かれる。

家具・プロダクトデザインの図法の章では、アントチェアおよびウォータージャグを教材に、スケッチや第3角法および家具模型制作を学ぶ。インテリアデザインの図法の章では、SASロイヤルホテルのROOM606を教材として平面図、展開図、一点透視図および内観模型制作を学ぶ。さらに建築の図法の章では、未来の家を教材として平面図、断面図、立面図、アクソノメトリック図および外観模型制作を学ぶ。最後に、彩色・プレゼンテーションを学び、トータルデザインの図法は完成する。

アルネ・ヤコブセン Arne Jacobsen（1902 – 1971）

1902年、デンマーク、コペンハーゲンに生まれる。画家をめざしたが父の反対にあい、1924年に22歳でデンマーク王立アカデミーに入学し建築の道に進む。卒業設計はアカデミーのゴールドメダルに輝いた。1927年に卒業。以後、本書に取り上げた作品を中心に年代を追っていくと、卒業2年後の1929年にパリのコンペにてフレミング・ラッセンと共同で応募した「未来の家」で優勝。一躍有名になり、独立し事務所を開設した。1931年、コペンハーゲン郊外のクランペンボー地区のリゾート開発のコンペに優勝し、ベラヴィスタ集合住宅（1934）、ベルビュー・シアターとレストラン、テキサコ・ガスステーション（1937）を次々と発表。1937年、デンマーク第2の都市であるオーフスの市庁舎（1942）のコンペに勝ち建設。1943年、ユダヤ人のヤコブセンは、ナチスの迫害を恐れスウェーデンに亡命。1946年帰国。1950年、クランペンボー地区にスーホルム集合住宅を設計し、そこに自宅兼オフィスを構える。1952年に、世界初の成形合板一体型のアントチェアを世に送り出し、1955年にはその改良版としてセブンチェアを完成させる。1956年、母校の王立芸術アカデミーの教授に就任。1960年、デンマーク初の高層建築となったSASロイヤルホテルを竣工。エッグチェア（1958）、スワンチェア（1958）、AJランプ（1957）、AJカトラリー（1957）等は、すべてこの建築のためにデザインしたものである。

1970年、プレファブリケーションの実験住宅、クーブフレックスハウスを開発。現在はトラポルト・ミュージアムにて展示している。1971年、コペンハーゲン中心部のデンマーク国立銀行（1978）の完成を見ぬまま、自宅にて心臓発作で急逝。享年69歳。

❶ 家具・プロダクトデザインの図法

始めにアントチェア（1952）を題材に、デッサン、スケッチの基礎を学び、1/5 スケールの家具模型を制作する。次にウォーター・ジャグ（1967）を題材に、詳細に実測して、全体の形状を第 3 角法によって 1/3 スケールで作図。プロダクト制作のためのの図面は、一般的に第 3 角法で表すことになっている。さらに、取手の 1/1 スケール部分詳細図を作図する。

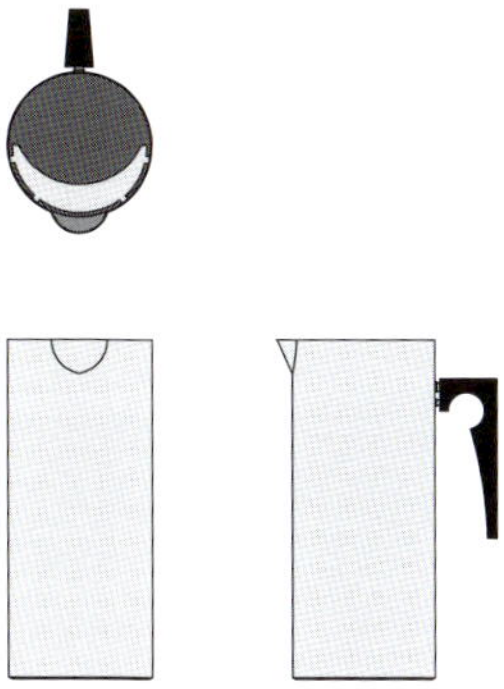

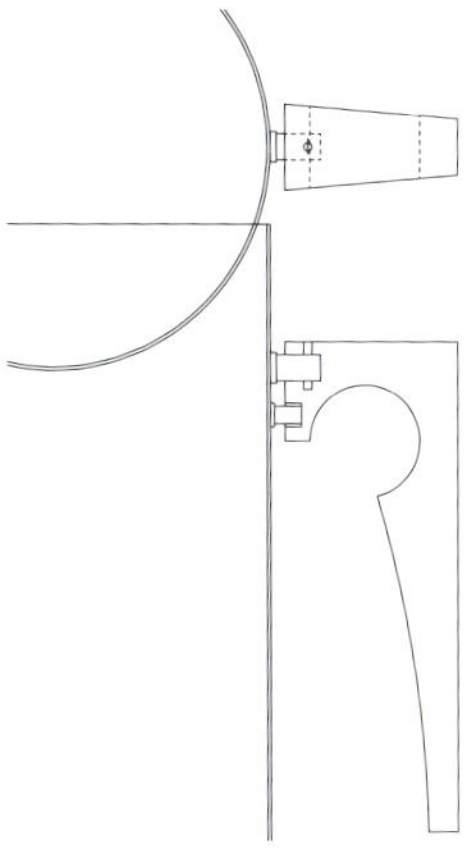

本書で取り上げる作品

アントチェア（1952）、ウォータージャグ（1967）、アッシュトレイ（1967）、エッグチェア（1958）、スワンチェア（1958）、AJ フロアランプ（1957）、AJ デスクランプ（1957）、AJ カトラリー（1957）、AJ ディスカス（1956）、セブンチェア（1955）、AJ ロイヤル（1960）

❷ インテリアデザインの図法

SAS ロイヤルホテルの ROOM606（1960）を教材として、1/50 スケールの平面図、展開図および一点透視図を作図し、1/50 スケールの内観模型を制作する。展開図はインテリア図面の基本である。また、模型では内部の家具や照明器具も表現しよう。一点透視図は、内部の構成を表現するのみならず、デザインの手助けにもなる効果的な表現技法だ。この ROOM606 の図面は本書のために現地で実測し、東京で編集、制作したものである。

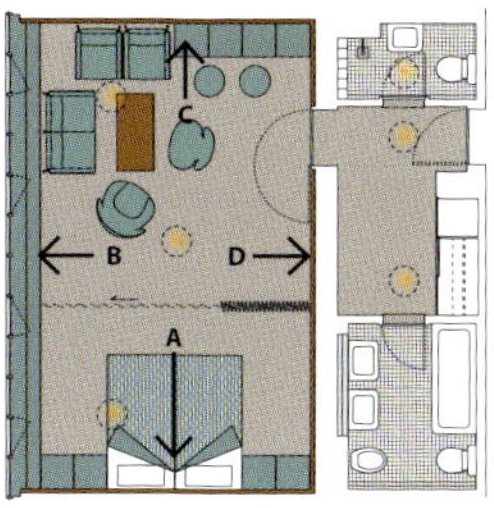

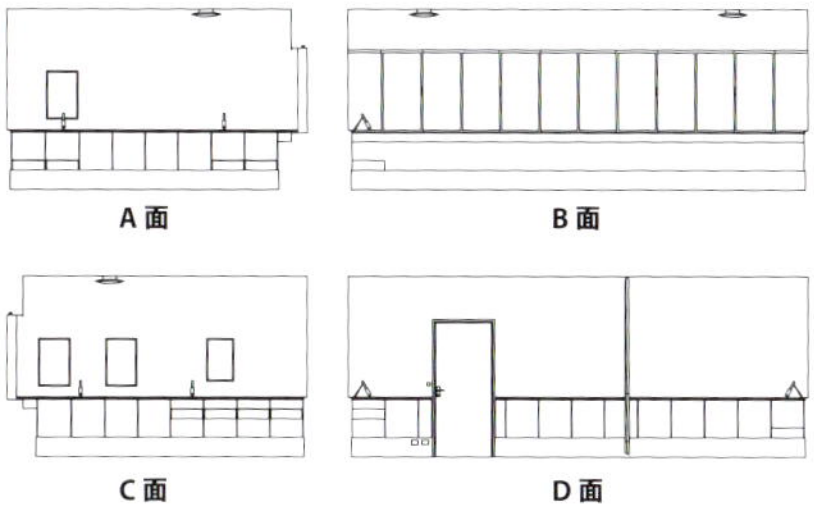

本書で取り上げる作品

SAS ロイヤルホテル ROOM606（1960）

❸ 建築の図法

「未来の家」（1929）を題材に 1/100 スケールの配置図、平面図、断面図、立面図およびアクソノメトリック図を作図し、1/100 スケール外観模型を制作する。最後に彩色およびプレゼンテーションについて学び、トータルデザインの図法を身に付ける。アクソノメトリック図は、平面図から高さを立ち上げるだけで形状を立体的に表現する技法だ。

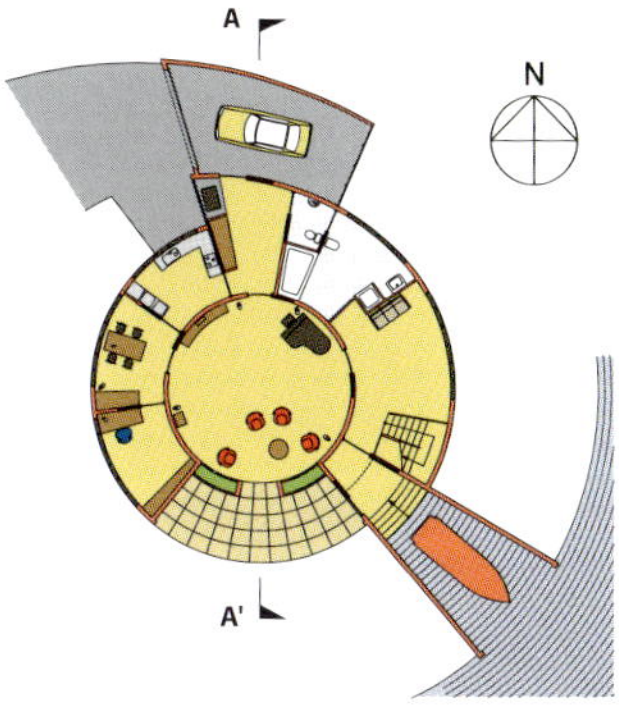

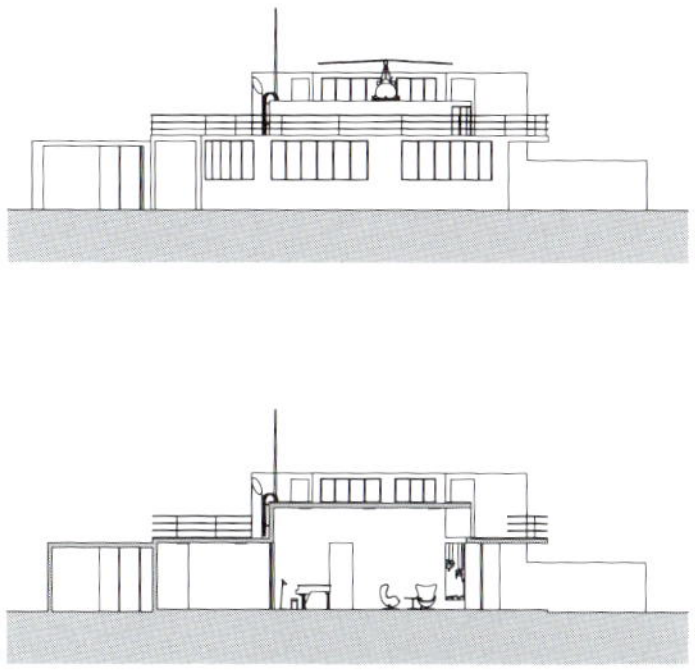

本書で取り上げる作品

未来の家（1929）、スーホルム集合住宅（1950）、オーフス市庁舎（1942）、ベラヴィスタ集合住宅（1934）、ベルビュー・シアターおよびレストラン（1937）、テキサコ・ガスステーション（1937）、クーブフレックスハウス（1970）、デンマーク国立銀行（1978）

アルネ・ヤコブセンのトータルデザインは なにをめざしたか

建築をトータルにデザインすると、一体どんな建造物になるのだろうか。その答えを、アルネ・ヤコブセンが設計を手がけた「SAS ロイヤルホテル」（現・ラディソンブルー・ロイヤルホテル）に見ることができる。ヤコブセンが58歳の時の作品だ。

1960年、レンガ積みの建物が並ぶコペンハーゲンの街中にガラス張りの高層ホテルが出現したとき、市民は強く反発した。とてもモダンな外観だったからだ。

デンマーク国立芸術図書館の建築資料室を訪ねて当時の原図を調べると、窓割りのプロポーションや色彩計画を何度も変更し、スタディを繰り返した痕跡を見ることができる。

ヤコブセンは4年の歳月をかけて、客室のスイッチに至るまで、あらゆるインテリアエレメントをデザインした。エッグチェア（1958）、スワンチェア（1958）、AJランプ（1959）、AJペンダント（1959）、AJカトラリー（1957）、ドアハンドル（1957）をはじめ、ロビーのバーカウンター、時計、ホテルのロゴデザインに至るまで、膨大なスケッチが遺されている。

彼が細部にこだわったのは、何でもデザインしなくては気が済まない性格だったからではなく、理想的なホテル環境を実現するためにはトータルデザインが必要だったからだ。ヤコブセンのプロダクトは現在も販売され人気を博している。

Architecture Design

建築

SAS ロイヤルホテル（1960）
現・Radisson Blu Royal Hotel, Copenhagen

アルネ・ヤコブセンが1956年から4年の歳月をかけて1960年に完成させた、デンマーク初の高層ビル。コペンハーゲン中央駅とチボリ公園に近接し、市内を一望する位置にある。外装には当時最先端だった全面ガラスのカーテンウォールを用いている。内部も未来のホテル環境を創出するというコンセプトに基づき、ヤコブセンがすべてデザインした。家具、照明器具、カーテン、カーペット、テーブルウェア、ドアノブ、水栓まで建築家が手がけた例は類を見ない。まさにトータルデザインの極致と言えるだろう。

2001年にホテルは当初のコンセプトを継承しつつ全面改装を済ませた。各部屋には新しいセブンチェアやスワンチェアが置かれ、ヤコブセンがデザインした水栓やドアノブが備え付けられている。唯一、ROOM 606はヤコブセン・スイートと名付けられ、建築当時のままの色合いと内装が保たれている。

全面改装後の客室インテリア

セブンチェアやスワンチェアのみならず、ドアノブや水栓までもヤコブセンのデザインを継承している。

Furniture / Product Design

家具・プロダクト

AJ ディスカス　1956 年

AJ カトラリー　1957 年

エッグチェア　1958 年

スワンチェア　1958 年

Interior Design

インテリア

ヤコブセン・スイート／ ROOM 606

SAS ロイヤルホテル（現・ラディソンブルー・ロイヤルホテル）は、現在でもヤコブセンのトータルデザインを味わえる場所だ。当時の家具がそのまま残されている ROOM 606 は一見の価値がある。

ホテル 1 階ロビー

ロビーのエッグチェアに腰掛けると頭の両脇がヘッドレストに覆われ、視点が包み込まれる。広いロビーの中にあっても、パーソナルスペースが生まれてとても落ち着く。

階段

ヤコブセンにとって階段はインテリアを構成する主要な要素であり、空間の見せ場だ。軽やかな螺旋階段は吊り構造によって可能となった。

1

Furniture / Product Design

家具・プロダクトデザインの図法

アルネ・ヤコブセンのアントチェアとウォータージャグを題材にプロダクトの図法を学ぶ

セブンチェア
1955　フリッツ・ハンセン社
W500XH780XD520 SH440
チェリー＋スチール

エッグチェア
1958　フリッツ・ハンセン社
W860XH1070XD950 SH370mm
レザー＋スチール

スワンチェア
1958　フリッツ・ハンセン社
W740XH770XD680 SH400mm
ファブリック＋スチール

アントチェア
1952　フリッツ・ハンセン社
W480XH770XD480 SH440mm
ビーチ＋スチール

アントチェアの名前の由来は、背板のくびれがアリ（ａｎｔ）の頭をイメージさせるからだ。３次元曲面の成形において、ひび割れが生じやすい背板の部分を何度もつくり直した結果、この独特の形状が生まれたという。現在も、デンマークを代表する家具メーカーであるフリッツ・ハンセン社が、ブナの木を積層して生産、販売している。この、１９５２年に世界で初めて座面と背板を積層の一枚板で成形した椅子を題材に、デッサン、スケッチの基礎を学ぶ。そして１／５スケールの家具模型を制作する。

ウォータージャグは、ヤコブセンがステルトン社のためにデザインしたステンレス製テーブルウェアである。ヤコブセンの義理の息子であり、自らもプロダクトデザイナーのペーター・ホルムブラッドの依頼によって制作さ

ヤコブセンのプロダクツ （工学院大学 アルネ・ヤコブセン・コレクションを撮影）

AJ ロイヤル
1960　ルイス・ポールセン社
φ 500XH225mm
アルミ

AJ デスクランプ
1957　ルイス・ポールセン社
W162XH545XD215mm
スチール

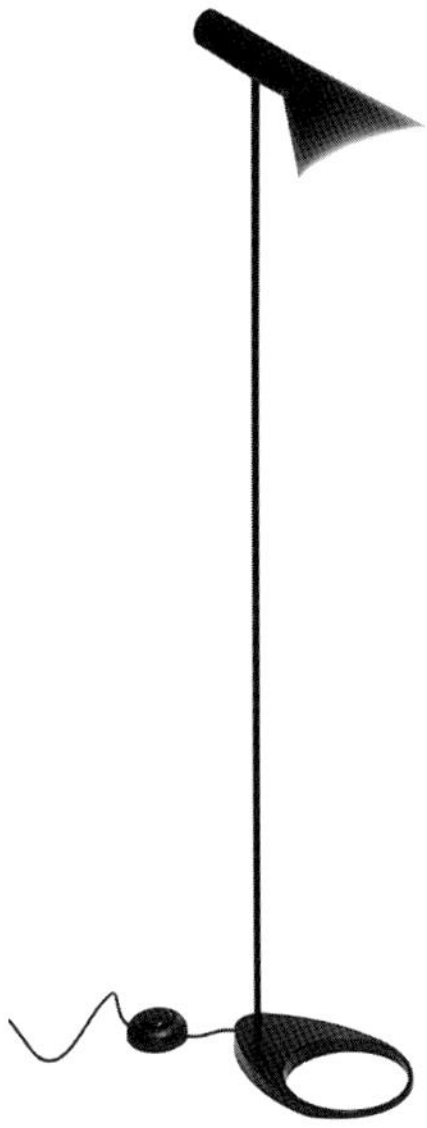

AJ フロアランプ
1957　ルイス・ポールセン社
W178XH1300XD275mm
スチール

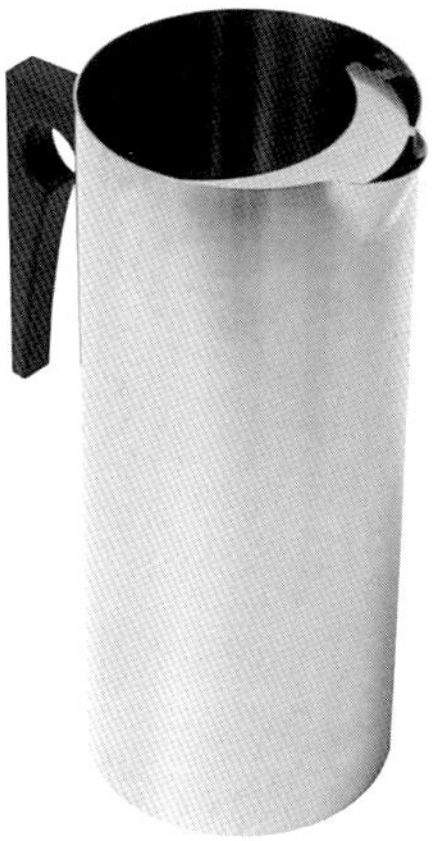

ウォータージャグ
1967　ステルトン社
φ 103XH240mm
ステンレス

アッシュトレイ
1967　ステルトン社
φ 100XH80mm
ステンレス

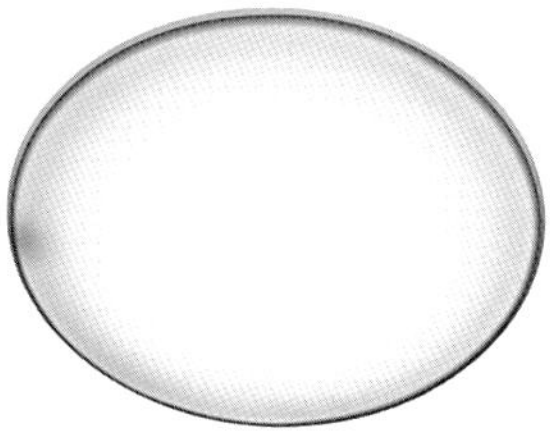

AJ ディスカス
1956　ルイス・ポールセン社
φ 220/ φ 350/ φ 450 mm
ガラス

AJ カトラリー
1957　ロイヤル・コペンハーゲン社
ステンレス

れた。当時ステンレスでつなぎ目のないデザインを再現するのはとても難しく、製品化するまでに3年かかっている。この他、シリンダラインという名称で、灰皿や塩・コショウ入れ、コーヒー&ティーポットなど、ヤコブセンが手がけた30種類以上のバリエーションが現在も販売されている。

このウォータージャグを詳細に実測して、全体の形状を第3角法によって1／3スケールで作図する。さらに、取手の1／1スケールの部分詳細図を制作する。

1-1

形を捉えよう

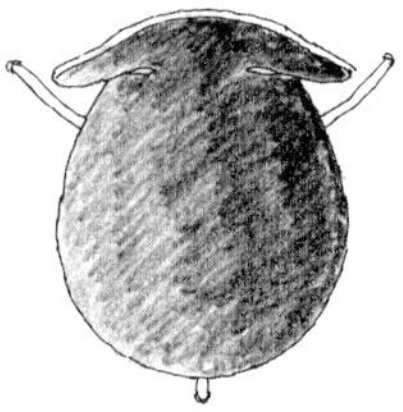

アントチェアの正面、側面、上面を描いたもの

まず形を捉えるためには、この角度からスケッチをするのが早道。鉛筆と色鉛筆で影のタッチを入れ、緩やかな曲線を表現している。

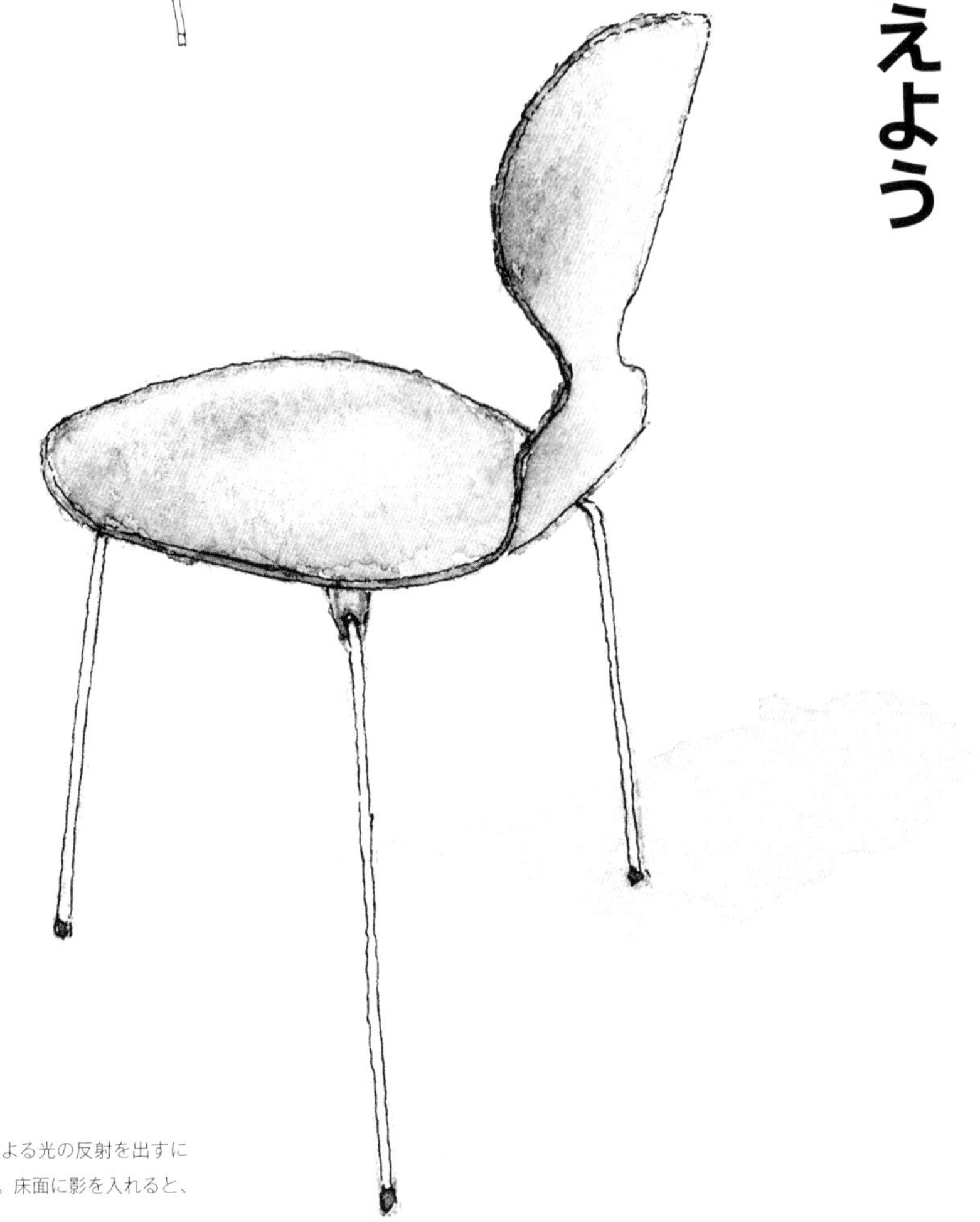

アントチェアのスケッチ

ペンで描き、水彩で着彩をしている。微妙な曲線による光の反射を出すには、色を付けない白い部分を、うまく表現するとよい。床面に影を入れると、安定感が出る。

アントチェアを描く

実際に図面を描く前に、図面化するものの形を、目で捉え、紙に描く作業、つまりスケッチすることから始める。目で見ているものが、人それぞれ違うとは思わないだろう。ところが、同じ柿を描いても、隣の人が描く柿は、形も色合いも違う。それは、描いている人の過去の経験や記憶によって対象物が異なって見えるからである。絵を描くことと図を描くことの違いは、そこにある。絵は描く人の主観で表現するため、形、色は実物と違っていてもよいが、これから学ぶ図法をもとにして描く図は、正確に形、プロポーションを捉え、表現しなくてはならない。そのためには、対象物を見るだけではなく、肌（手）で触って確かめることも必要になる。

アントチェアは微妙な曲線の集合でできている。その形を捉えるためには、縦、横、上部、正面等から形をよく確かめ、全体のプロポーションを確認しながら、スケッチすることが早道である。

プロダクトや椅子などは、つくられている材料を表現して描くことがポイント。金属は光る感じに、ペンと水彩で白い部分（塗らない部分）で光を演出。布など柔らかいものは、パステルや色鉛筆で影になる部分に色を付けていくと、柔らかさが出る。

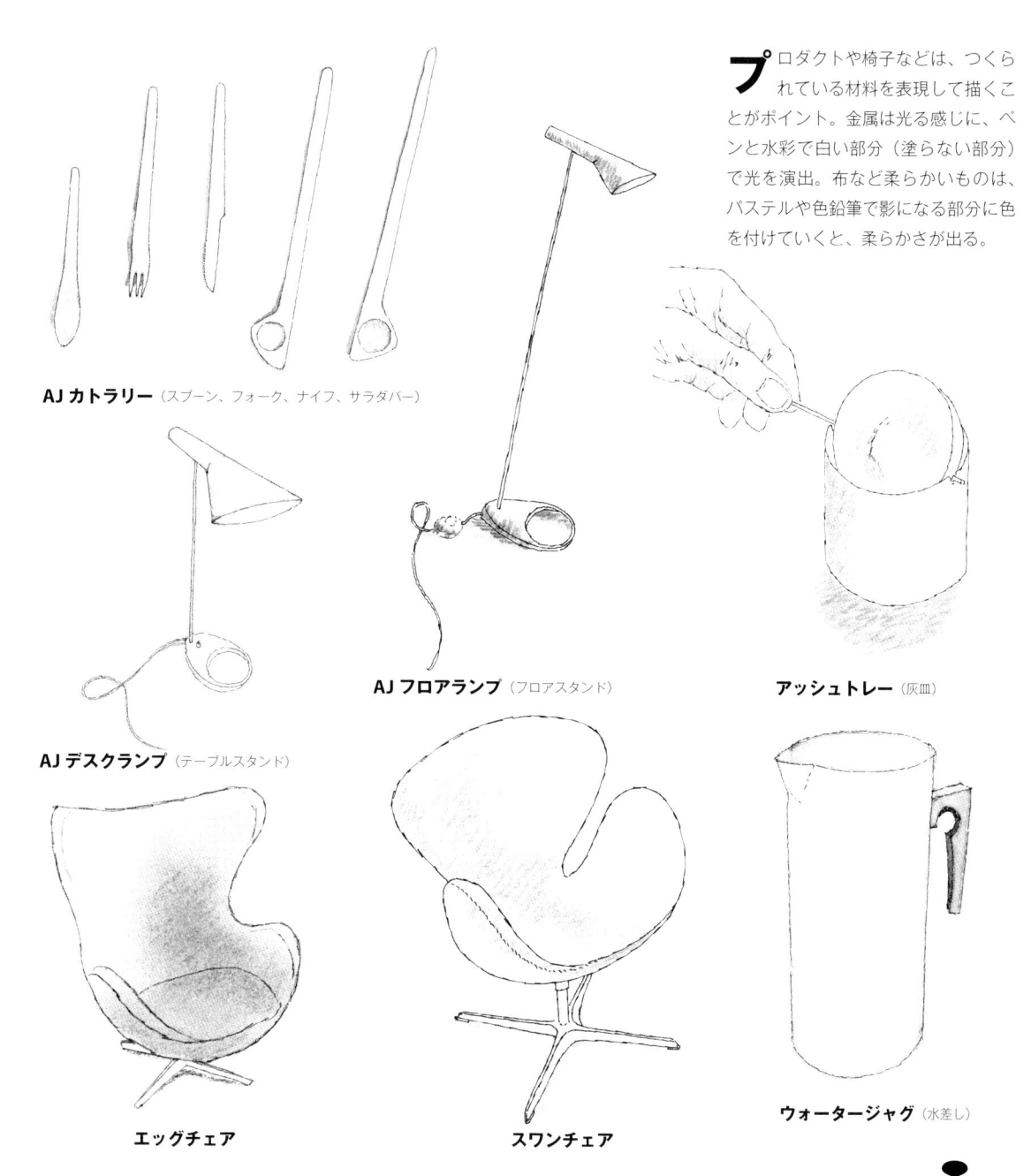

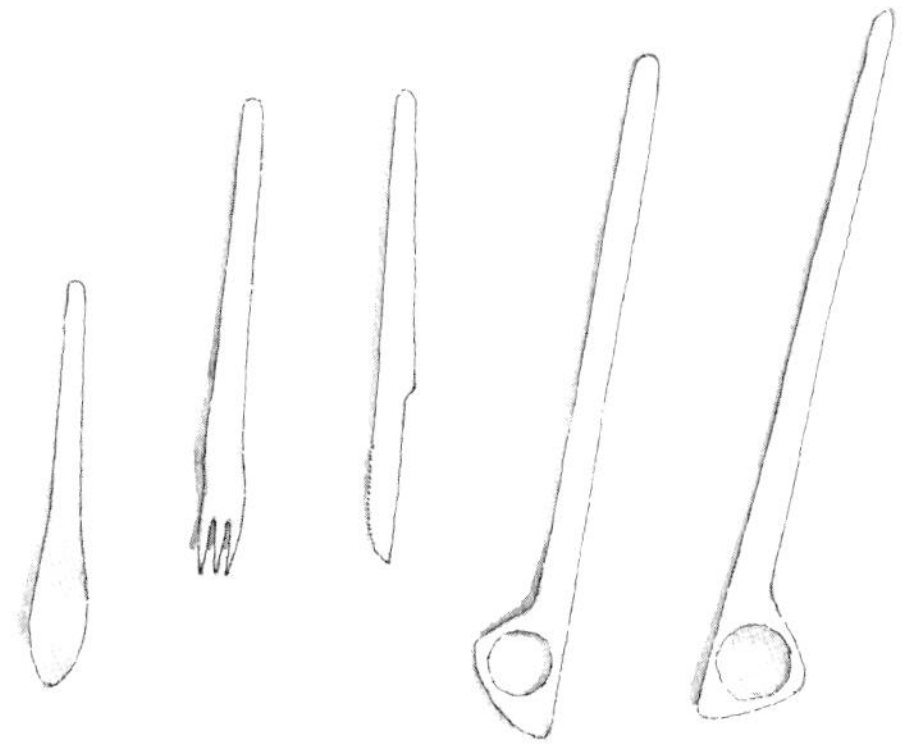

AJ カトラリー（スプーン、フォーク、ナイフ、サラダバー）

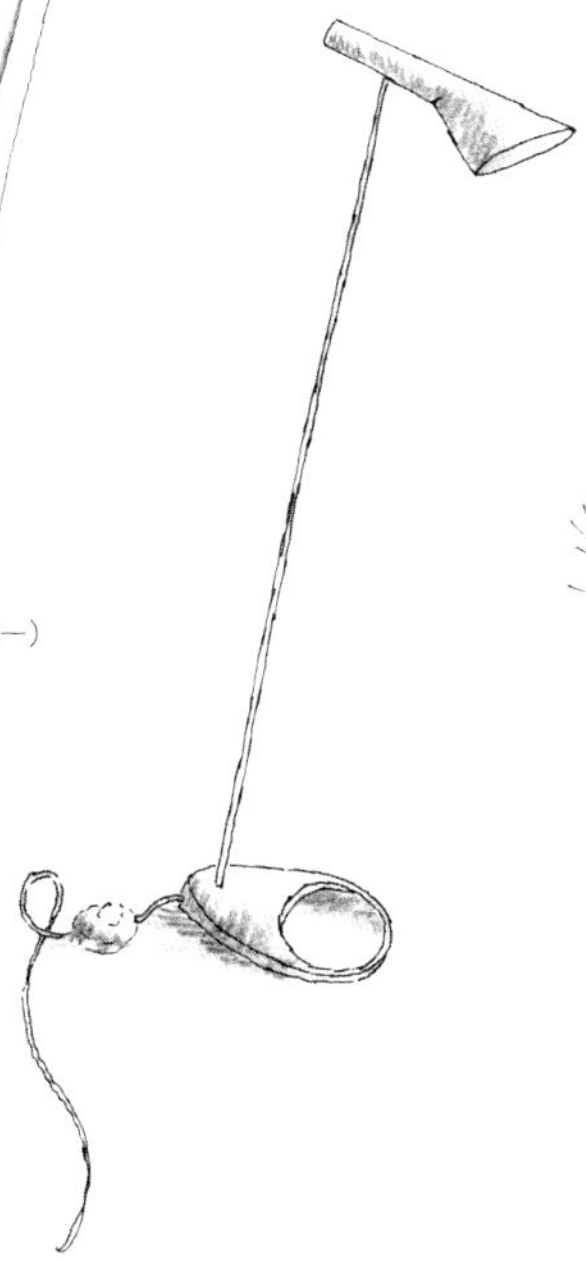

AJ フロアランプ（フロアスタンド）

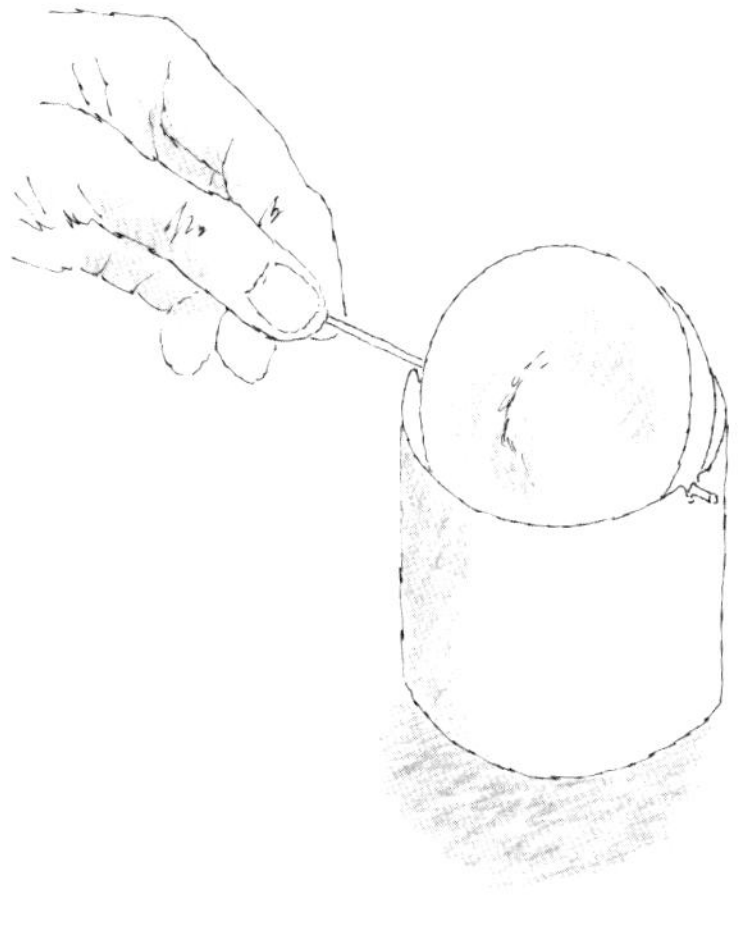

アッシュトレー（灰皿）

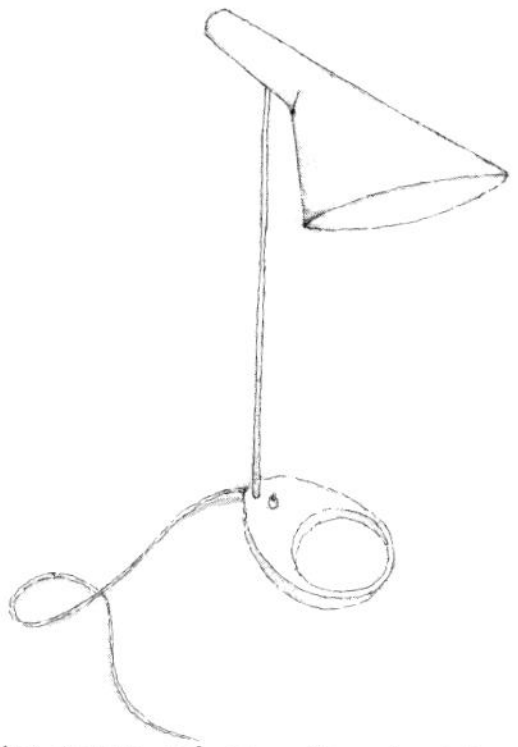

AJ デスクランプ（テーブルスタンド）

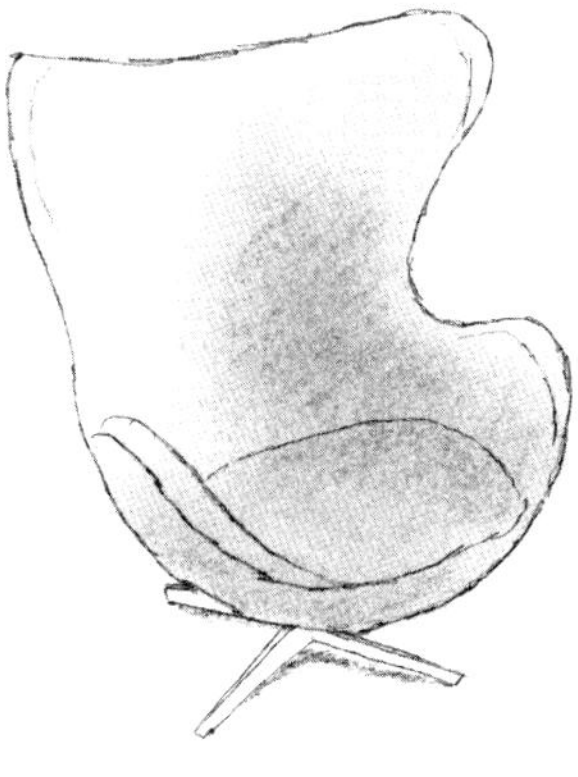

エッグチェア

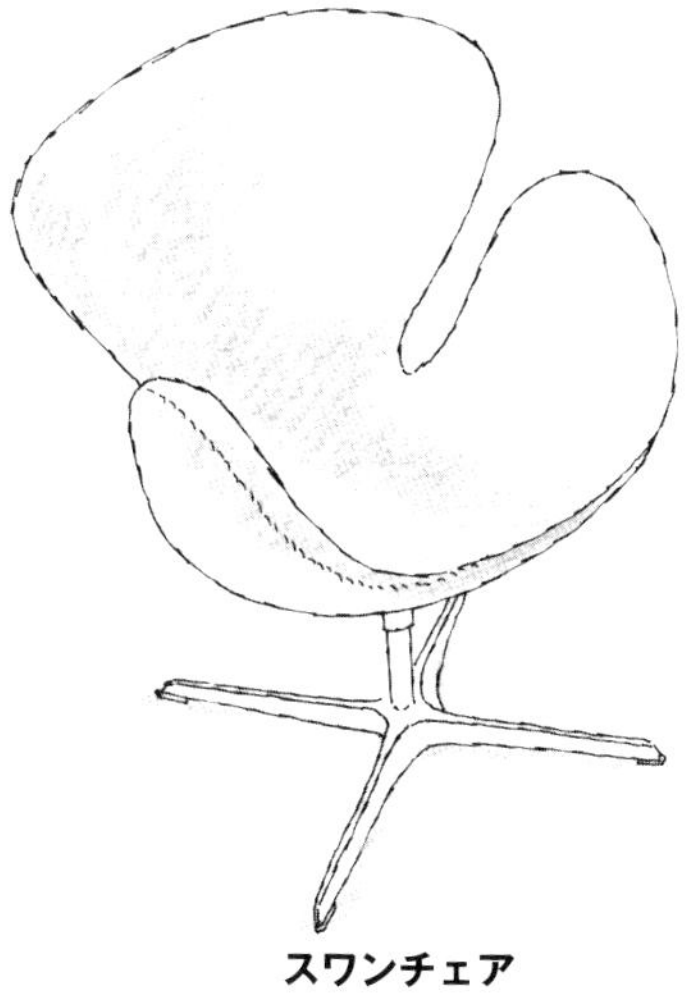

スワンチェア

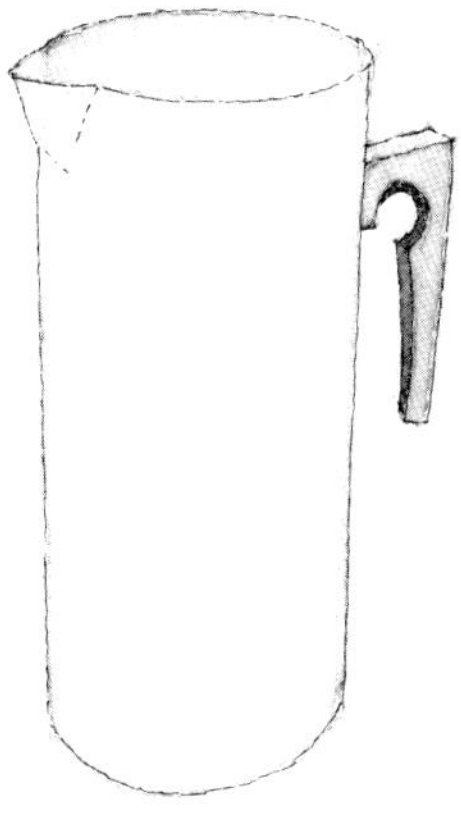

ウォータージャグ（水差し）

プロダクトを描く

目の前にある小さなもので、手軽に手で触れ、持つことができるものからスケッチを始めることは重要である。実際の寸法と、自分がスケッチしたものの食い違いを知り、また描き直す。この作業が手軽にできる大きさのものから始めよう。

ここでは、ヤコブセンが手がけたプロダクトと代表的な家具のスケッチを載せている。小物は実際に手に取り、椅子は描きながら座り、その座り心地を体験しながら描いている。ペン、鉛筆、筆などそれぞれの道具での表現の違いで、その肌触りの違いを表現することも、ひとつの方法である。また、可動するものの動きを描くと、よりリアリティが増してくる。

形を捉える重要なポイントは、まずは全体のプロポーションを正確に把握し、その後、各部分のディテールを描いていくことである。ここで描いたスケッチのように、正確さを重視して描くことが、これから学ぶ図法の基礎になる。

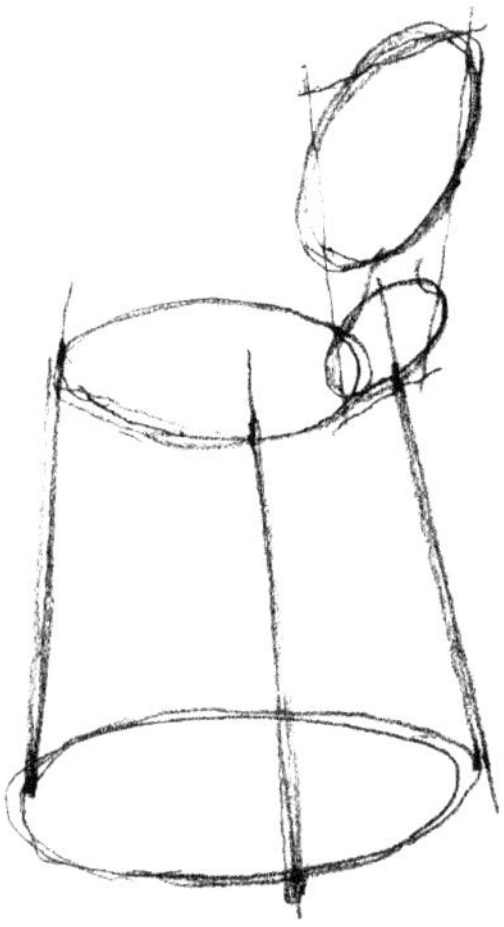

1 描き始め

全体の大きさと形をアバウトに起こしてみる。
このときから全体のバランスを見ること。

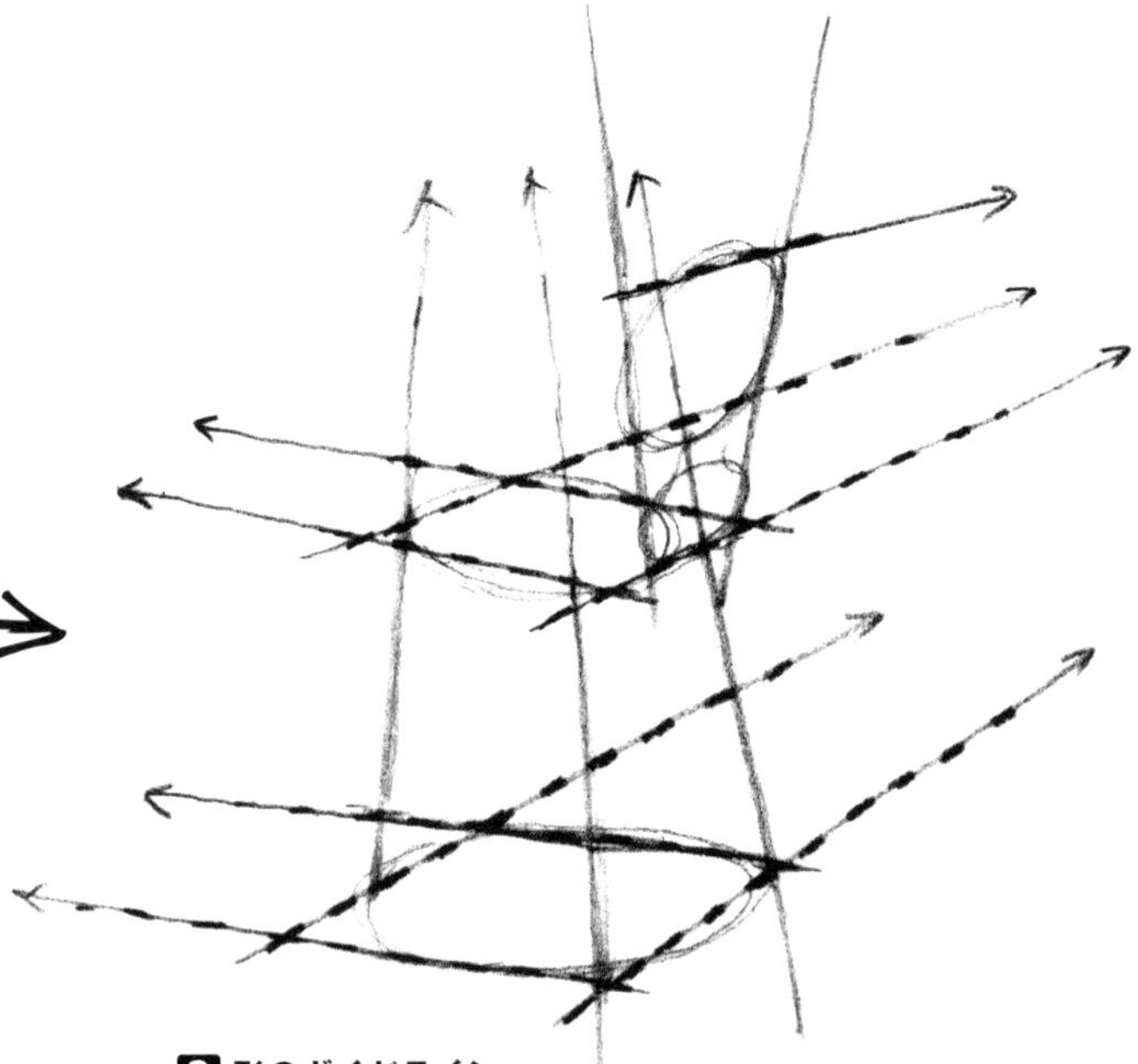

2 形のガイドライン

大枠の輪郭線の補助線を書く。
それぞれの平行な補助線の方向に注意する。

3 輪郭を描く

補助線をガイドに、丹念にバランスを見て輪郭線を描いていく。

4 仕上げ

陰影をつけて完成。

スケッチのこつ

プロポーションを捉えてスケッチをしてみようといわれても、なかなかうまくいかない。スケッチのこつは、最初からうまく描こうとせずに、まずその形を正確に描くことである。

そのためには、部分的に描き始めるのではなく、全体の大きさをスケッチブックに描いてみる。そして輪郭になっている主な線を拾い出し、それに合う補助線を引いてみる。眼を透してものを見ると、遠くにあるものほど、小さく見えるという透視図の図法になっていることがわかるはずである。そのため、この補助線はそれを考慮して引くと効果的である。次に、補助線の中にものの輪郭線を描いていくのであるが、そのとき、部分の長さと全体の長さの比率を丹念に比較して描くことが、形を正確に捉えるこつである。

さらに陰影を入れれば、奥行を出すことができ、物の立体感がまし、より目の前の描くものの姿に近づけることができる。

One Point

スケッチを描く道具

描く道具は大切である。しかし、特別な道具を使えば、スケッチがうまく描けるわけではない。普段使っているシャープペンとクロッキー帳があればいつでもすぐに描くことができる。常に手を動かし、描いてみること。ペンを多く動かすほどに、上達するはずである。

ここに示した道具はすぐに手に入るものばかりである。目新しいのはロットリング（製図ペン）と固形の絵の具のセットぐらいであろう。便利な筆といえば、水タンク付きの水彩の筆である。これは筆の中に水をためることができ、絞れば筆先に水が滲んでくるので、戸外でのスケッチにはもってこいである。

ペン先の違いと、着彩の種類によって表現を変えて描いてみると、幅が広がって楽しくなり、上達も早くなるはずである。それぞれ、工夫をして自分の表現をつくり出すことを勧める。

❶

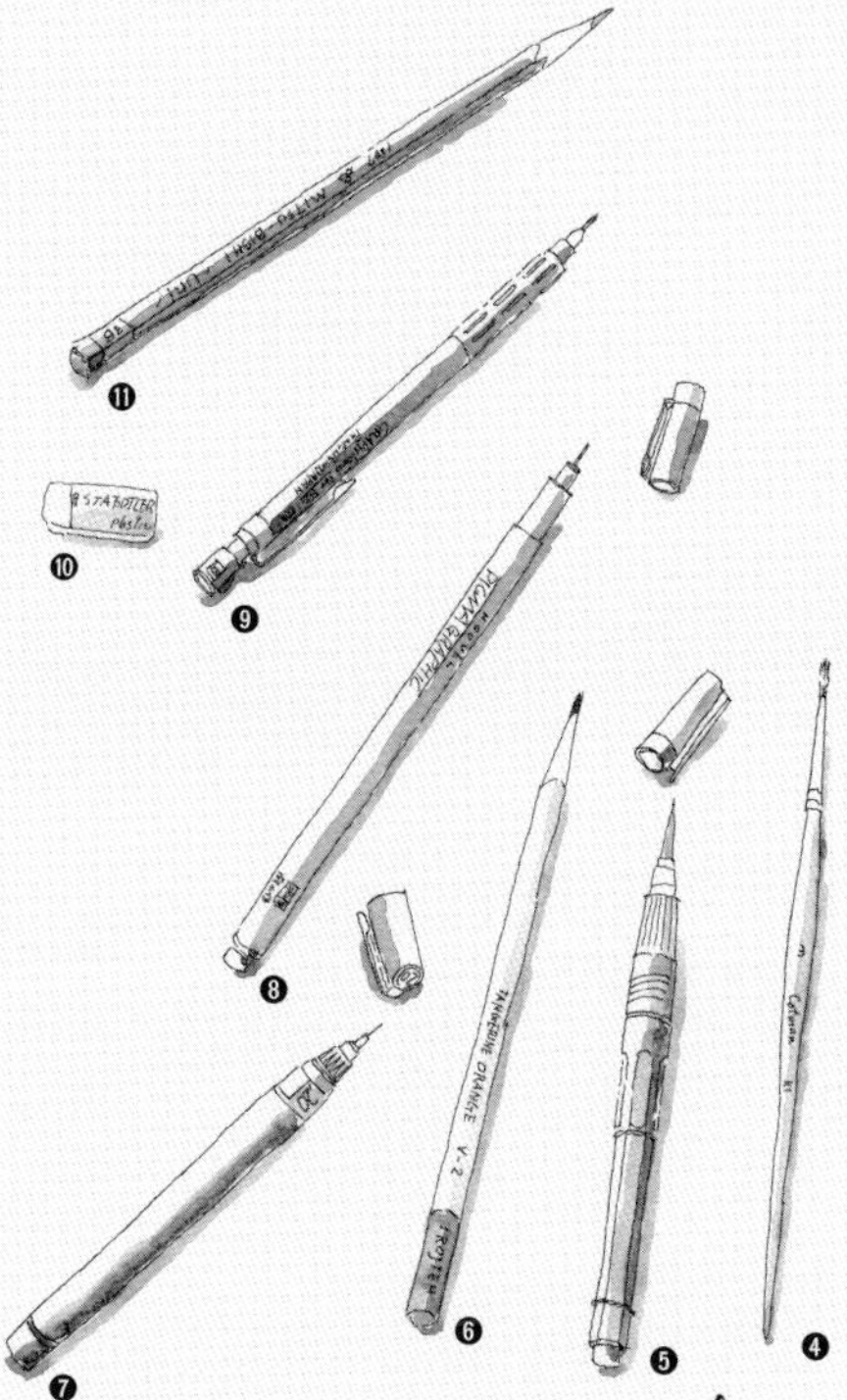
⓫ ❿ ❾ ❽ ❼ ❻ ❺ ❹

❸

❷

筆者が使っている道具

特殊なペンはロットリング（製図ペン）ぐらいで、どこの文房具店でも市販しているものばかり。道具は使い慣れろ。

右上から時計回りに

❶クロッキー帳、❷パステル、❸携帯用水彩パレット、❹水彩用筆、❺水タンク付き水彩筆、❻色鉛筆、❼ロットリング、❽油性ペン、❾シャープペンシル、❿消しゴム、⓫鉛筆

アントチェア模型　縮尺：1/5　座板の材料は左から、厚紙（1枚）、アルミ板＋航空ベニヤ、アルミ板＋色紙

1-2 家具模型をつくる

模型をつくる目的はさまざまである。主に次のようなものがあげられる。

模型をつくる目的

［1］スタディ模型

実物をつくる前の検討用模型。設計は、構想を練り2次元の図面に表わして検討する作業を繰り返して完成度を高めていく。模型は、紙に描いた2次元のスケッチを3次元の立体に起こし、あらゆる方向から眺められるので、設計の完成度を高めていく有効な手段となる。

［2］プレゼンテーション模型

施主や利用者などに見せるための模型。図面やパース（透視図）など紙に描かれた2次元の表現でも形は表せるが、模型のほうが立体を把握しやすいので、案が確定してから説明用につくる。

［3］形を理解するための模型

建築や家具を再現して、その形態やコ

型紙　縮尺：1/5

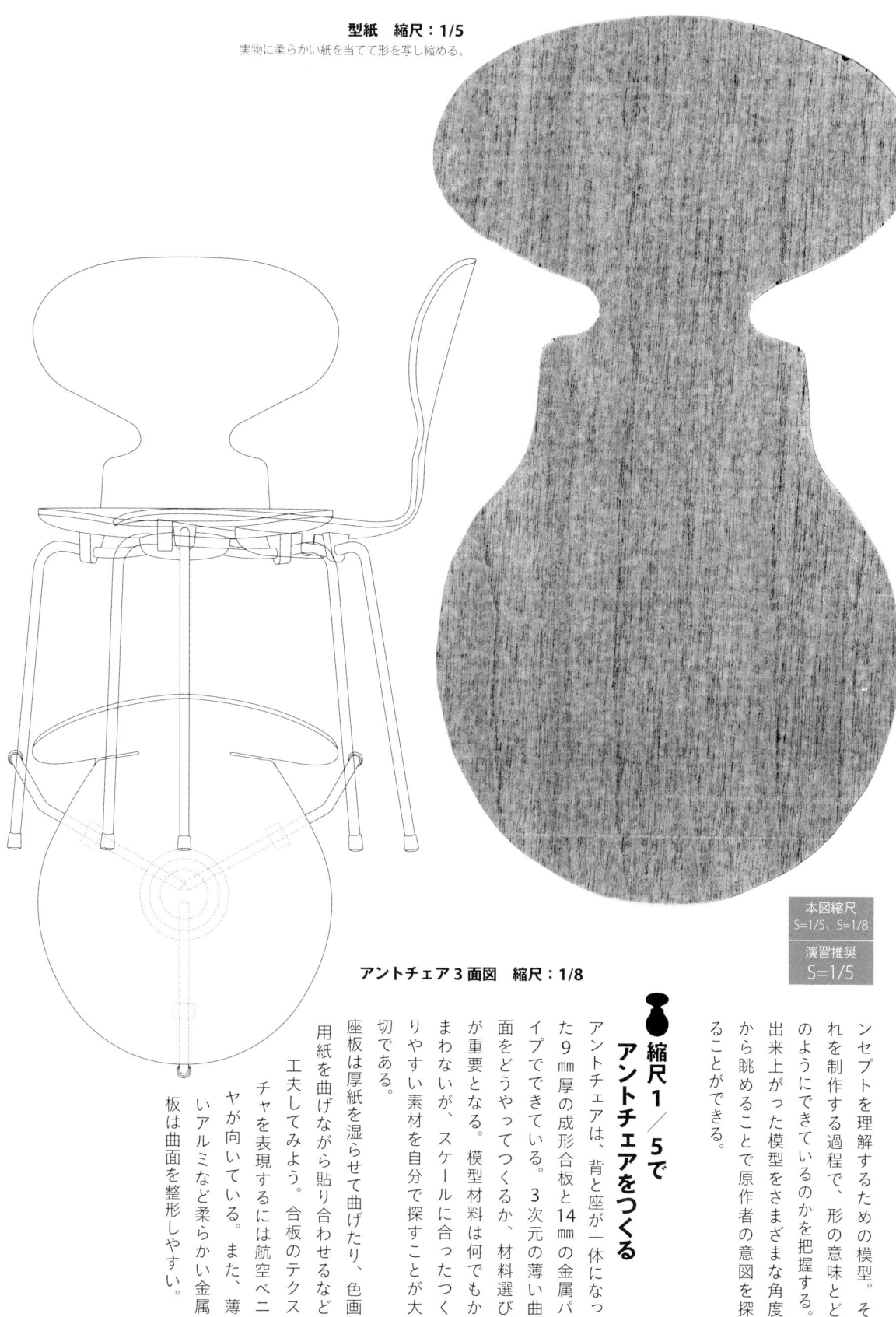

実物に柔らかい紙を当てて形を写し縮める。

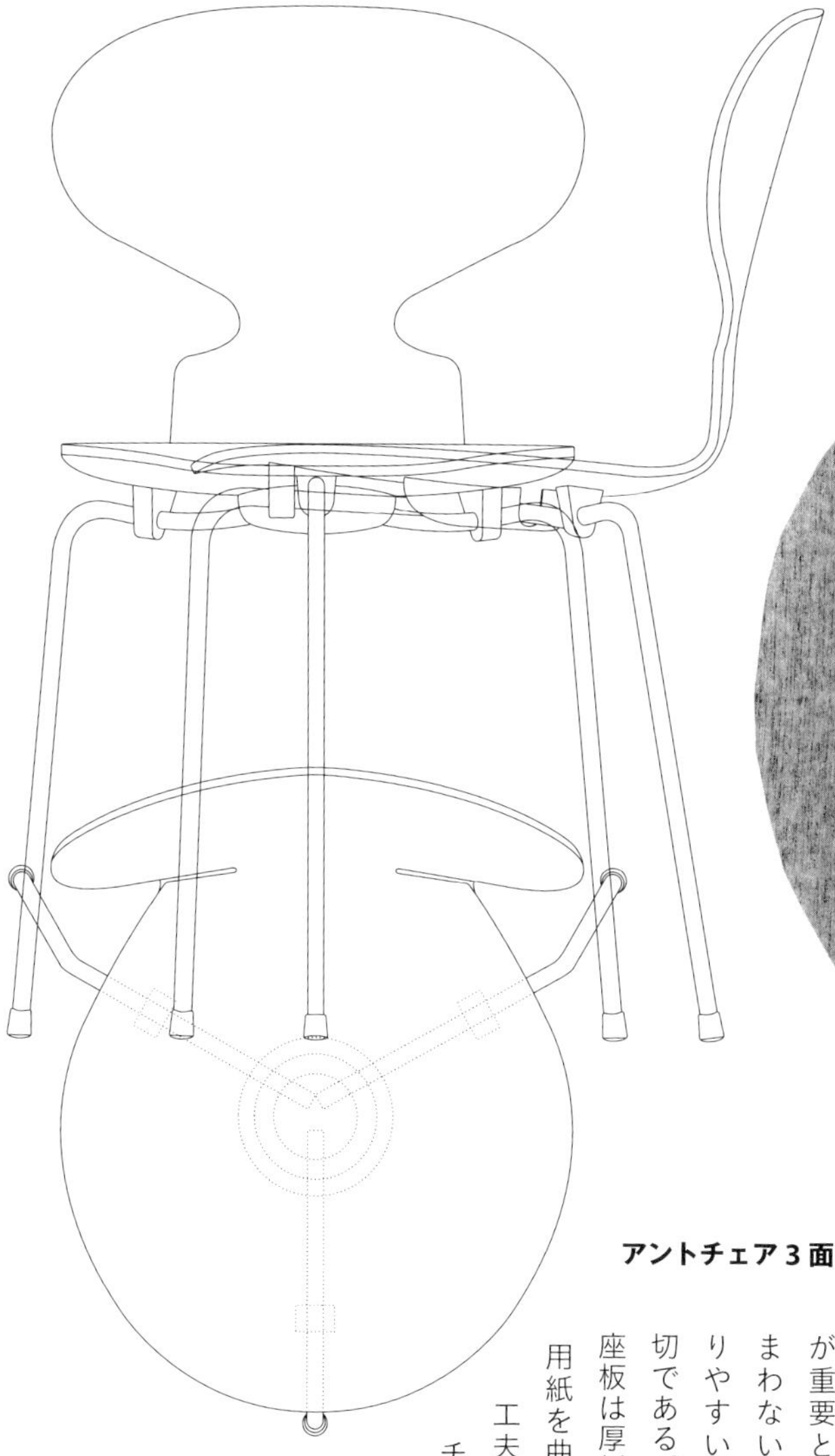

アントチェア３面図　縮尺：1/8

本図縮尺
S=1/5、S=1/8

演習推奨
S=1/5

ンセプトを理解するための模型。それを制作する過程で、形の意味とどのようにできているのかを把握する。出来上がった模型をさまざまな角度から眺めることで原作者の意図を探ることができる。

縮尺1／5で アントチェアをつくる

アントチェアは、背と座が一体になった9㎜厚の成形合板と14㎜の金属パイプでできている。3次元の薄い曲面をどうやってつくるか、材料選びが重要となる。模型材料は何でもかまわないが、スケールに合ったつくりやすい素材を自分で探すことが大切である。

座板は厚紙を湿らせて曲げたり、色画用紙を曲げながら貼り合わせるなど工夫してみよう。合板のテクスチャを表現するには航空ベニヤが向いている。また、薄いアルミなど柔らかい金属板は曲面を整形しやすい。

1 切り出された台紙

左からアルミ板、航空ベニヤ、厚紙、色紙2枚。金属板を切り抜くには、先の曲がった金物ばさみが便利。

2 座を曲げる

切り抜いたアルミ板を3面図や実物を見ながらゆっくり曲げ成形する。厚紙や航空ベニヤは、蒸気で温めると柔らかくなる。火にかざして乾かすと曲面を固定できる。

3 座部分の完成

右は成形したアルミ板を芯に両面から航空ベニヤを貼り付けたもの。ラッカーで塗装して座が完成。左は1枚の厚紙を成形したもの。

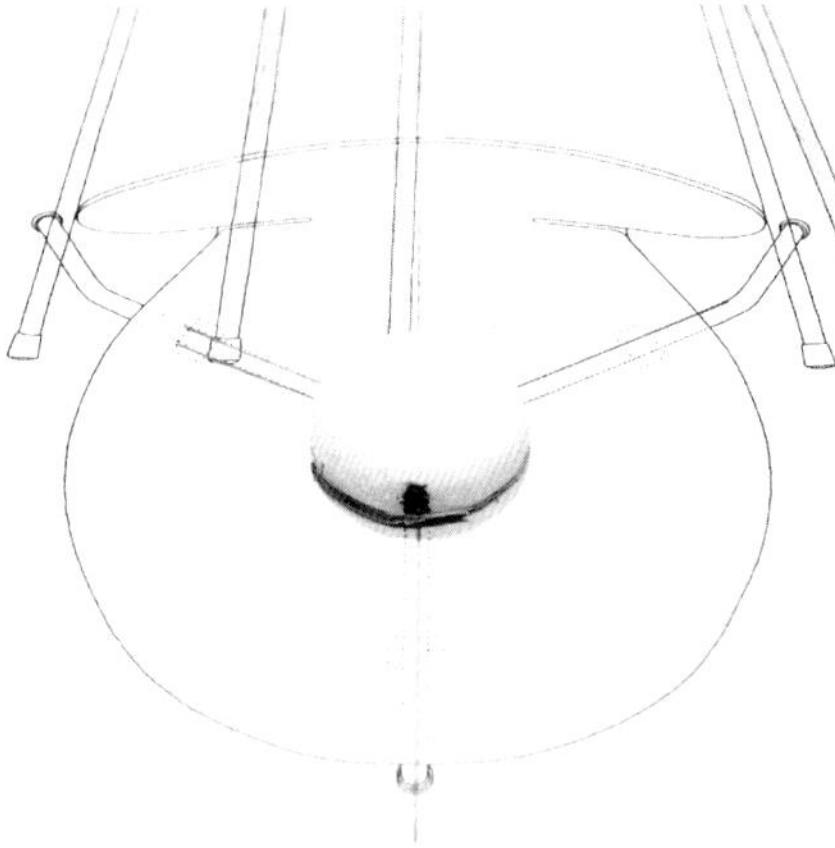

4 脚固定部分カバーの制作

カバーをスチレンボードなどから削り出す。金属の脚が取り付く位置は。図面に合わせてマークを付け溝を削る。

制作手順

［1］座の型紙をつくる

型紙をつくるには、3面図を展開して座の型紙を起こす。実物がある場合には大きな柔らかい紙を当てて形を写し、コピー機で縮小すると簡単にできる。

［2］切り出し

剥がせるタイプのスプレーのりで型紙を面材に張り付けて座板を切り出す。アルミ板の切り出しには先の曲がった金物ばさみを使うと曲線がうまく切れる。細かな部分はヤスリで調整するとよいだろう。

［3］座の整形

アルミ板は少しずつ指で曲げて座の形を整える。航空ベニヤや厚紙は、蒸気で温めながら折れないようにゆっくり曲げる。火にかざして乾かすと曲面を固定できる。座面の曲線をよく観察して特徴をつかもう。

パーツができたら成形したアルミ板を芯にして裏表の表面材を接着剤で貼り付る。航空ベニヤの場合にはラッカーで塗装する。

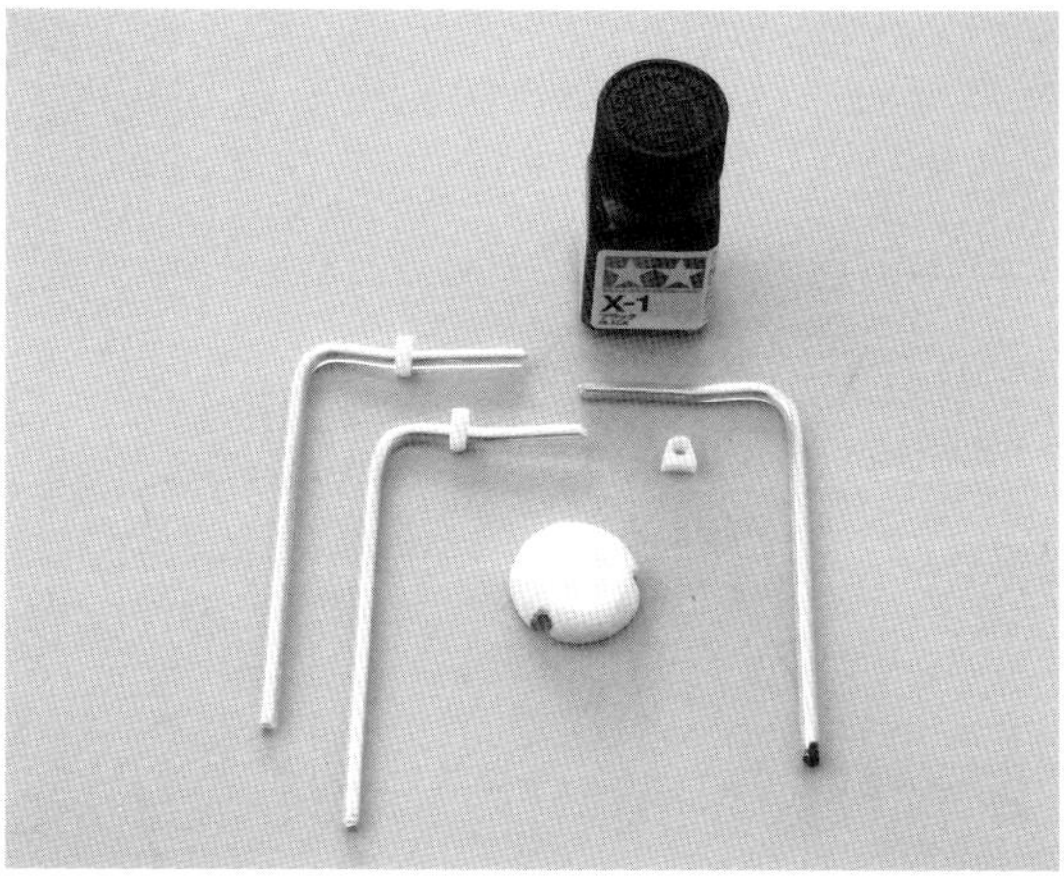

5 金属脚をつくる

パイプの曲がり具合をよく観察してアルミ棒を曲げる。足元の黒いキャップはビニールパイプやエナメル塗装でつくる。

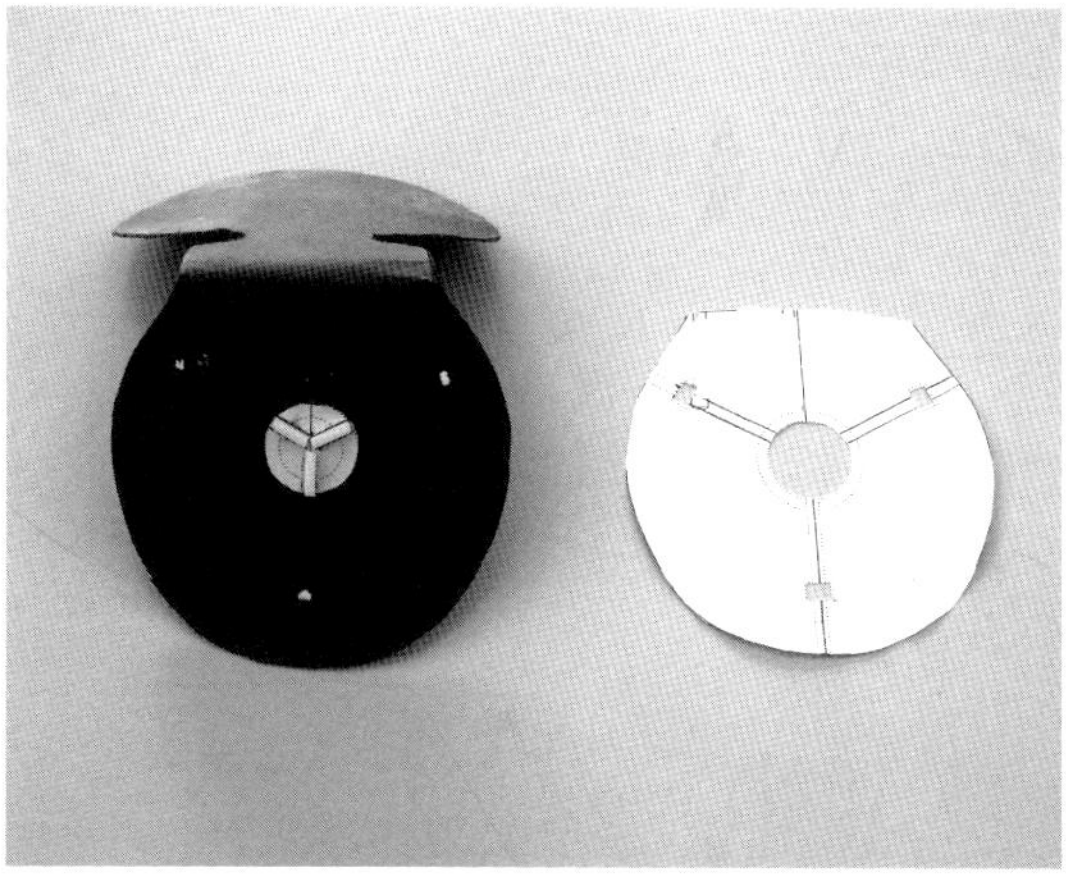

6 脚の取り付け

脚がとりつく位置に型紙を使ってマークを付ける。脚が集まる中心部分は、座から浮かせるか、イモノをガイドにして金属棒を接着する。

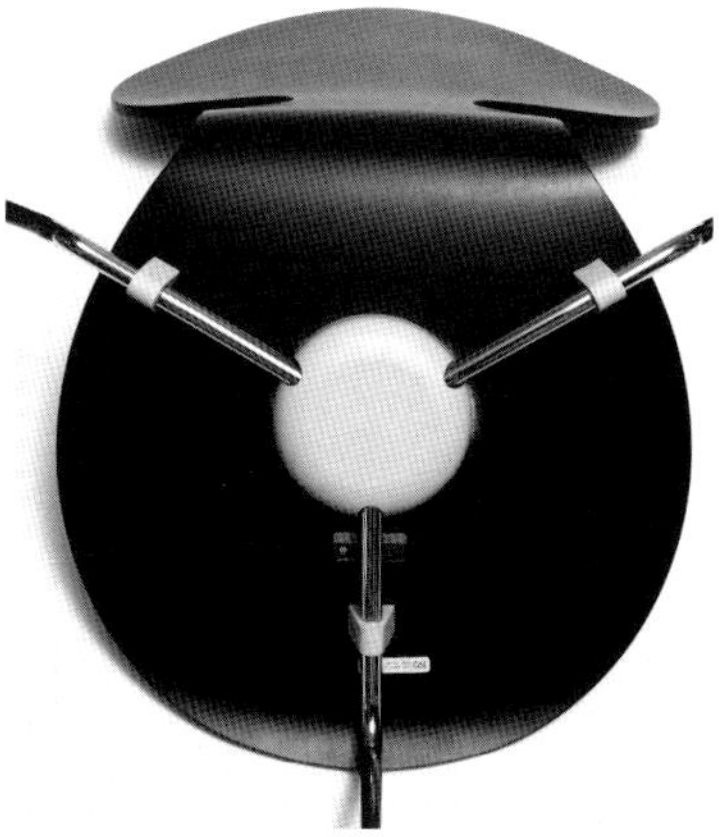

7 アントチェア実物の裏側

座の中央に脚が固定され、プラスチックのカバーが付いている。それぞれの脚は３角形のゴムで座から離してある。

8 縮尺 1/5 アントチェア完成。

［4］脚の制作・取り付け

アントチェアの脚は、中央の丸い座に金属パイプが固定され、三角形のゴムで座板と離してつくられている。

3面図を参考にして金属棒を曲げ、脚をつくろう。固定部分の丸いカバーは、スチレンボードなどを削り出すとよいだろう。三角形のゴム板は、柔らかいプラスチック板などにドリルで穴を開けて削り出すか、座板にパッキンを挟んで脚を取り付けてから帯状の紙を巻いてもよい。三角ゴムの位置に型紙を利用してマーキングし、正確な位置に脚を接着する。脚は椅子のプロポーションの重要な部分である。パイプの曲がり具合や開き幅に十分注意して取り付ける。

材料

座部分：航空ベニヤ、厚紙、色画用紙など

脚部分：アルミなどの金属棒

脚キャップ：ビニールパイプあるいはエナメル塗装など

＊航空ベニヤ：模型飛行機に使われる細密・薄手の合板

1-3 ウォータージャグを実測・作図する

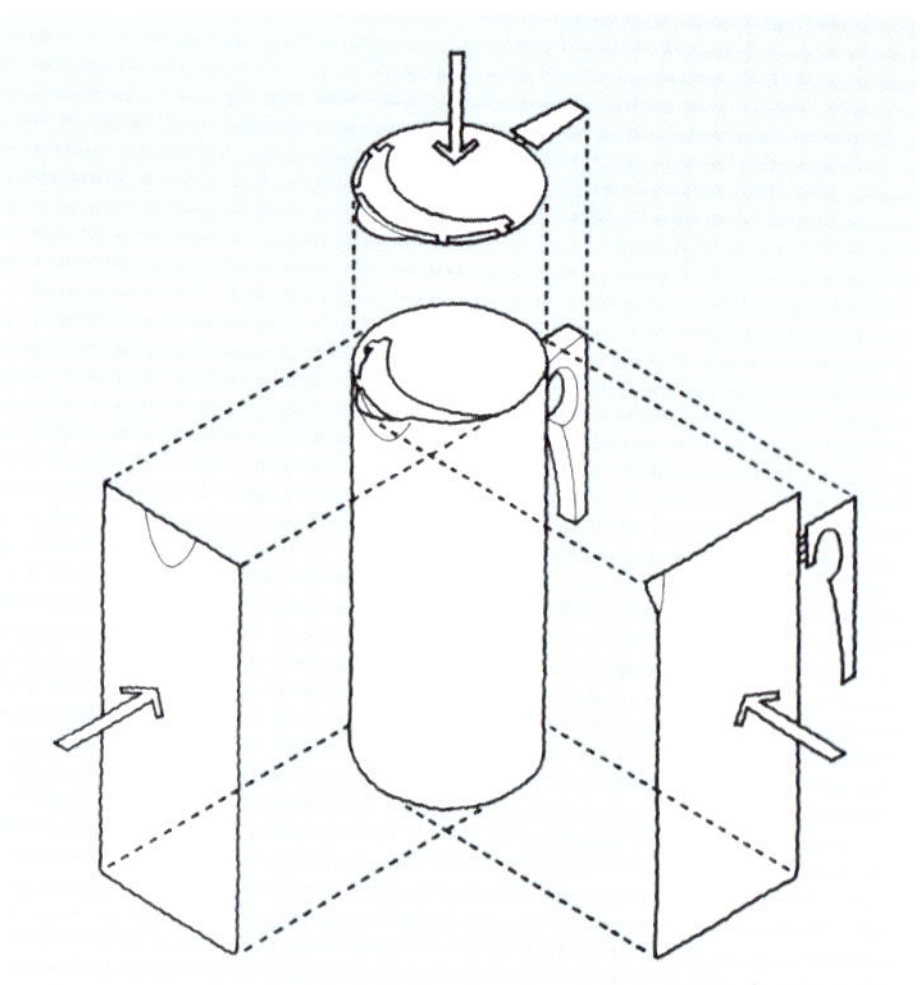

正投影図の考え方

正投影図では、各面を正面から捉えた姿として描く。ウォータージャグの場合、円筒形の側面が長方形として描かれる。

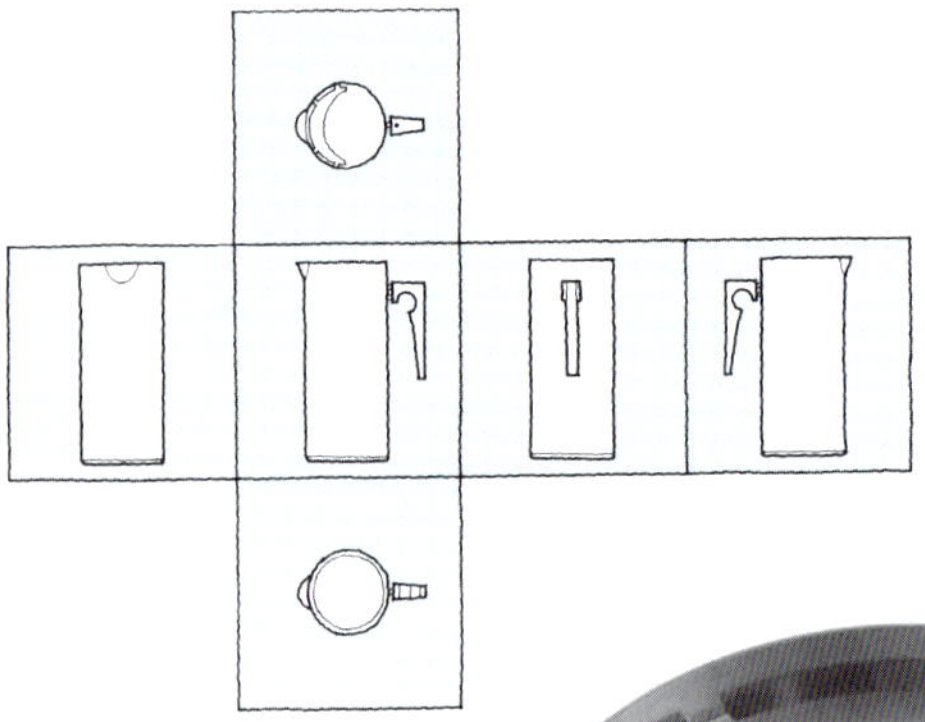

第 3 角法による正投影図

第３角法は、対象の特徴をもっとも表す面を「正面図」として中心に据え、その上下左右に隣接する各面を正投影図で描く方法である。正面図の上部に上面を表す平面図を配置するので、感覚的に理解しやすい図法である。

アイスリップ

三日月形をした、氷止めのプレート。一枚板から加工され、ボディ内壁に、４カ所で溶接接合されている。

ハンドル

台形平面の四角柱から、２つの円弧で切り取った形状を成している。ボディとは、２本の軸と１本のピンで接合されている。

ボディ

ステンレス板で、注ぎ口や底部が、シームレスに加工され、「Cylinda Line」に共通要素となっている。

Water Jug

Stelton 1967

デンマークの Stelton 社から 1967 年に製品化された「Cylinda Line」のひとつ。ステンレス製食器の本シリーズは、円筒形を共通の基本フォルムに、用途に応じた多彩な機能が盛り込まれ、30 種類以上のバリエーションを有する。1967 年 ID 賞受賞、1968 年国際デザイン賞受賞。

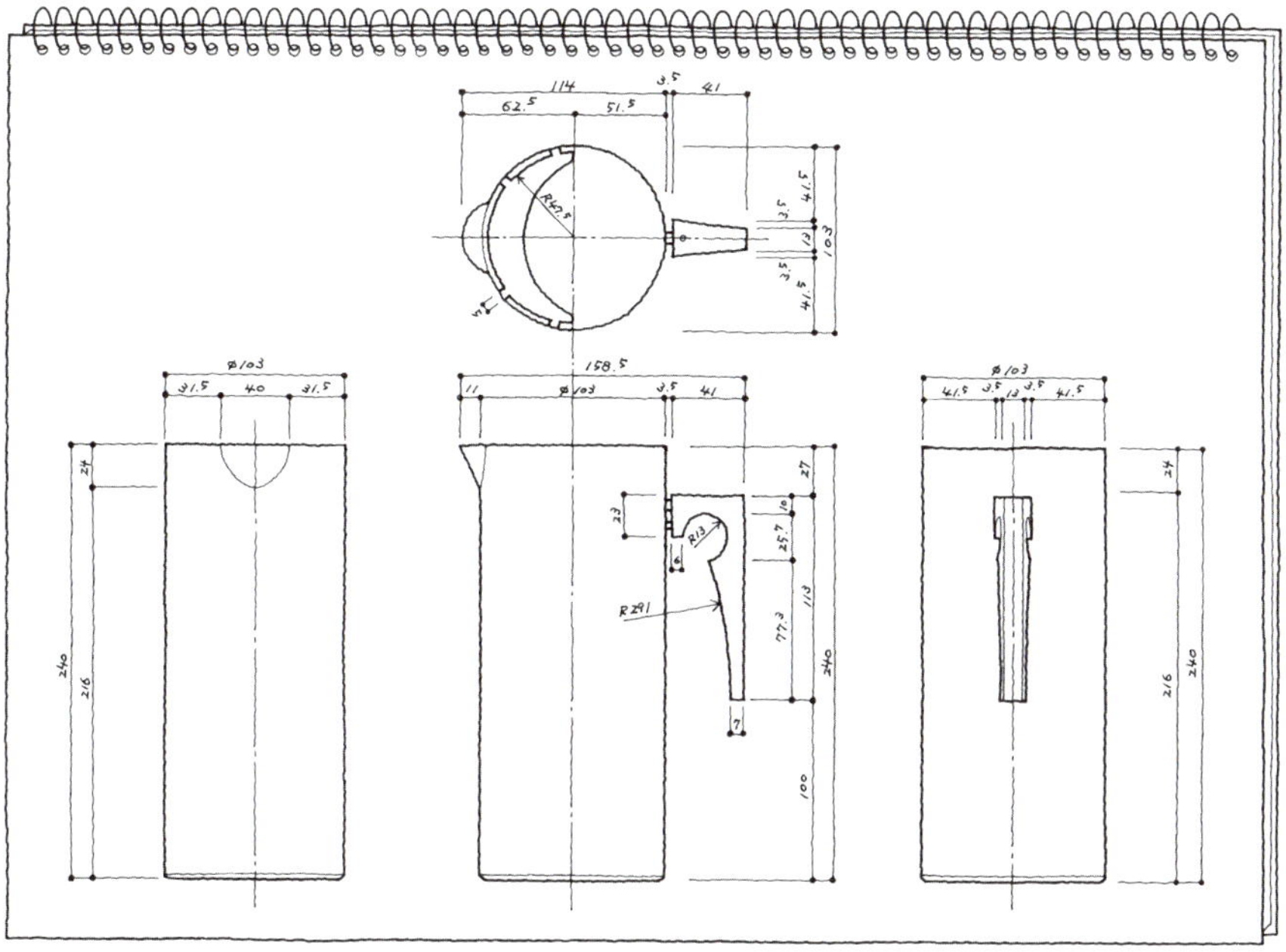

実測結果をクロッキー帳に記録する

クロッキー帳にスケッチするときには、各面をバラバラのページに描くのではなく、隣接する各面の対応関係を意識して描く。これは各面の図が単独で機能するのではなく、関連性によって立体的な形を伝達するためである。

実測のポイント

どんな対象物を実測するときも、いきなり細部に注目するのではなく、まずは全体構成を捉えることがポイントである。

ウォータージャグの場合は、①円筒形のボディ、②台形平面のハンドル、③三日月形のアイスリップという３要素で構成されている。

まずは、全体の外形寸法から計測をはじめ、各要素における細部の計測へと進めていく。ボディの直径や肉厚、ハンドルの厚み等は、ノギスを用いれば、より正確な計測が可能になる。

複雑な立体や、精度の高い計測を行うためには、相応の道具や機材を必要とするが、手持ちの道具を使って、簡易な実測を日常的に行うとよい。つまり、日々の身近な対象を観察することが、デザイン上達の第一歩である。

実測するための主な道具

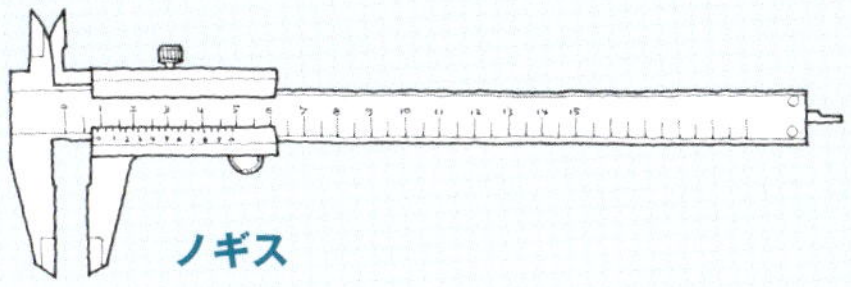

ノギス

長さを精密に測定する道具。各部を利用してモノの外寸・内寸・深さ等が測れる。

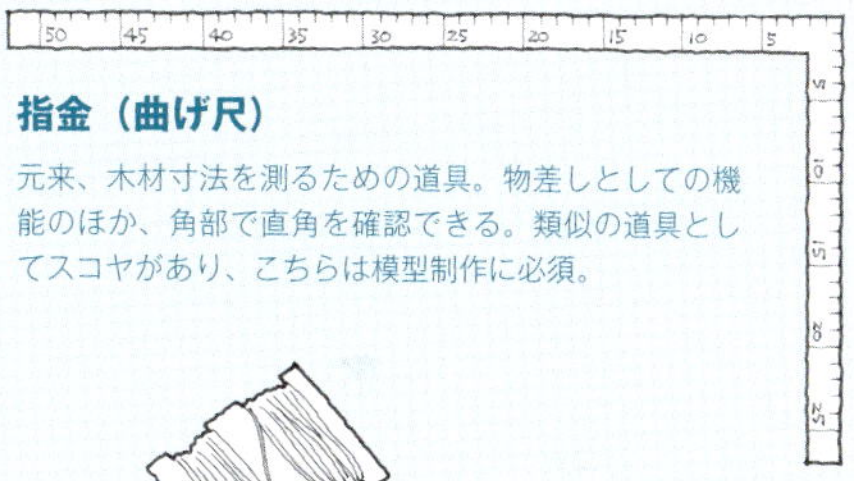

指金（曲げ尺）

元来、木材寸法を測るための道具。物差しとしての機能のほか、角部で直角を確認できる。類似の道具としてスコヤがあり、こちらは模型制作に必須。

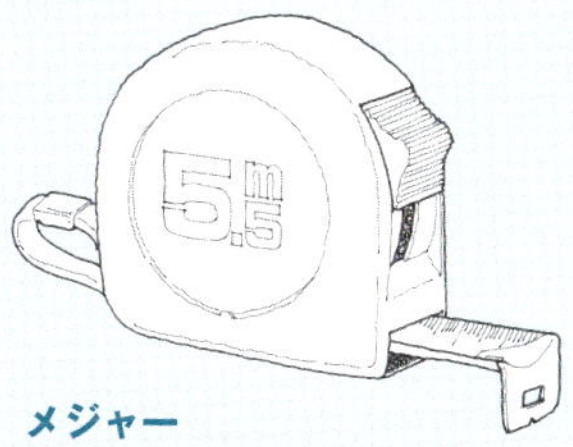

メジャー

長さを計測するためのもっともポピュラーな道具。目盛りの精度・ストッパーの有無・テープのコシの強さなどが選ぶ際のポイント。

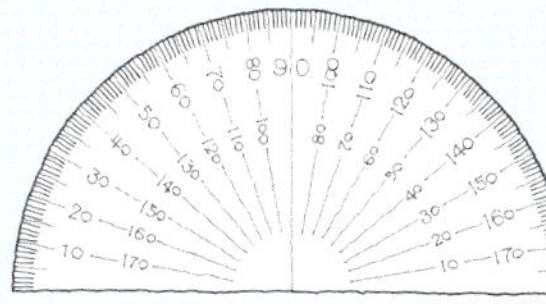

分度器

精密な計測には向いていないが、簡易に角度を測りたいときに、あると便利な道具。

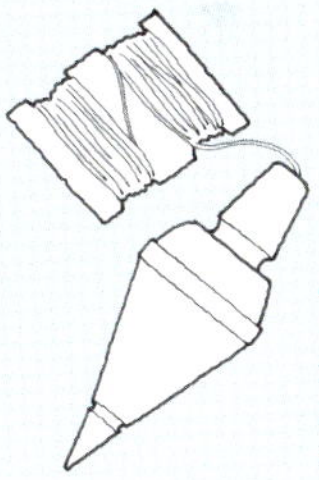

下げ振り

元々は柱などの垂直を出すための道具で、糸と真鍮製のおもりで構成される。糸を固定した位置から直下のポイントを出すこともできる。

実測・作図する目的

なぜすでに存在するプロダクトを実測・作図する必要があるのだろうか？　それには大きく分けて、2つの理由が考えられる。第1に寸法計測を通して、モノの形の成り立ちや機構、部材構成を詳細に捉えること。第2に各部の具体的な寸法を知るということである。つまり、本章ですでに紹介した「形を捉えるためのスケッチ」から、より解像度を高めた観察が可能になるという訳である。

円筒形を基本とする幾何学形態に、シンプルな機能を盛り込んだウォータージャグは、実測から作図を通じてのデザインの学習に最適な題材といえる。ここでは、次のステップにあたる第3角法による作図を考慮して、クロッキー帳に正投影図によるスケッチを描き、計測した各部の寸法を記入している。

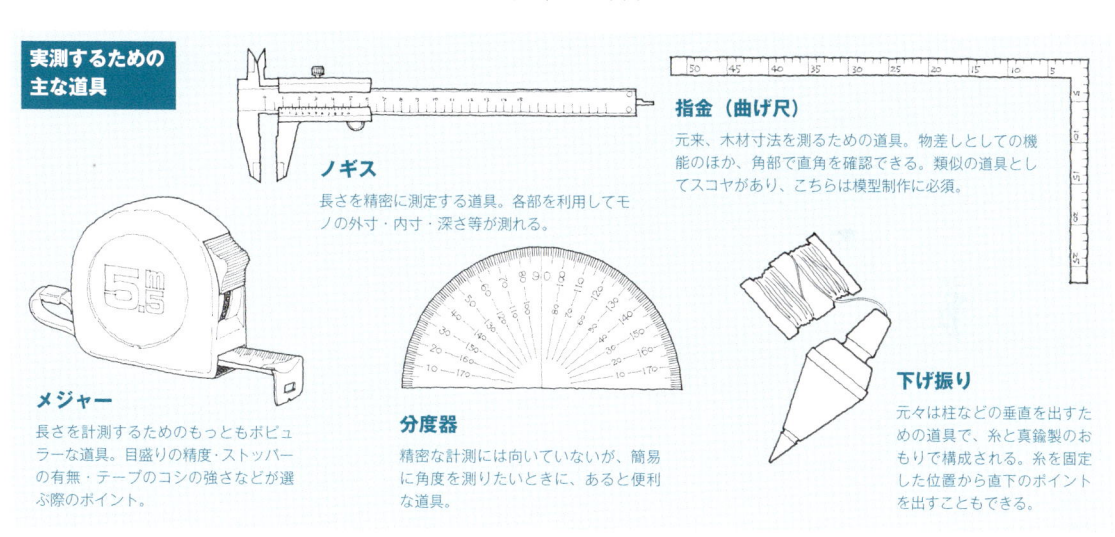

プロダクト製図における「正面図」は、対象の特徴をもっとも伝達できる面を選択する。たとえば、ウォータージャグの「正面図」は側面に設定する。これは側面に、外形的な特徴を伝える情報量が集中しているからである。

第3角法で作図する

図面は、デザイナーが意図するモノの形や機構を、相手（たとえばクライアントやつくり手等）に正しく伝えるためのコミュニケーションツールである。

そして、第3角法によるプロダクト製図最大のポイントは、図面間の関連性にある。ごく単純な形ならば「正面図」だけで事足りるが、複雑な形や機構を伝えるためには、「正面図＋側面図＋平面図」を組み合わせた「3面図」や、さらに「断面図」「部分詳細図」等を加えて表現する。

本図は、ウォータージャグの正面図を中心に、左右側面図、平面図、下面図、断面図で構成している。これら各図の組み合わせによって、円筒形のボディに注ぎ口やハンドルが付加された外形的特徴を描写している。

また断面図では、注ぎ口の形状や、アイスリップの氷をせき止める機構、無垢材のハンドルとその接続部分の概要が表現されている。

作図にあたっては、漠然と図面を揃えるのではなく、各々の図面が描き出すことのできる情報について意識するとよい。

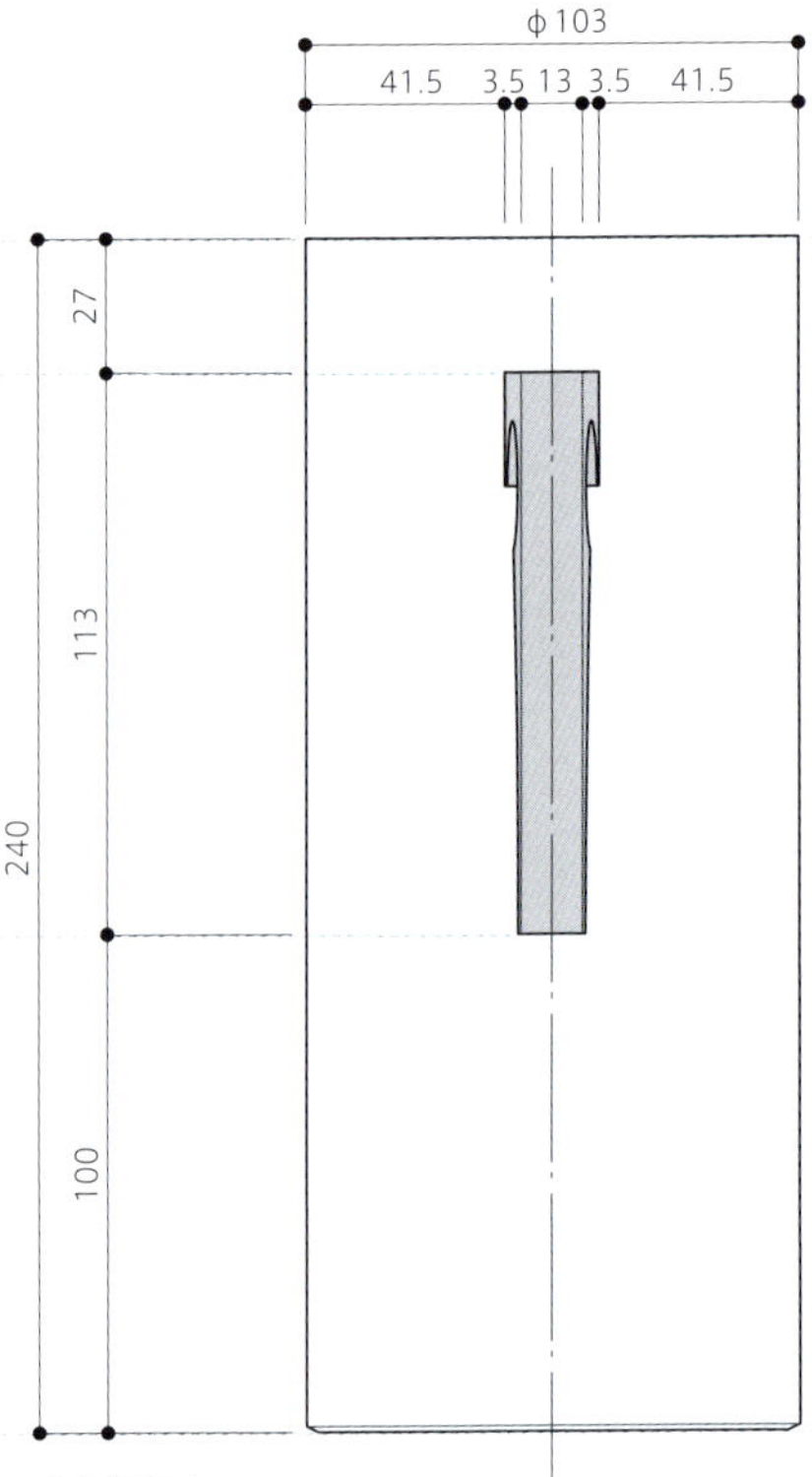

φ103
41.5
3.5
13
3.5
41.5
27
113
240
100

右側面図

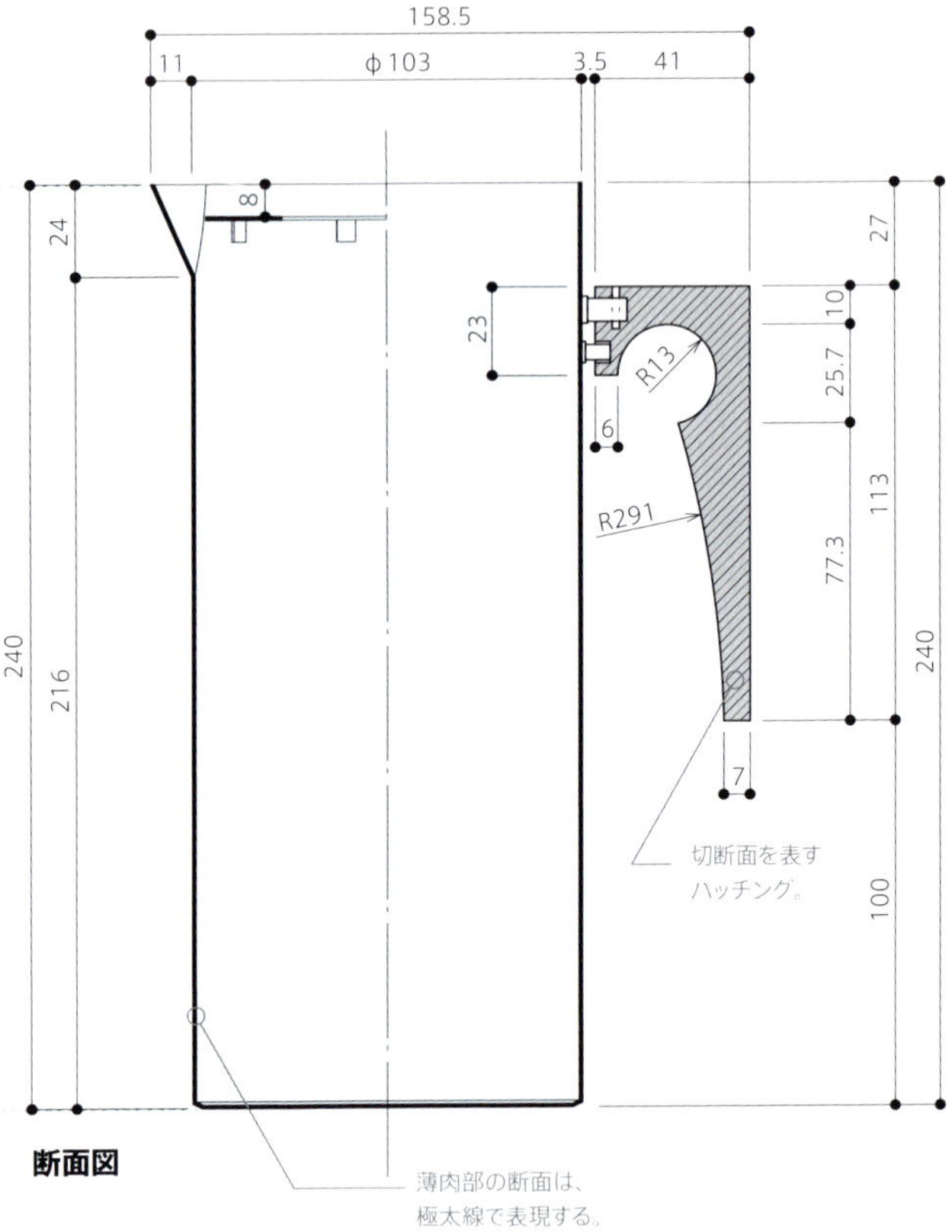

158.5
11
φ103
3.5
41
8
24
240
216
23
10
25.7
R13
6
R291
27
113
77.3
240
100
7
切断面を表すハッチング。
薄肉部の断面は、極太線で表現する。

断面図

作図のプロセス

1. 用紙内でのレイアウトを決める。
2. 中心線（基準線）と外形線（および断面線）を補助線で下書きする。
3. 外形線（および断面線）を描く。
4. 細部を描く。
5. 必要に応じてハッチングを施す。
6. 中心線（基準線）と寸法線を描く。
7. 図面名・タイトル等の文字を描いて完成。

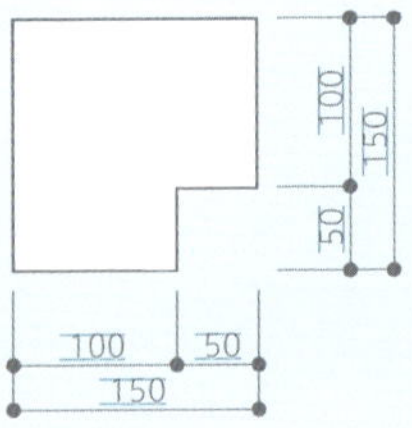

100
150
50
100
50
150

寸法の記入方法

寸法を記入する際には、対象物から見て、内側に細部の寸法値、外側に合計値を記入する。

数字の向きは、左図の通りである。また、文字や数字の上下に補助線を引いて高さを揃えるとよい。

本図縮尺
S=1/3
演習推奨
S=1/2

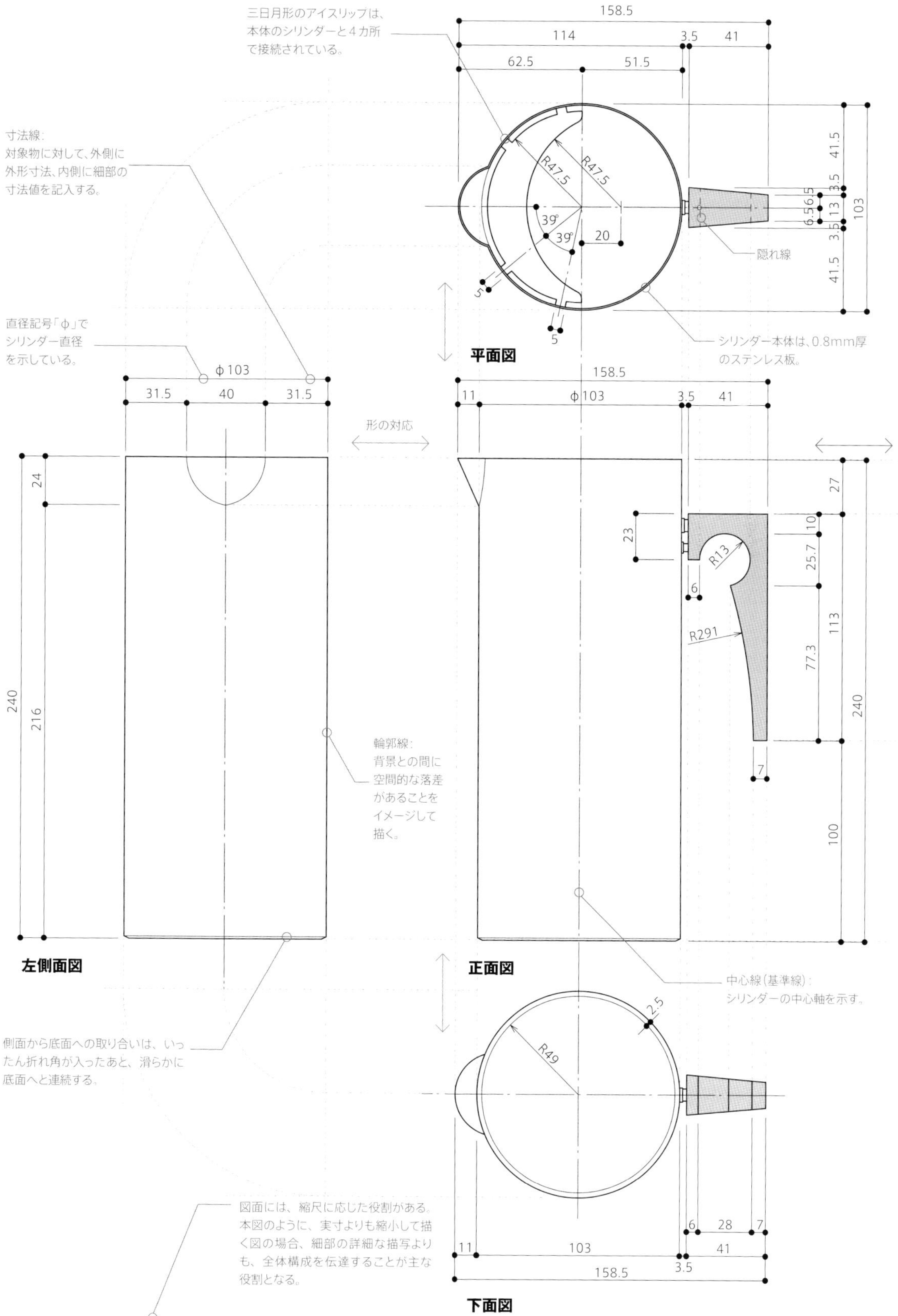

Water Jug 第 3 角法 S=1 : 3

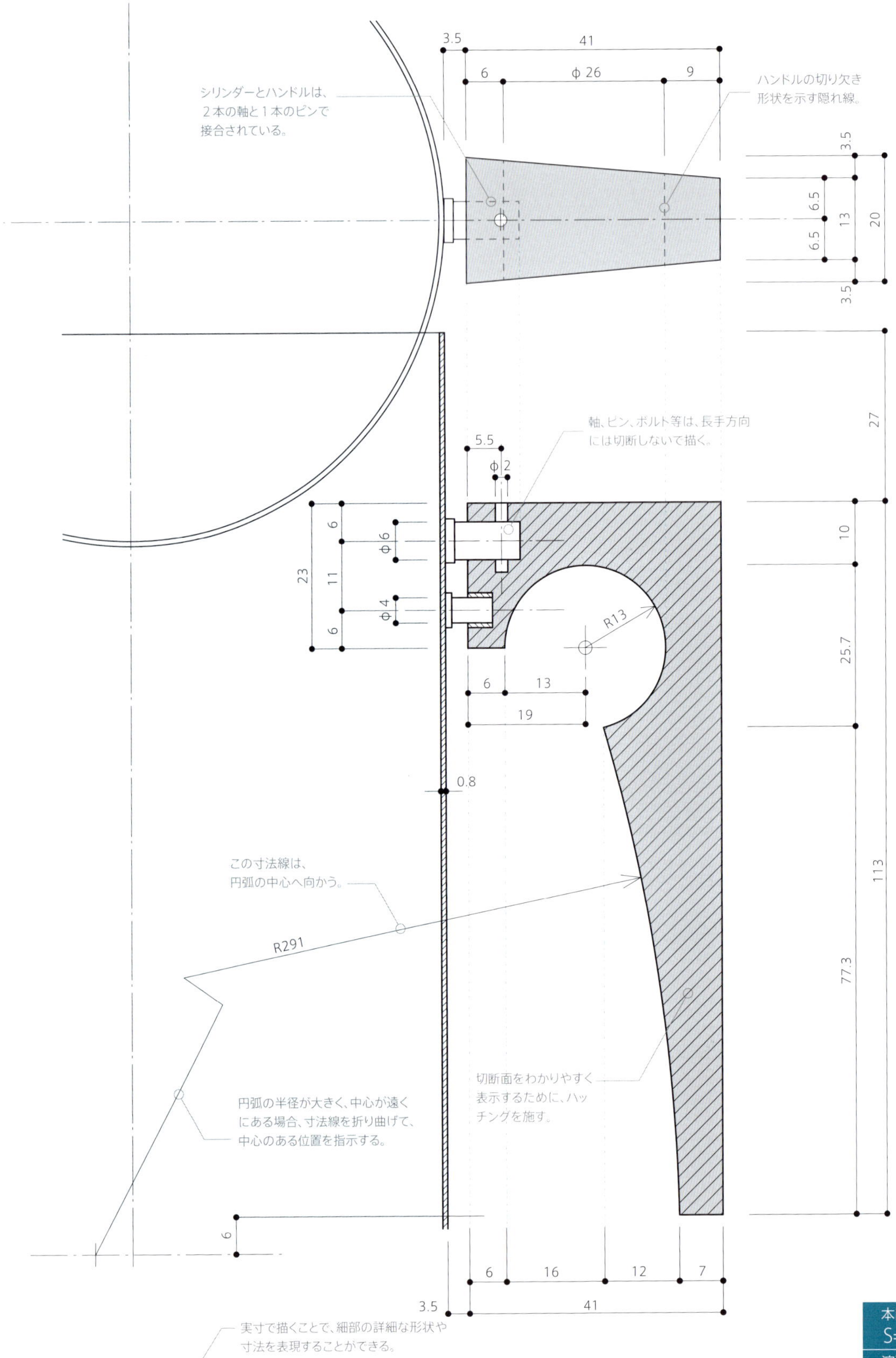

ハンドル部分詳細図 S=1:1

本図縮尺
S=1/1
演習推奨
S=1/1

- 断面図（26 頁の断面図で薄肉部を単線で明示）
- 外形線
- 寸法線、細部の描写
- 隠れ線
- 中心線（基準線）
- ハッチング

「1-3 ウォータージャグを実測・作図する」で使用した線の種類

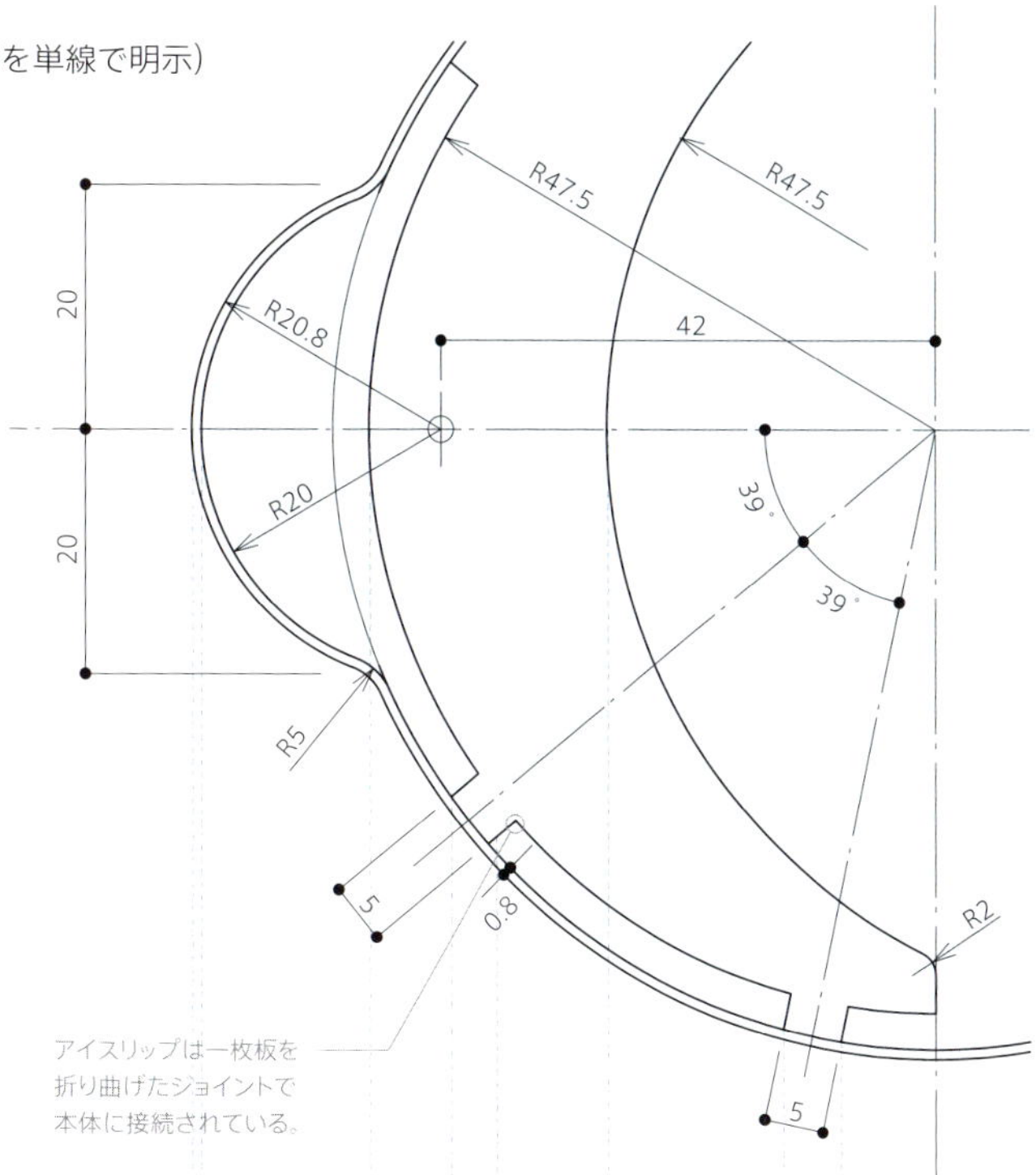
R47.5
R47.5
20
42
R20.8
R20
20
39°
39°
R5
5
0.8
R2
5
アイスリップは一枚板を
折り曲げたジョイントで
本体に接続されている。

ウォータージャグの注ぎ口周辺

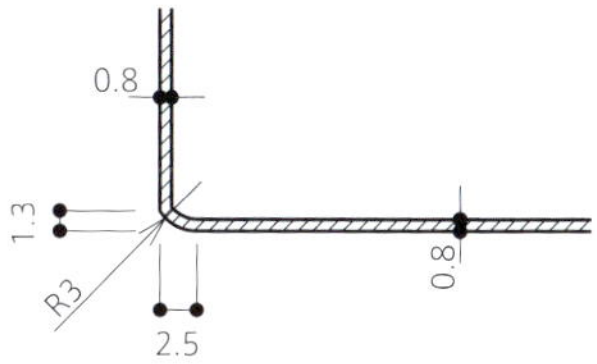
0.8
1.3
R3
2.5
0.8

底部部分詳細図 S=1:1

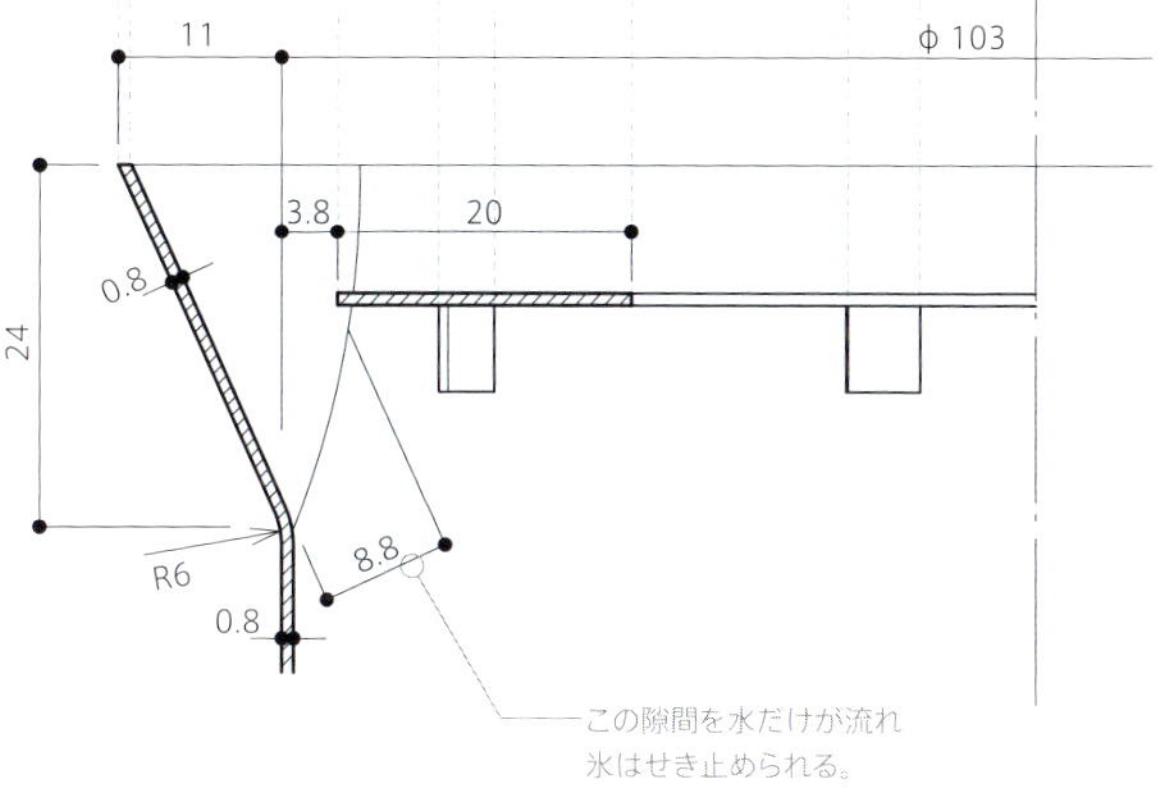
11
φ 103
3.8
20
0.8
24
R6
8.8
0.8
この隙間を水だけが流れ
氷はせき止められる。

注ぎ口およびアイスリップ部分詳細図 S=1:1

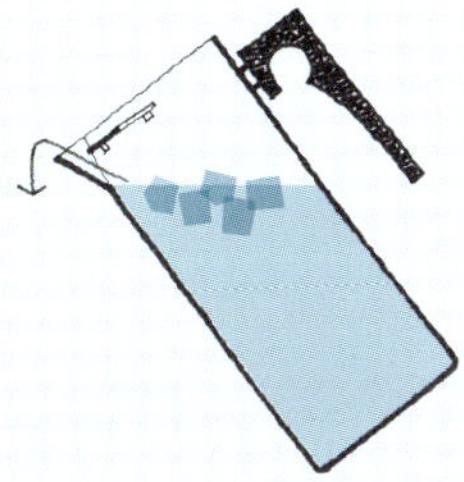

ウォータージャグの注ぎ口内部に設置されたアイスリップの、氷をせき止めるための機構は、外形を表す図よりも、断面図ではじめて仕組みを伝達することができる。

断面で機構を理解する

直径	φ	まる	例：φ 300
半径	R	あーる	例：R150
球の直径	Sφ	えすまる	例：Sφ 300
球の半径	SR	えすあーる	例：SR150
正方形の辺	□	かく	例：□ 150
板材の厚さ	t	てぃー	例：t1.2

寸法補助記号の区分と呼び方

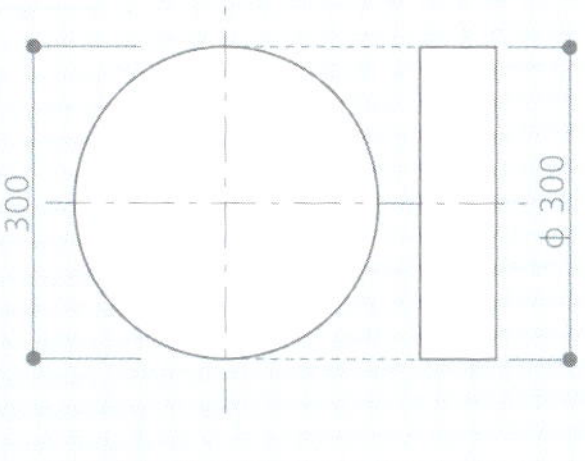
300
φ 300

明らかに正円であることが分かる図に対して直径記号「φ」は使用しない。

寸法補助記号の使い分け

製図道具は身近なプロダクト

CADやグラフィック系ソフトを駆使したプレゼンテーションスキルは、いまや必須のものであるが、製図の基礎教育には、ペンと定規によって描き出す行為が、身体感覚を伴う学習という点で、いまなお有効であると考えられる。

そんな私たちの身近なプロダクトである製図道具を、実測・作図してはどうだろう。

製図道具は、少なくとも筆者の学生時代である二十年前から、まったくその姿を変化させていない。流行や技術革新とは無縁の、いわば枯れたツールであるが、変わらぬフォルムは完成されたモノとしての証。レトロモダンな風格さえ漂い始めているではないか?

まずは身の回りのモノを知ることから始めよう。

❶三角スケール
6種類に刻まれた目盛りで、様々な縮尺を計測できるツール。大小もっていると便利。

❷芯ホルダー
太めの芯を用いたシャープペンシルのようなツールだが、芯先の削り具合で表現の幅は自在。

❸製図ペン
インクを用いて精緻な線が引けるツール。自分に適した太さの組み合わせを見つけよう。

❹消しゴム
消しカスがまとまるものがベター。細部の修正には、細身のものが使い勝手が良い。

❺字消し板
ステンレス板にあけられた最適な窓を選んで、ピンポイントで図面を修正できるツール。

❻コンパス
製図用コンパスのメリットは、精度とアタッチメントを利用した拡張性の高さ。

❼テンプレート
様々な図形のものが製品化されている。まずは円・四角形・三角形等の基本的な形を揃えよう。

❽三角定規
最初は、厚手のしっかりしたもので、長辺が 300mm 程度の長さのものを選ぶとよい。

❾勾配定規
自由な角度を描ける万能な三角定規。角度調整用のネジは、持ち上げる際のツマミにもなって便利。

❿平行定規
平行に移動する定規が組み込まれた製図板。製品の仕様は様々だが、ガタの少ないものが安心。

左図は効率よく作図するためのセオリーである。鉛筆や芯ホルダーで線を引く時、ペンの軸を回転させながら描くと、芯の片減りを防ぎ、均一な太さに描きやすい。また、線を引く向きは、「押して」描くよりも、「引いて」描いたほうが安定してペンを運ぶことができる。

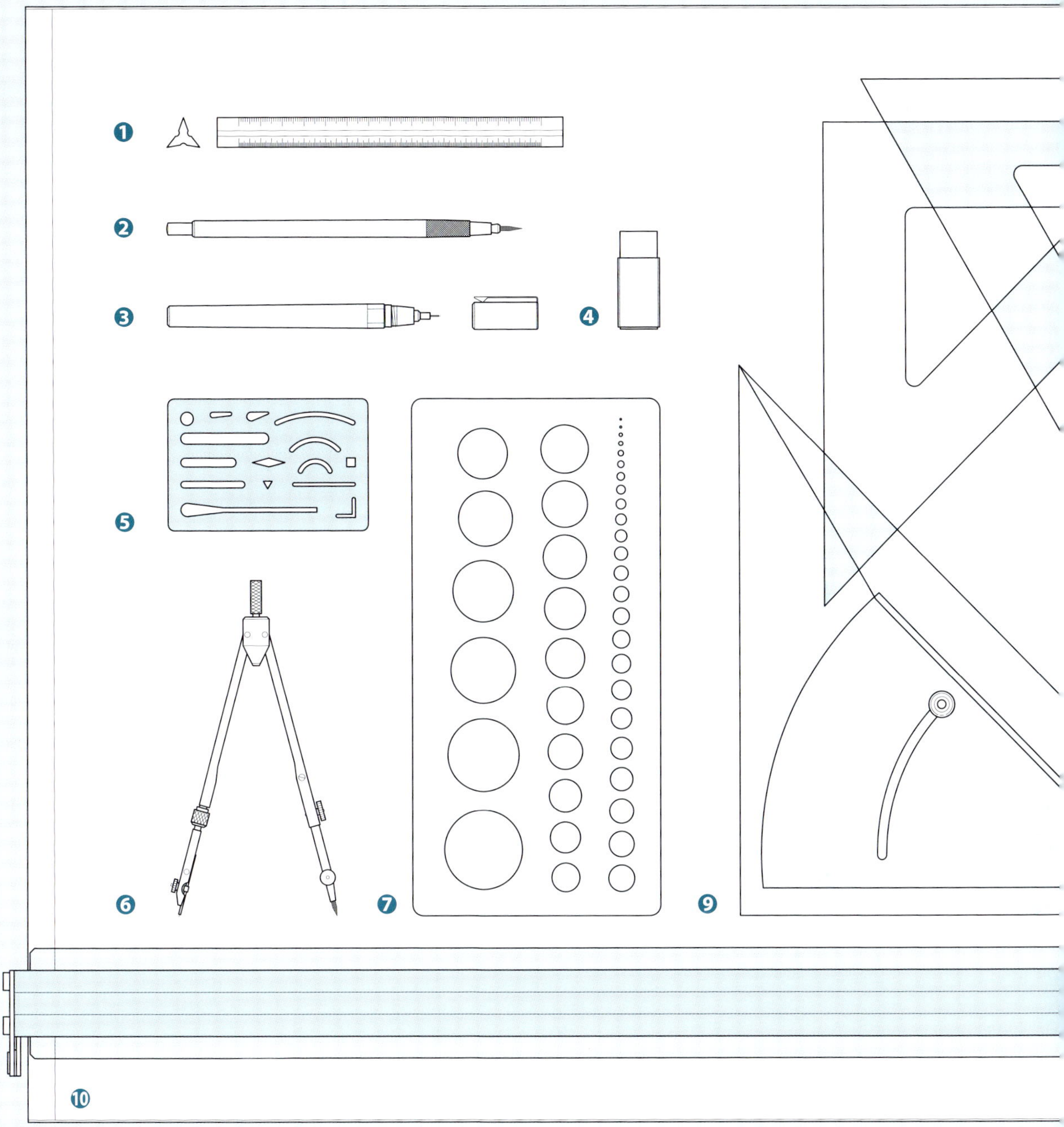

製図道具 S=1 : 3

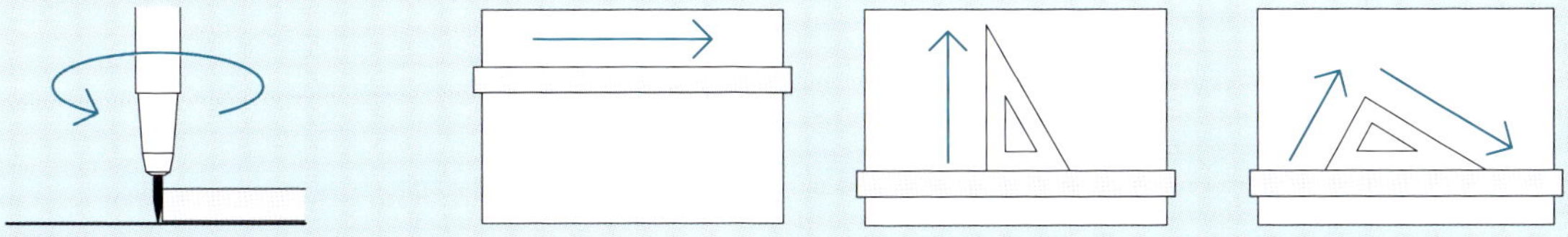
回転させながら線を引く
左→右へ引く
下→上へ引く
斜めの線も左→右へ

線の引き方　＊左利きの人は左右反転させて描く。

column 01

アルネ・ヤコブセンの家具を生産する フリッツ・ハンセン社の工場見学

アルネ・ヤコブセンは 1952 年にアントチェアを発表して以来、その改良版となるセブンチェアを 1955 年に発表、1958 年にはエッグチェアとスワンチェアといった数々の名作をフリッツ・ハンセン社から販売している。デンマーク本社と工場がコペンハーゲン郊外にあり、予約すると椅子の生産ラインを見学することができる。アントチェアとセブンチェアの製造はオートメーションが主体だが、単板の木目の有無やペイント後の仕上がりを熟練の作業員がひとつひとつ丁寧に検品している。また、スワンチェアとエッグチェアは、硬質発泡ポリウレタンを用いた当時最先端の成形技術の上に、専門の職人が布や革の張地を一針ずつ丹念に縫合して仕上げていく。最先端技術と工芸的な手作業。この両輪によってアルネ・ヤコブセンの家具は実現したことがわかる。

デザインディレクターのクリスチャン・グローセン・ラスムセン氏は「セブンチェアのように 50 年前にデザインされた商品でも、質の面では現代の商品にならなければならない」と言う。だから、必要な工程にだけ機械を導入し、提供しやすい値段に抑えつつ、クオリティを保ち続けられるのだろう。

アントチェア、セブンチェアの生産工程

短冊状の単板を並べて１枚の板にする／外形の型に沿って切り出す／９枚を重ねて成形機にてプレス加工し３次元形状が完成する／この際、表面材の内側には綿布が組み合わされる／最終形状を自動で削り出す／ロボットによる吹き付け塗装によって座面部が完成／この状態で保管され、オーダーに応じて脚部が接合され出荷される

スワンチェア、エッグチェアの生産工程

皮革を広げ、型に沿ってチョークで輪郭を描き、はさみで裁断する／この際、革の目を見て、どこから切り抜くかを職人が判断する／刃物の型によって抜く場合もある／成形された発泡ポリウレタンフォームに皮革を張り合わせる／一針一針、大きな釣針のような針で縫合し珠玉の一脚が完成する

2

Interior Design

インテリアデザインの図法

アルネ・ヤコブセンのSAS ロイヤルホテル ROOM606を題材にインテリアデザインの図法を学ぶ

トイレ

廊下

バスルーム

ROOM606は、改装を済ませたホテルの中でも、竣工時のインテリアをそのまま残している特別な客室「ヤコブセン・スイート」である。エレベーターを6階で降りるとその正面にある。扉を開けると前室があり、左手にクロゼット、その奥にバスタブのあるメインの浴室がある。右手の扉にはトイレが隠れている。そして正面の扉から主室に入ると、正面にローテーブルとソファ、左手には2台のベッドが置かれ、カーテンによって寝室と居間が仕切れる仕組みになっている。ドアノブ、カーテン、ベッドカバー、天井の照明、造付けの家具も、すべてヤコブセンのオリジナルデザインだ。木調の腰壁には10㎜のスリットが縦横に通っている。縦のスリットにはテーブル状の収納ボックスが取り付けられており、その一つは天板を開けるとドレッサーになる。また、横のスリットは配線ダクトを兼ねており、左右にスライド可能なスポットライトが設置してある。すべてグレイッシュなブルーグリーンの濃淡で統一され、ヤコブセンの世界をつくり出している。

SASロイヤルホテルのROOM606を題材に、1／50スケールの平面図と展開図および一点透視図を作図し、1／50スケールの内観模型を制作する。

このROOM606の図面は本書のために現地で実測し、東京で編集、制作したものである。

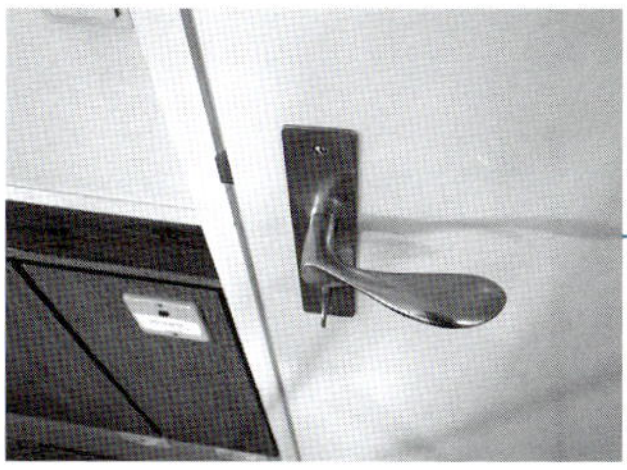

スイッチ・ドアノブ

化粧台

主室（リビング）

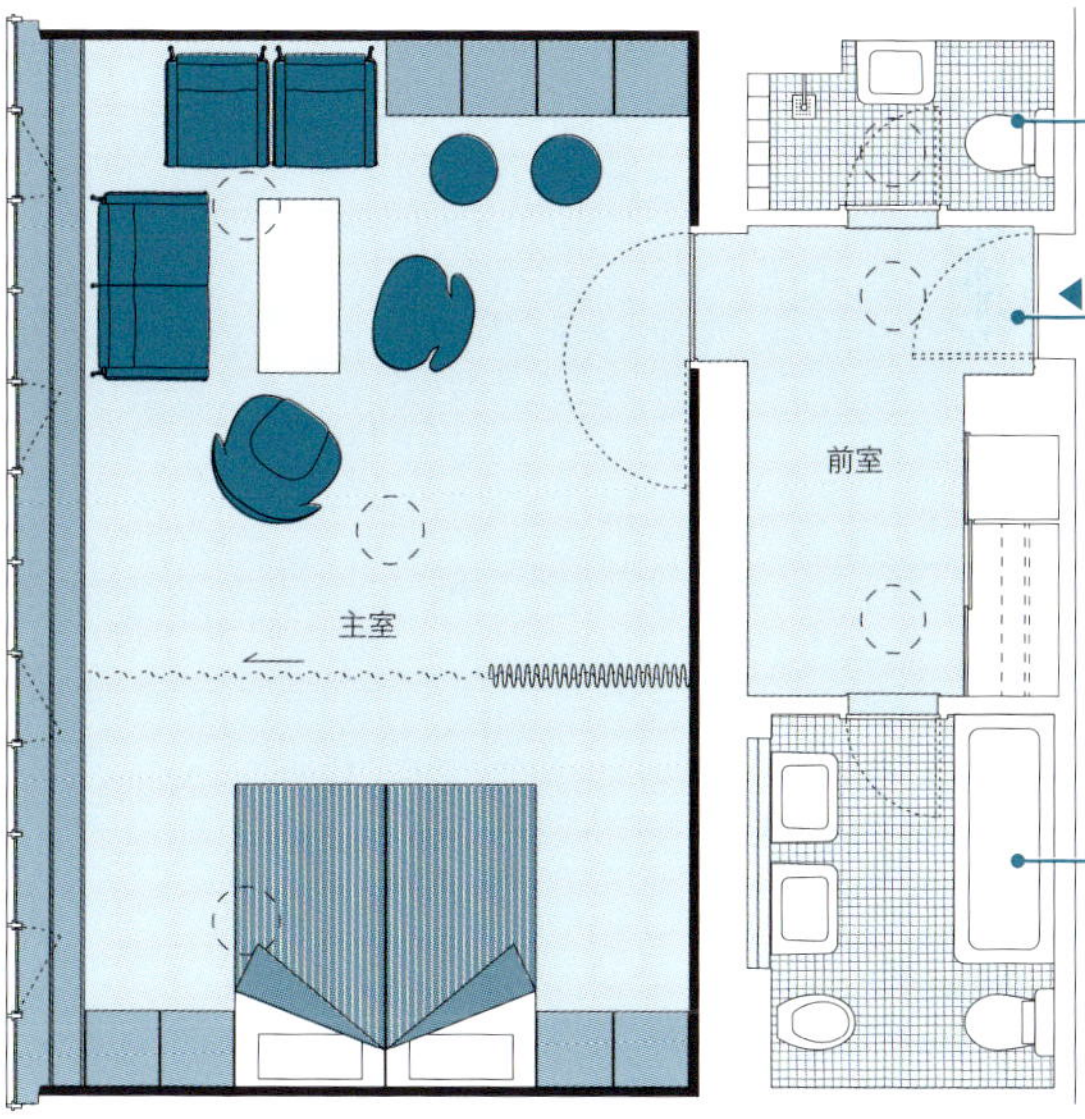

S=1:100

天井・照明・カーテン

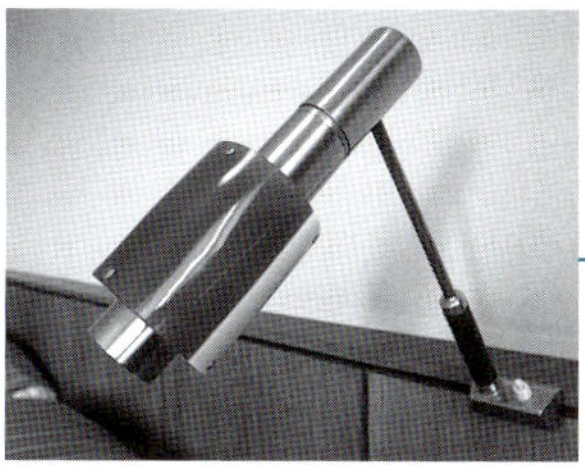

可動照明

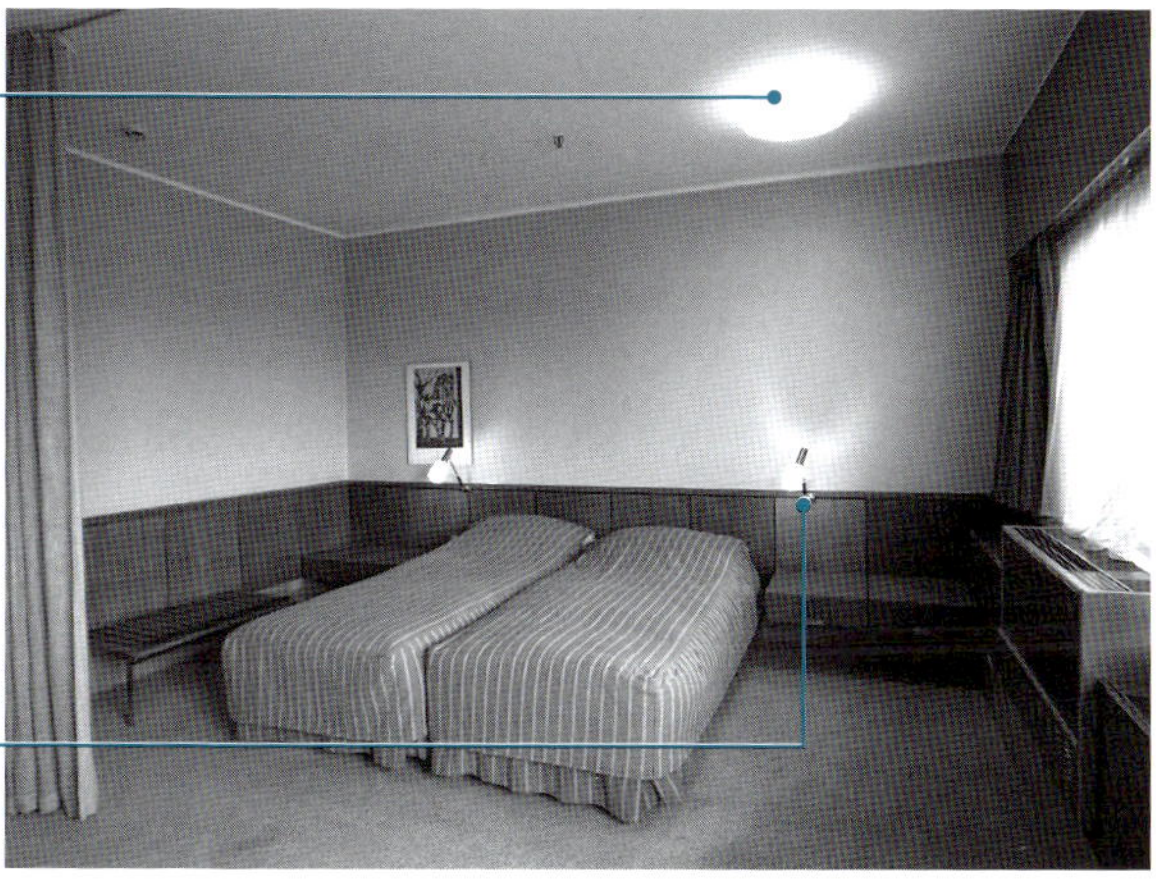

主室（ベッドルーム）

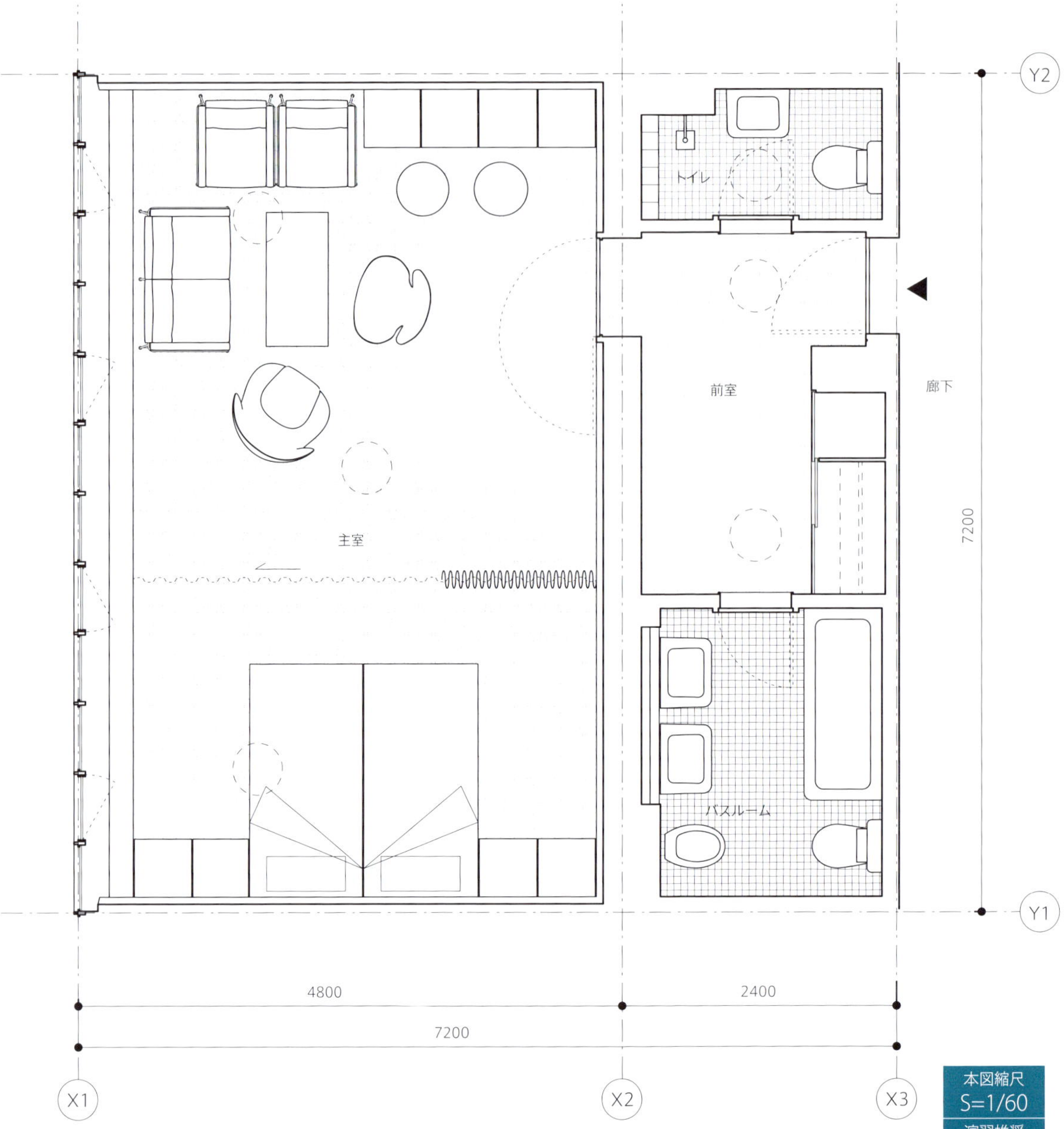

本図縮尺
S=1/60
演習推奨
S=1/50

SAS ロイヤルホテル ROOM606　インテリア平面図（完成図）

2-1 インテリア平面図の描き方

インテリア平面図とは

最初にROOM606を題材にインテリア平面図を描いてみよう。建築の図面にはいろいろな種類があるが、そのうち平面図はもっとも基本となる図面で、不動産の間取り図などで一般にもよく目にすると思う。平面図とは、立体である建築をおおむね目の高さで水平に切断し、上から見た図面である。ここで、わざわざ「インテリア平面図」というタイトルにしたのには理由があり、室内空間を理解するための平面図を最初に描いてみようということである。ひとつの客室のインテリアを説明する図面なので、建築の外部や全体像は描かない。建築図面としてはあまり一般的なものではないが、インテリアを学ぶためのステップとして意味がある。

上図が完成した図面である。では、単

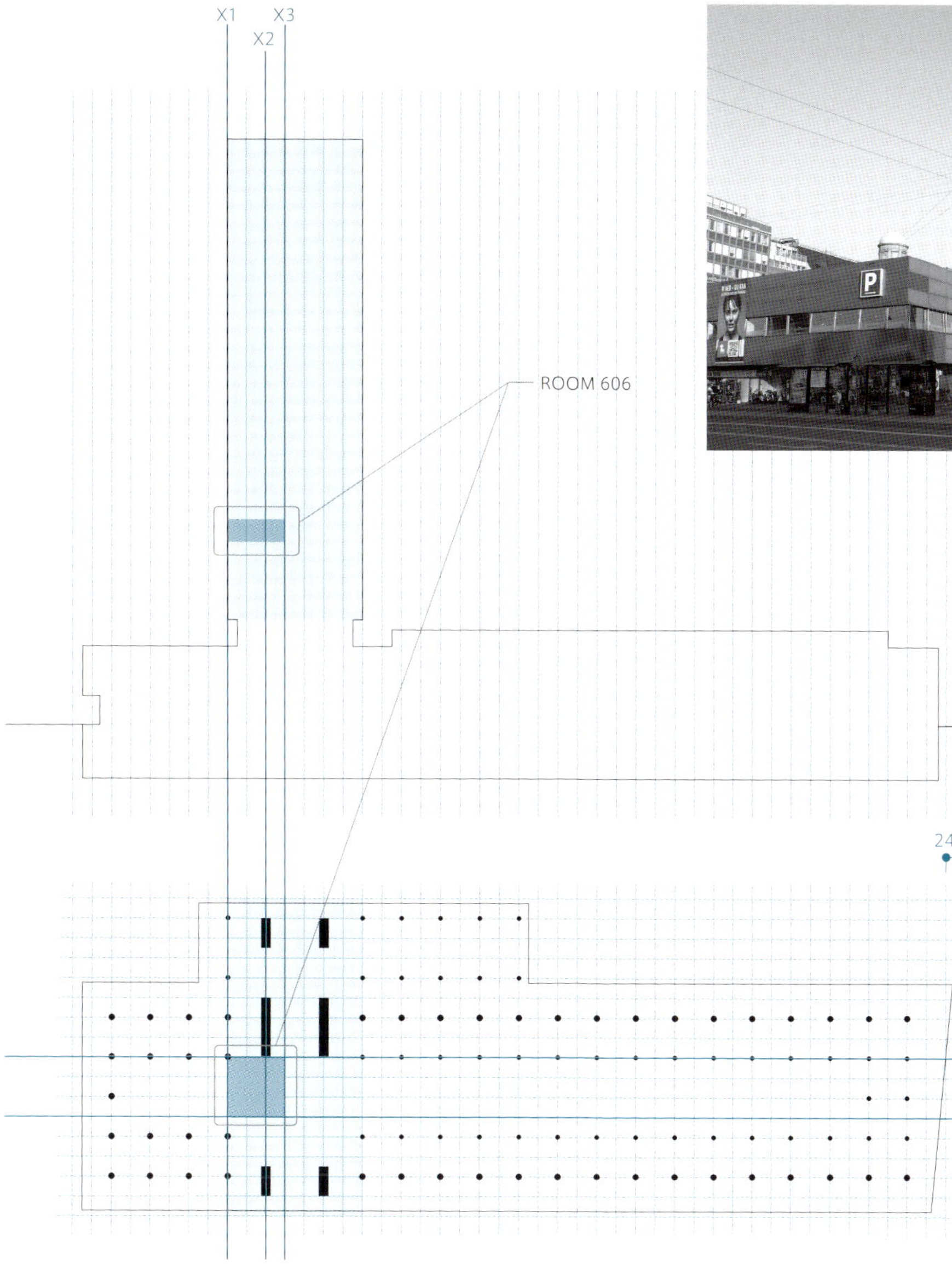

SAS ロイヤルホテル　断面アウトラインとロビー階構造模式図　S＝1/1000

右頁の完成図は巨大なホテルの一部であることを理解する。

SAS ロイヤルホテル外観

10 頁の写真とは逆方向から見た写真。

なる演習にとどまらずに、この客室の見どころも織り交ぜながら進めていくことにしよう。

通り芯（基準線）を理解する

右頁の図面には、丸の中に記号の書かれたものとそこから伸びる線があるが、これを「通り芯」（基準線）という。通り芯は建築の骨格の基準を成す線で、この線からの寸法で事物の位置を決めていく場合が多い。

ＲＯＯＭ６０６は巨大なホテルの一室なので、最初にこのホテル全体の通り芯のようすを見てみよう。上図はホテル全体の図面であるが、縦横に等間隔のグリッドが描かれている。このグリッドはすべて２、４００㎜間隔となっているので、この建築は２、４００㎜の倍数で基準となる線が設定されていることがわかる。

そこで、右頁の図面を見ると、通り芯間の寸法がすべて２、４００㎜の倍数になっていることがわかる。つまり、通り芯は建築全体の基準をもとに決められている線なのである。この部屋に付けた通り芯符号を上図の断面と平面の模式図に示すと、建築全体の中でのこの部屋の位置がわかる。

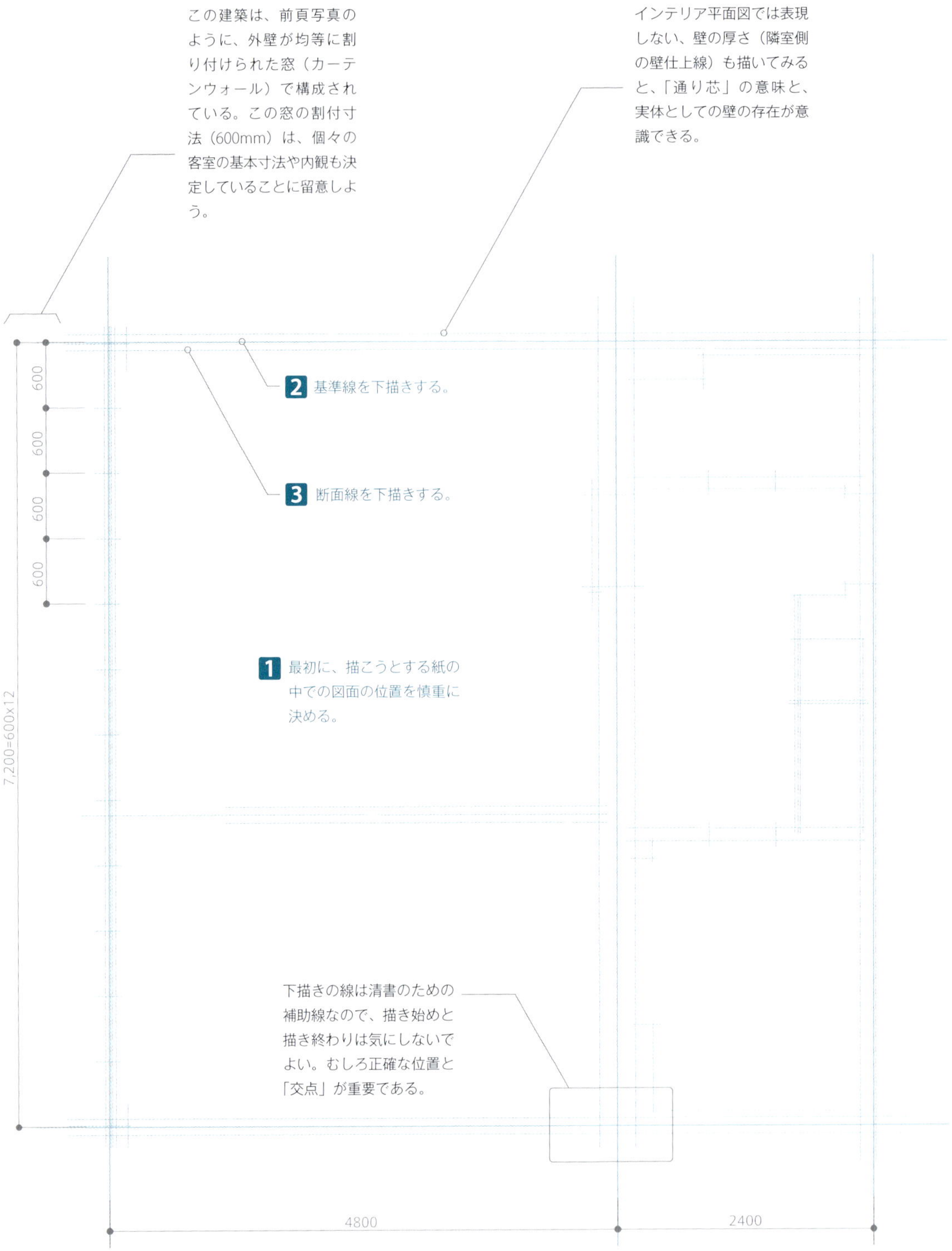
この建築は、前頁写真のように、外壁が均等に割り付けられた窓（カーテンウォール）で構成されている。この窓の割付寸法（600mm）は、個々の客室の基本寸法や内観も決定していることに留意しよう。
インテリア平面図では表現しない、壁の厚さ（隣室側の壁仕上線）も描いてみると、「通り芯」の意味と、実体としての壁の存在が意識できる。
2 基準線を下描きする。
3 断面線を下描きする。
1 最初に、描こうとする紙の中での図面の位置を慎重に決める。
下描きの線は清書のための補助線なので、描き始めと描き終わりは気にしないでよい。むしろ正確な位置と「交点」が重要である。
600
600
600
600
7,200=600x12
4800
2400

1 基準線と断面線を下描きする

描こうとする図面の縮尺に合わせて、最初に基準線（通り芯や壁芯）を正確に引き、次に基準線をもとに、断面線を下描きする。下描き（補助線）は、鉛筆などあとで消せるもので、自分だけにわかる程度に極めて薄く描くとよい。ただし、基準線は断面線の下描きよりもいくぶんはっきり描いておくと、あとが描きやすくなる。

本図縮尺
S=1/60
演習推奨
S=1/50

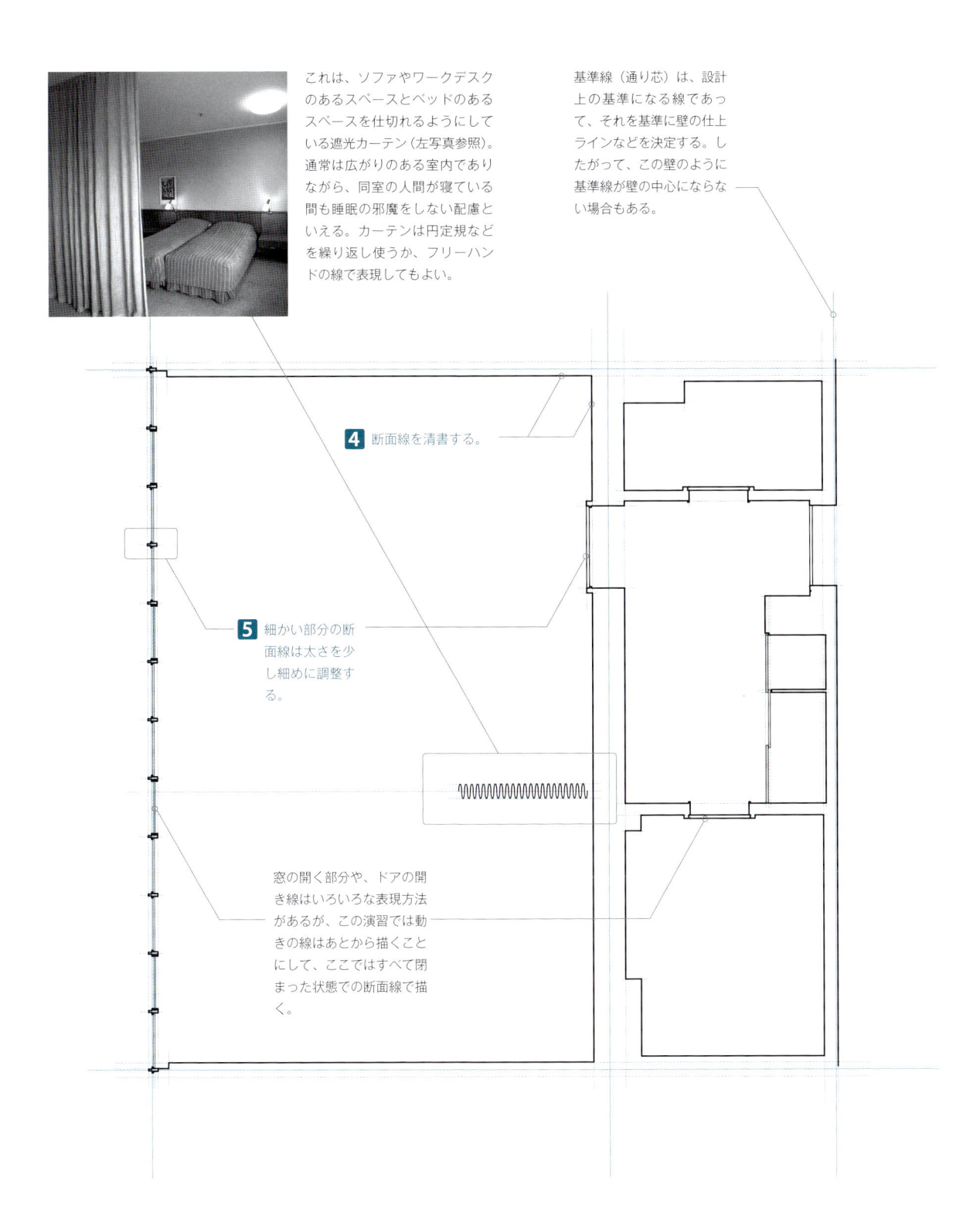

これは、ソファやワークデスクのあるスペースとベッドのあるスペースを仕切れるようにしている遮光カーテン(左写真参照)。通常は広がりのある室内でありながら、同室の人間が寝ている間も睡眠の邪魔をしない配慮といえる。カーテンは円定規などを繰り返し使うか、フリーハンドの線で表現してもよい。

基準線(通り芯)は、設計上の基準になる線であって、それを基準に壁の仕上ラインなどを決定する。したがって、この壁のように基準線が壁の中心にならない場合もある。

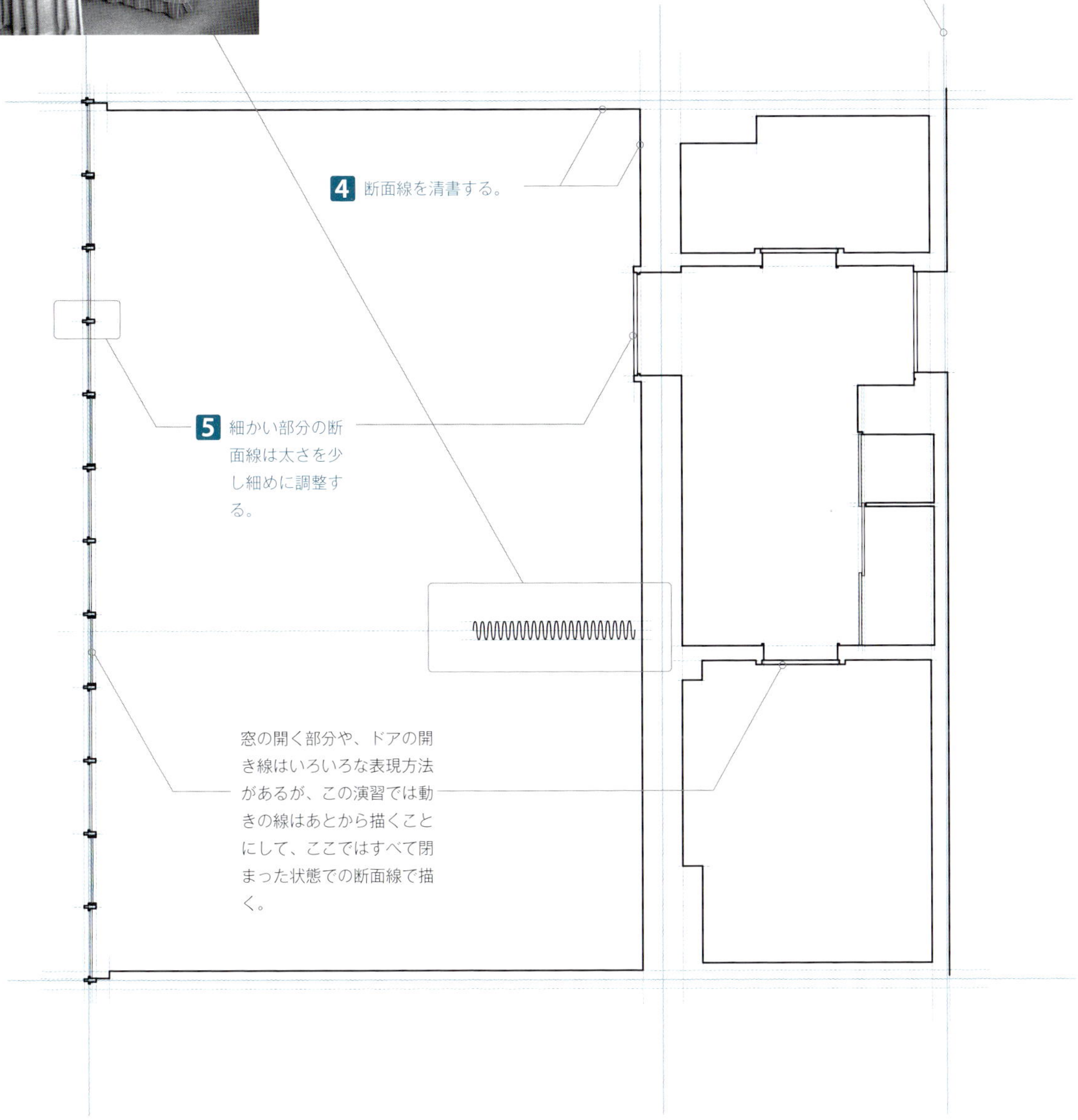

4 断面線を清書する。
5 細かい部分の断面線は太さを少し細めに調整する。
窓の開く部分や、ドアの開き線はいろいろな表現方法があるが、この演習では動きの線はあとから描くことにして、ここではすべて閉まった状態での断面線で描く。

2

断面線を清書する

下描きに合わせて断面線を清書する。清書はインク仕上げ、鉛筆の場合は濃く、しっかりと描く。壁の断面はもっとも太い線で描く。ガラスや方立などの細かいものは、状況に応じて太さを調整する。いずれにしても、断面線は濃くしっかりと表現することがとても重要である。

本図縮尺 S=1/60
演習推奨 S=1/50

この部屋のインテリアの大きな特徴に、壁の腰部分に木製のパネルを廻していることがある。このパネルは幅が500mm目地幅10mmに共通化され、510mmのモデュールで設計されている。

このような発想はヤコブセンの他の建築にも見られる。腰壁に固定されているワークデスクやナイトテーブルなどの家具も、このモデュールによって設計されていることに留意してみよう。

A

B

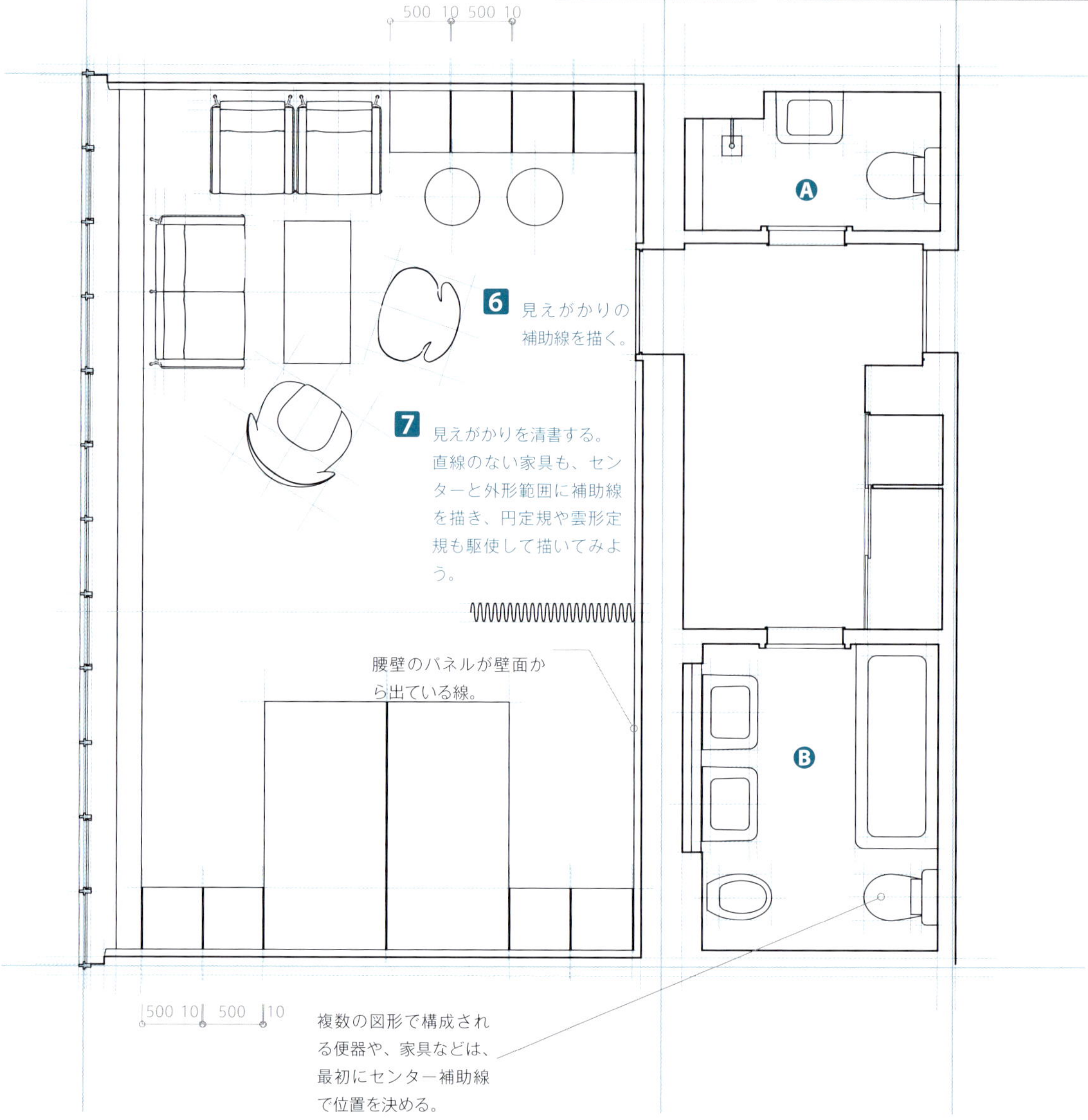

500 10 500 10
A
6 見えがかりの補助線を描く。
7 見えがかりを清書する。直線のない家具も、センターと外形範囲に補助線を描き、円定規や雲形定規も駆使して描いてみよう。
腰壁のパネルが壁面から出ている線。

B
500 10 500 10
複数の図形で構成される便器や、家具などは、最初にセンター補助線で位置を決める。

3 見えがかりを描く

断面の向こうに見えているものの輪郭線を「見えがかり」といい、平面図の場合には床などの段差や、家具類がこれにあたる。断面線の次にそれを描く。

「見えがかり」は中線から細線で描くが、わかりやすい図面にするためには断面の線と区別ができることがたいへん重要で、断面線とは太さや濃さにはっきり差をつける。断面線同様、描く前に補助線を入れて正確な位置と形で描く。

本図縮尺 S=1/60
演習推奨 S=1/50

9 床タイルの目地などは、できるだけ細い線で表現する。この場合は実際には 20mm 角のタイルが使われているが、図面上は 60mm 角で描いている。縮尺によってはこのような省略をしてもかまわない。

8 換気のために開く窓や、ドアなどの動くものは、その軌跡と開いた状態を点線（または極細線）で表現する。

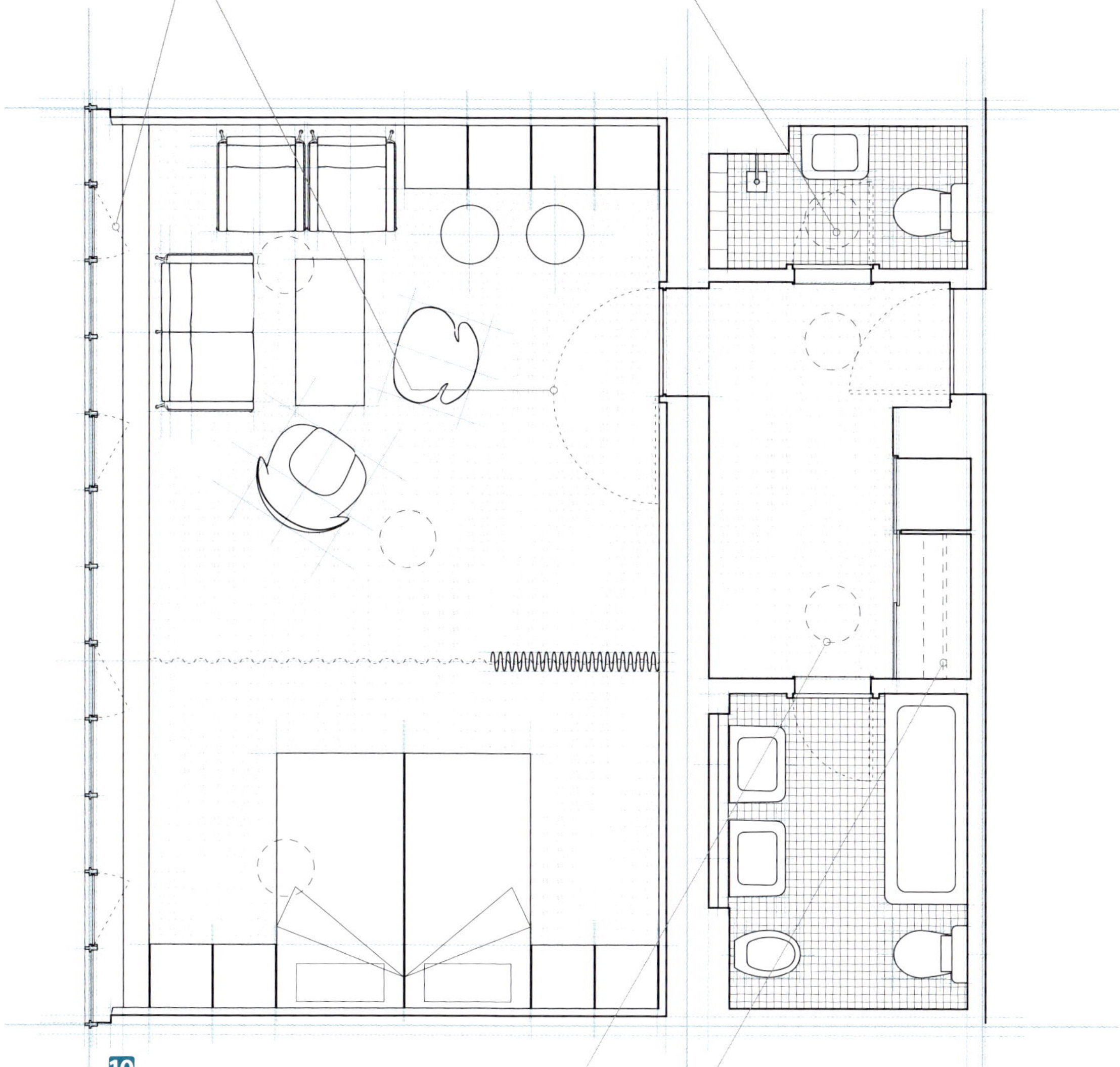

10 天井の照明器具や、クロゼット内のハンガーパイプなど、上にあるために見えがかりとしては見えないものは、破線で表現する。

4 インテリア要素を追加する

前頁で描いた「見えがかり」以外にも、インテリアを表現するために描くべき要素がある。床のタイル目地などのテクスチュア（模様、質感）、天井の照明器具などの断面よりも上にあるもの、ドアなどの動くものの軌跡などである。太さは見えがかりよりもさらに細い線（細線以下）で描く。場合によって実線以外に破線や点線も用いるが、それらの線種には一定のルールがある（43 頁参照）。ここまでくると室内の様子がかなり見えてくる。

本図縮尺
S=1/60
演習推奨
S=1/50

11 文字は図面の一部なので、ていねいに書くことが重要。
小さめの文字（高さ2mm～4mm）で揃った文字を書く練習をしよう。
上下に補助線を描くときれいに書ける。

12 寸法線や記号等も、補助線を描いて位置や寸法線の間隔が揃うように注意しよう。

5 室名などの文字、寸法線などを記入して完成

図面は絵ではないので、3次元の実体を伝える文字情報も必要となる。室名、通り芯とその記号や寸法線を描き、図面を完成させる。最後に、インク仕上げ（インキング）の場合には最初に描いた補助線をていねいに消す。鉛筆仕上げの場合には消す必要はない。消した状態の完成形は36頁の図面のようになる。なお、本来の完成図面には、図面タイトル、縮尺、方位、などが記入されるが、それらは後述の建築の平面図の章で説明する。

本図縮尺
S=1/60
演習推奨
S=1/50

図面は文章、線は単語

図面は、3次元の事物や空間を他人に理解してもらうために描くものなので、他人に意味が通じなければならない。図面を「文章」とすれば、ひとつひとつの線は「単語」といってもよく、単語に並びや変化のルールがあるように、線の表現にもルールがある。

図面で描く人の個性を表現してもよいが、最低限のルールを守らないと他人には伝わらない。

下記「線の太さ（種類）と意味」は、そうした最低限のルールをまとめたものである。さまざまな文法が存在する言葉とは異なり、図面の良いところは、ルールが万国共通だということである。図面は、言葉の通じない相手にも考えが伝わるとても便利な伝達形式なので、ルールをしっかりと覚えることは価値がある。

線の太さと意味

線種	インキング、CADなどでの太さ	使用例	本章の図で使ったもの
極太線	0.50 ~ 1.20 mm	断面図の地盤面など	不使用
太線	0.50 ~ 0.25 mm	断面線	0.35mm（壁断面線） 0.25mm（細部断面線）
中線	0.25 ~ 0.15 mm	見えがかりの輪郭線など	0.15mm（見えがかり線）
細線	0.15 ~ 0.10 mm	上記以外の細部描写 寸法線など	0.13mm（寸法線） 0.13mm（隠れ線、移動線） （ただし破線、点線で表現）
極細線	0.10 ~ 0.05 mm	床の目地など	0.05mm（床タイル目地）
補助線	細く薄く	下描きなど、自分にだけ 見えればよい線	0.18mm（通り芯補助線） 0.10mm（その他の補助線）

線の種類と意味

線種	姿	使用例	本章の図で使ったもの
実線		下記以外、すべて	全般に使用
破線		隠れ線（見えない物）など	天井の照明 クロゼット内のハンガーパイプ
点線		移動線（移動の軌跡）など	窓やドアの移動軌跡
一点鎖線		通り芯、中心線、吹抜け表示、敷地境界線、など	通り芯

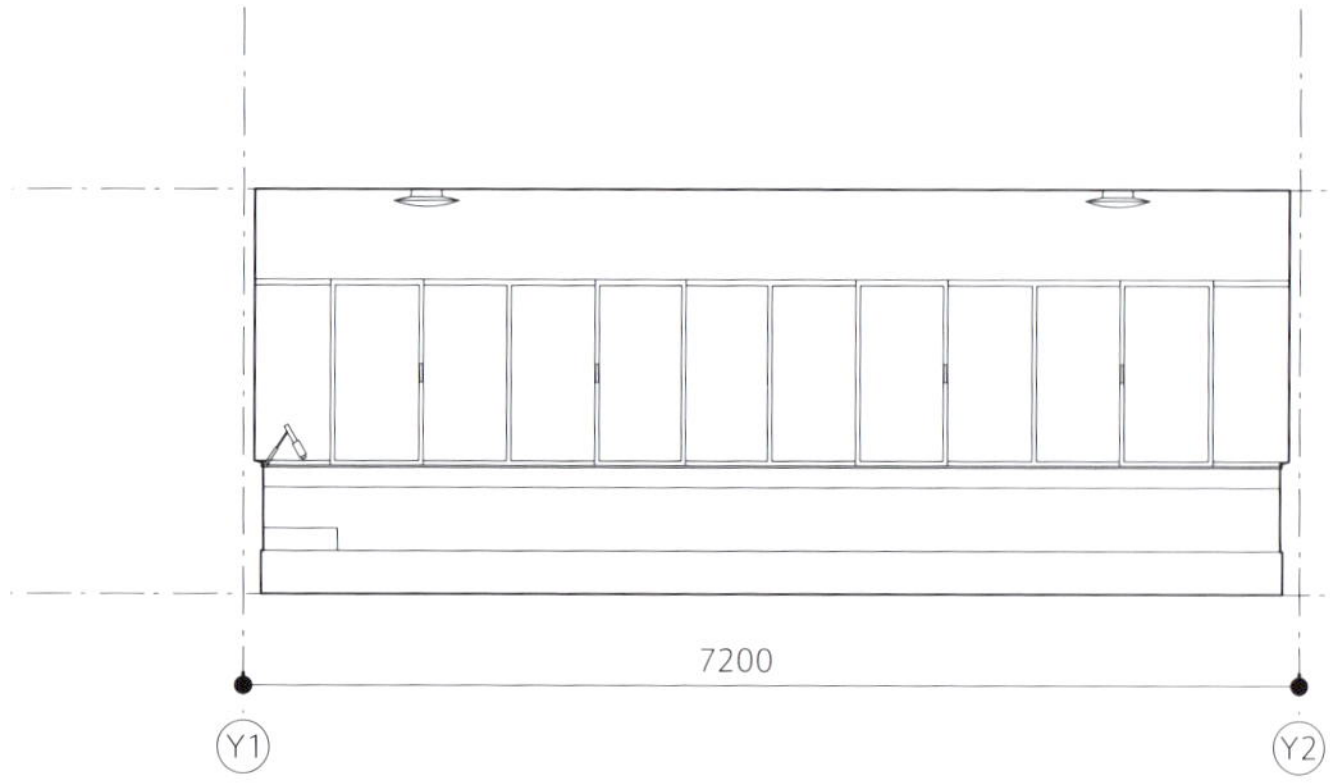
7200
Y1
Y2

B 面

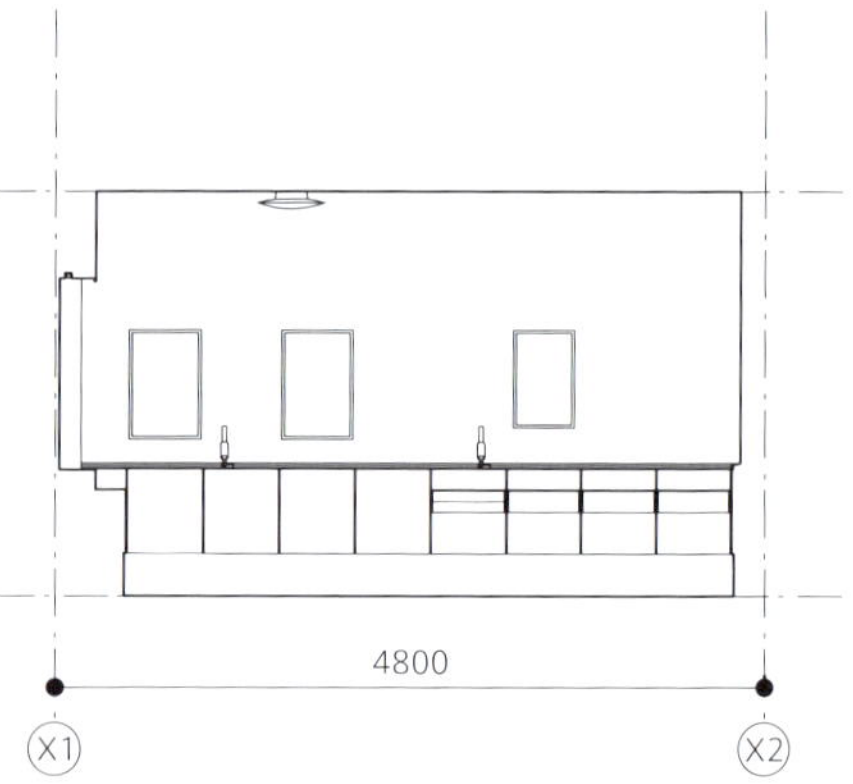
4800
X1
X2

C 面

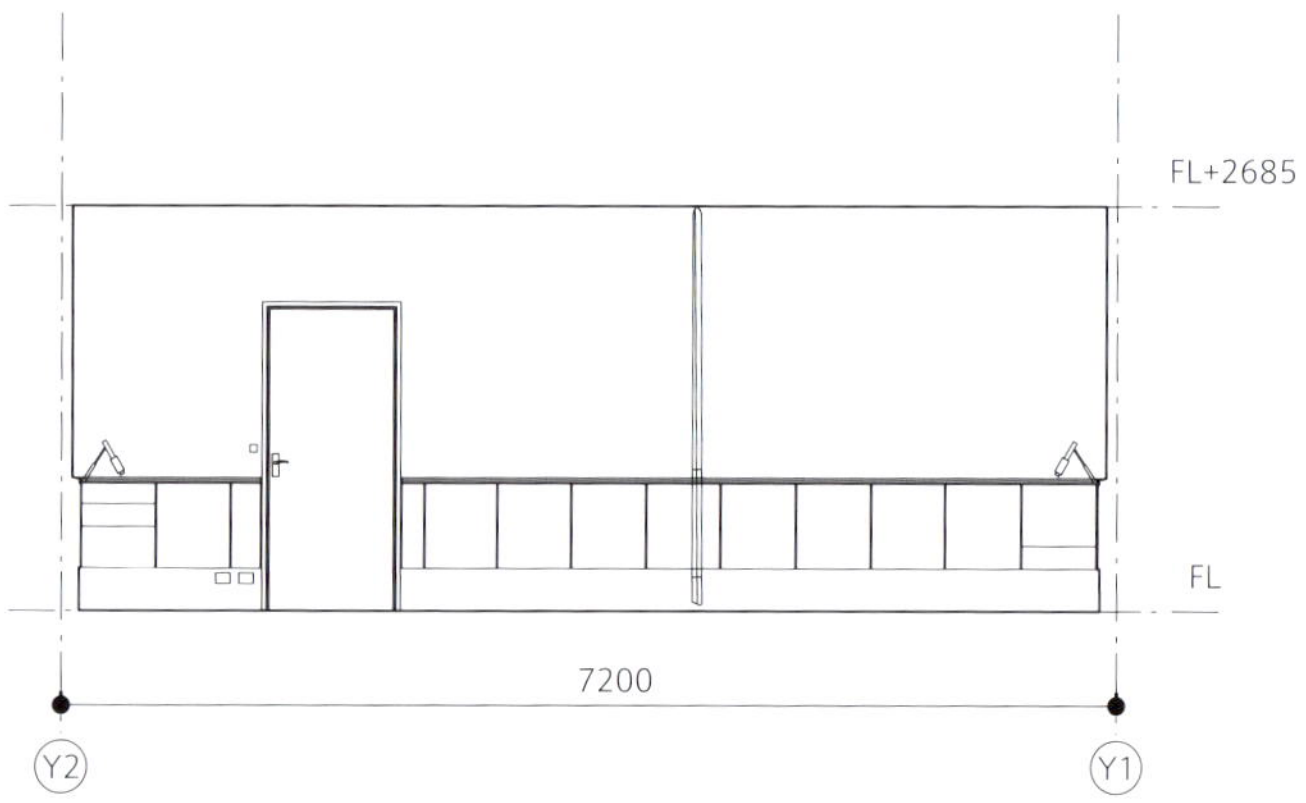
FL+2685
FL
7200
Y2
Y1

D 面

本図縮尺
S=1/100
演習推奨
S=1/50

2-2 インテリア展開図の描き方

展開図とは

前章で描いた平面図を参照しながらROOM606の展開図を描いてみる。展開図とは、室内の壁面ごとに、その正面から見た姿を図面にしたものである。壁面の姿が対象なので、室内側の断面線から内側だけを表現することになる。ここでは、前室やバスルームを省き、主室のみを作図してみよう。主室は単純な四角い部屋なので、展開の面も4面描けばよい。上図が完成した図面であるが、見ての通り4つの壁面の展開図が平面図上で時計回りの順番に、高さを揃えて並んでいる。これが展開図の配置のルールである。左下には、各展開図の位置を示す小さな平面図があるが、これをキープランといい、平面図上に併せて表現する場合もあるが、展開図中に入れるほうがより親切な図面といえる。

展開図の主役は壁面の造作

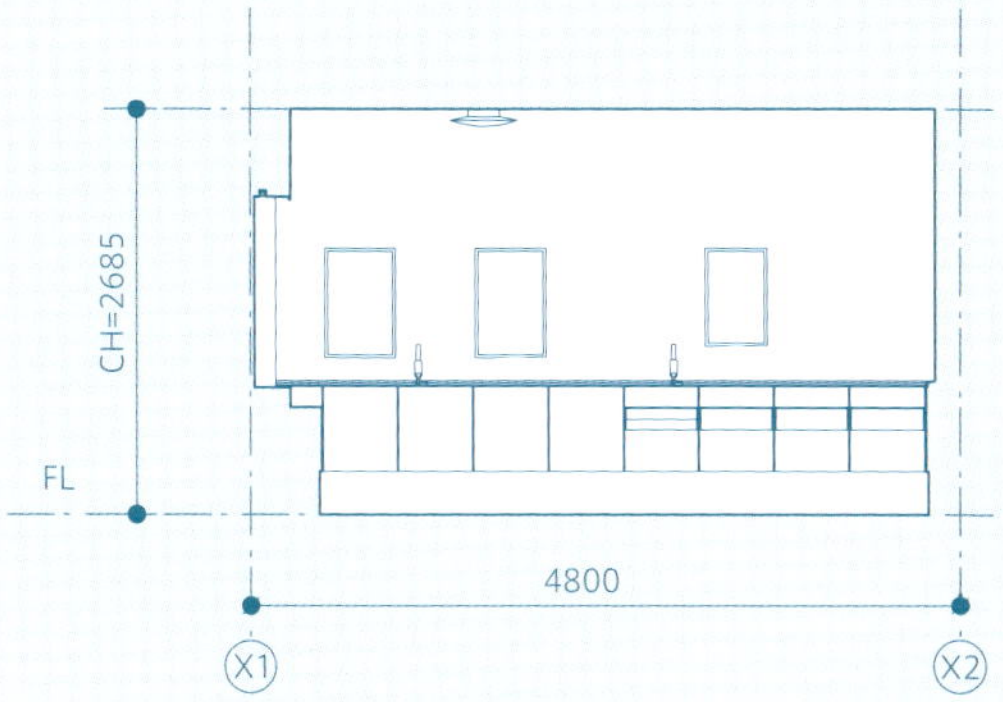
CH=2685
FL
4800
X1
X2

主室展開図 C面

壁面が主役なので、切る位置はできるだけ
描きたい壁面に寄った位置にする。

断面図の主役は切断面

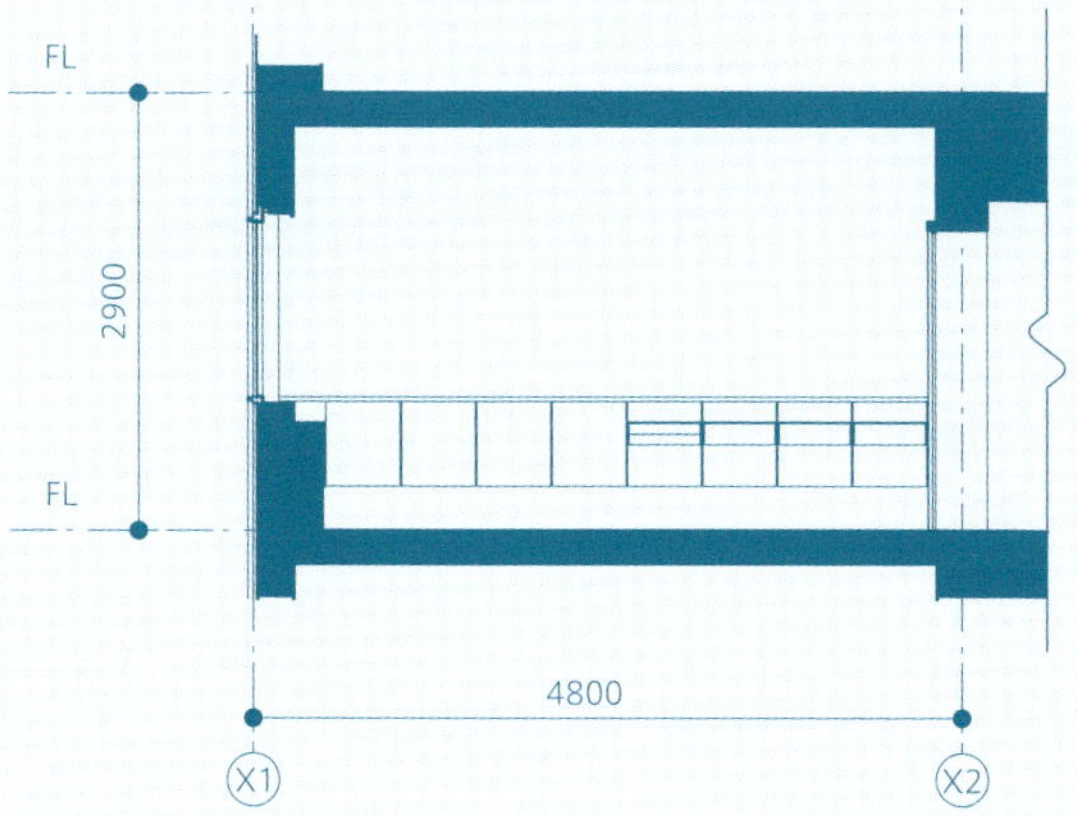
FL
2900
FL
4800
X1
X2

基準階客室 E 断面図

切断面が主役なので、切る位置も断面を
より詳しく説明できるドアの位置などで切る。

展開図と断面図の違い

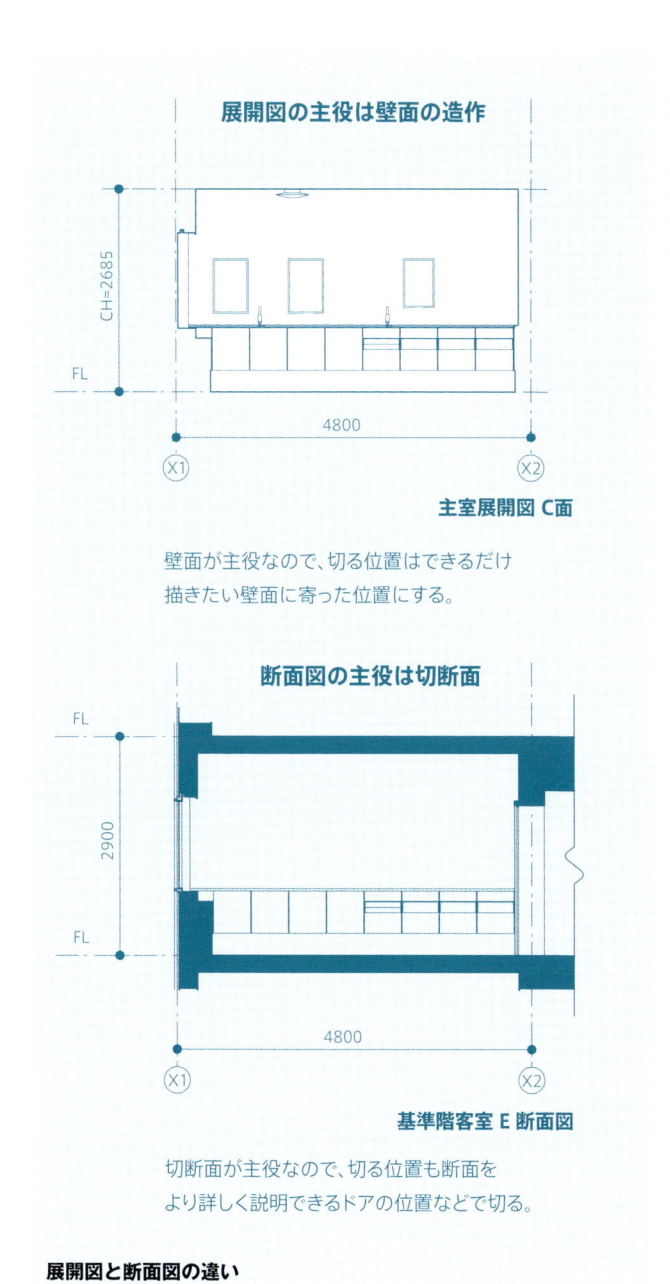

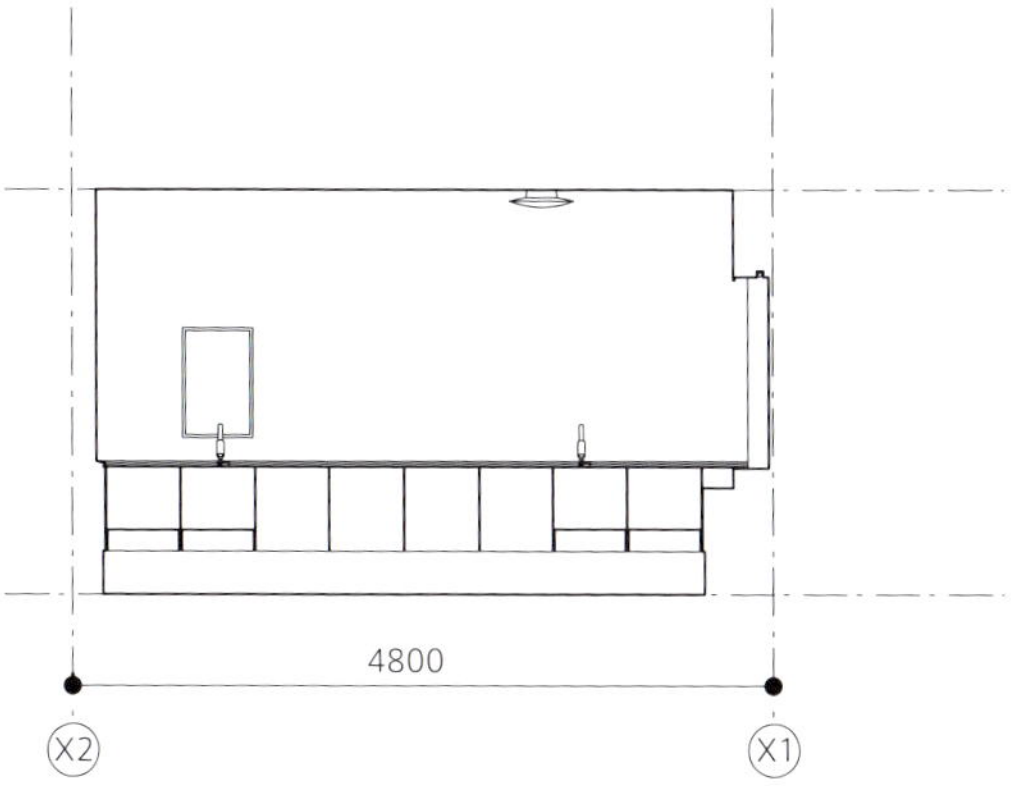
4800
X2
X1

A 面

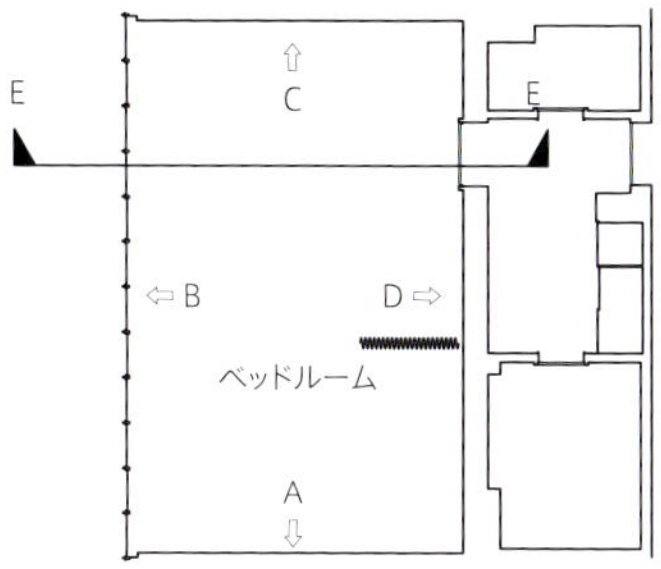
E
C
E
B
D
ベッドルーム
A

KEY PLAN

SAS ロイヤルホテル ROOM 606　主室展開図（完成図）

展開図と断面図の違い

建築では、展開図よりも断面図のほうが一般的な図面である。断面図は、建築を縦に切断し、その切断面を作図したものである（72頁参照）。切断面の奥には、前章の平面図の家具などと同じように見えがかりとして壁面の造作などが見えてくるので、その部分は展開図と似ている。しかし、断面図と展開図では、その目的が違うので、表現方法も自ずと異なる。それを表したのが上左図である。

実務では、断面図に多くの見えがかりを表現する場合や、反対にまったく表現しない場合、さらには展開図に断面を表現する場合さえあるが、図面の主目的が断面にあるか壁面の姿にあるかにより表現に違いがあると考えてほしい。

断面線よりも室内側だけを描くという意味で、展開図は前章のインテリア平面図に似ている。

では、次頁から順を追って描き方を解説する。

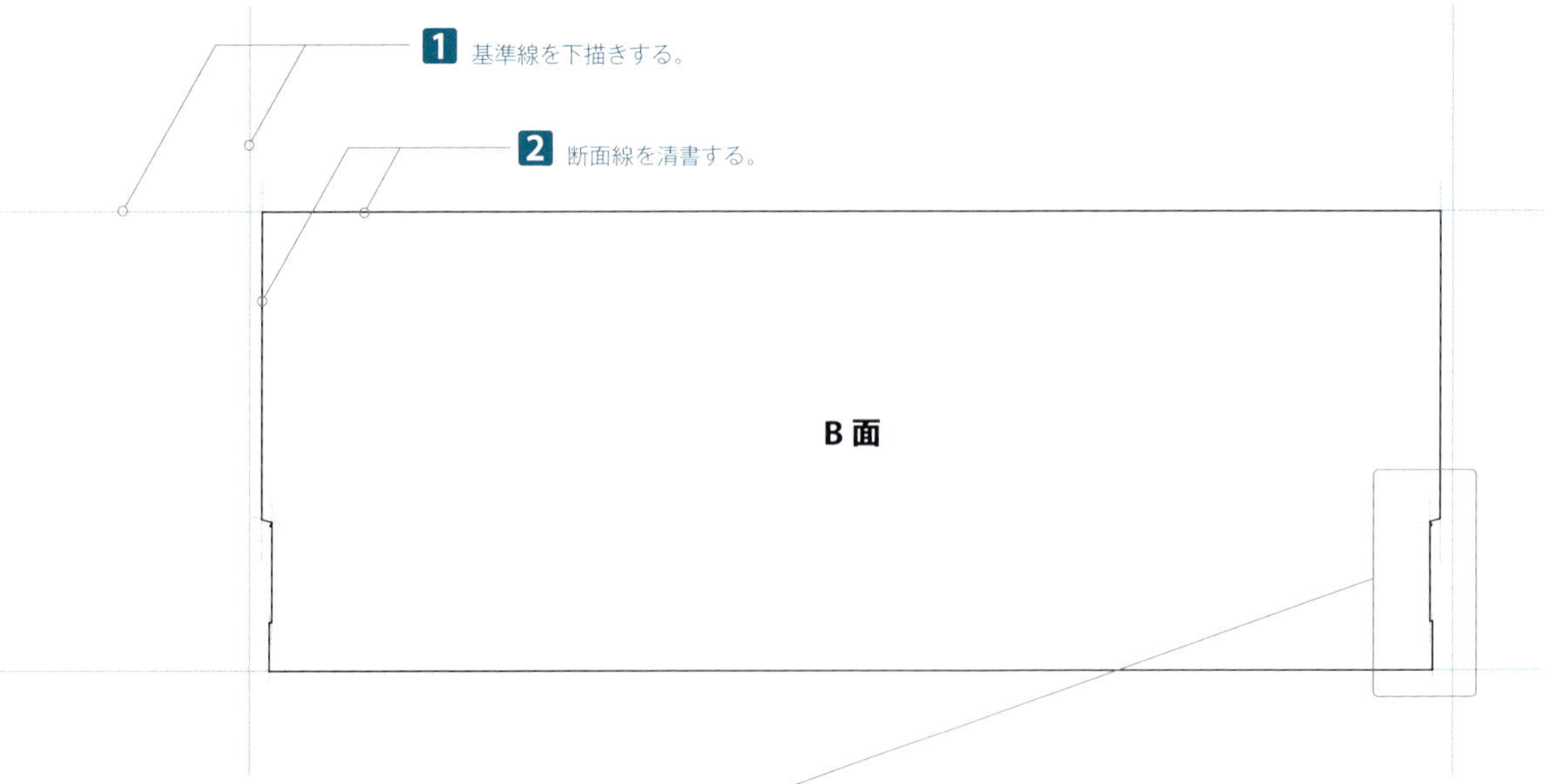
1 基準線を下描きする。
2 断面線を清書する。
B 面

腰パネルが壁よりも出ている

窓台と腰パネルの取合い部分

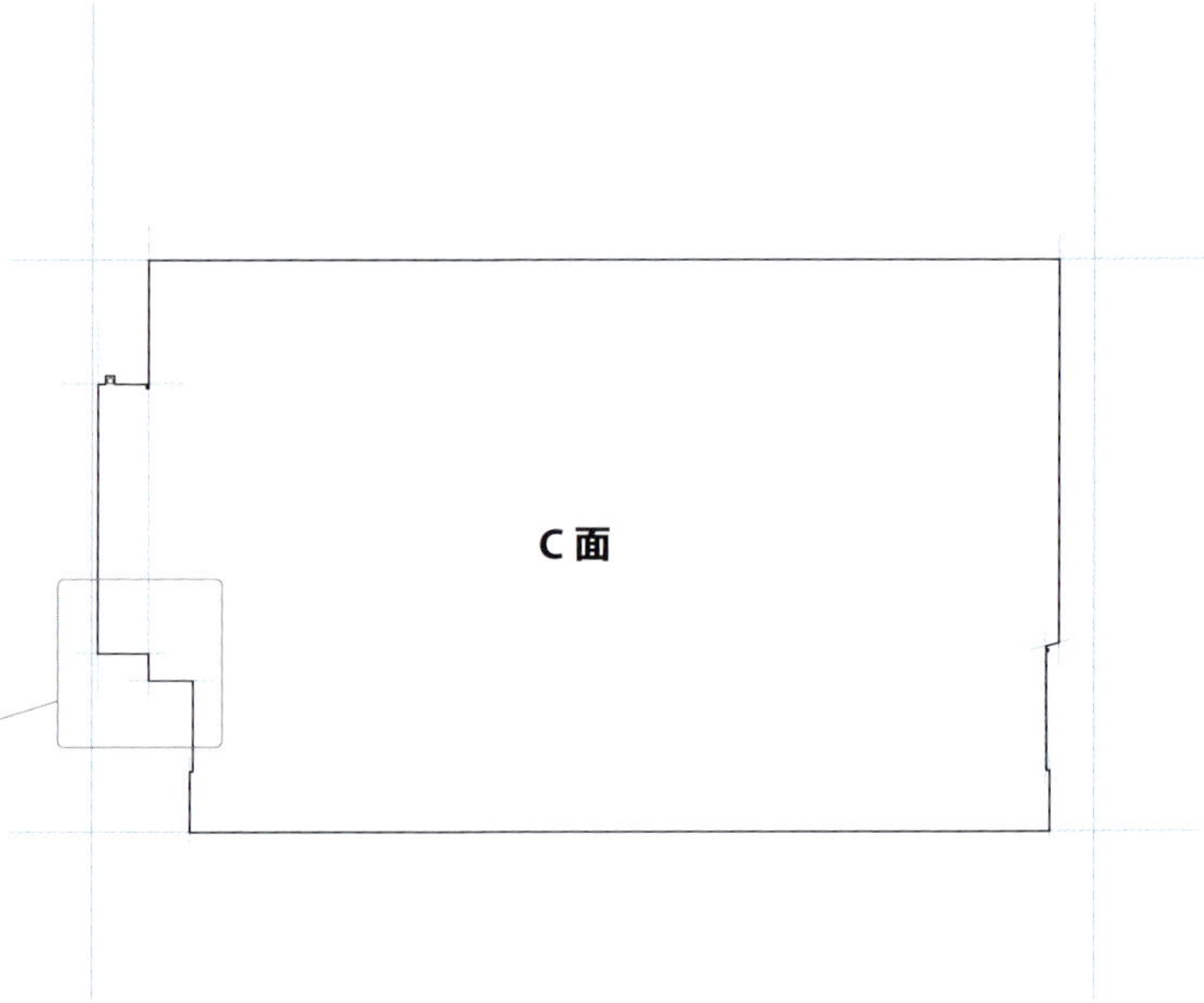
C 面

1 基準線と断面線を下描きし、断面線を清書する

まず、用紙の中に、各展開図を描く位置をきちんとレイアウトする。ここではＢ面とＣ面の２面だけを大きく見せているが、透視図を描く際のことも考えて44～45頁枠内のレイアウトにならう。描こうとする図面の縮尺に合わせて正確に寸法をとり、基準線（通り芯や壁芯）を下描きし、その基準線をもとに室内側の断面線（壁面の輪郭）の下描きをする。下描きは、鉛筆などあとで消せるもので、自分だけにわかる程度に極めて薄く描く。ただし、基準線は断面線の下描きよりもいくぶんはっきり描いておくと、あとが描きやすい。下描きが終わったら断面線を太い線ではっきりと清書する。

本図縮尺 S=1/60

演習推奨 S=1/50

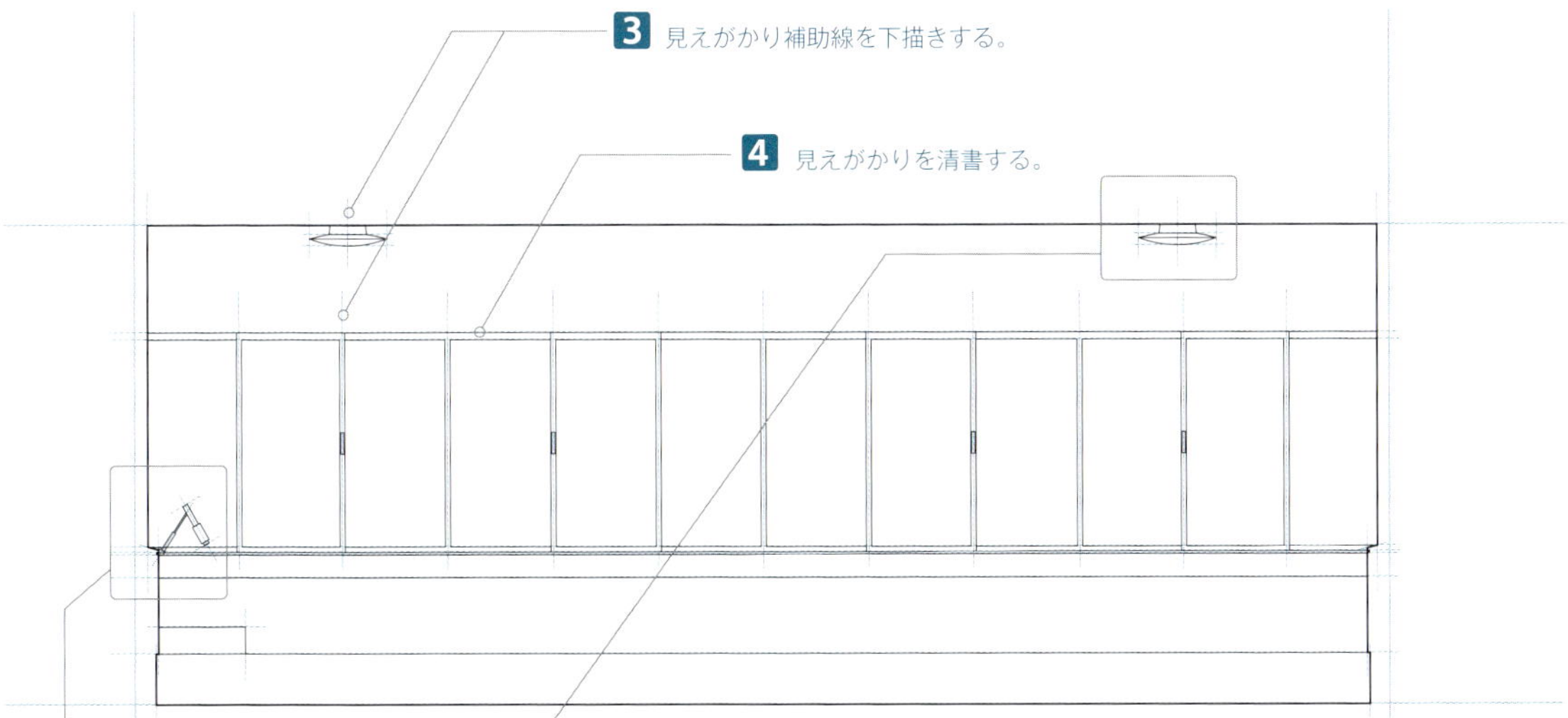
3 見えがかり補助線を下描きする。
4 見えがかりを清書する。

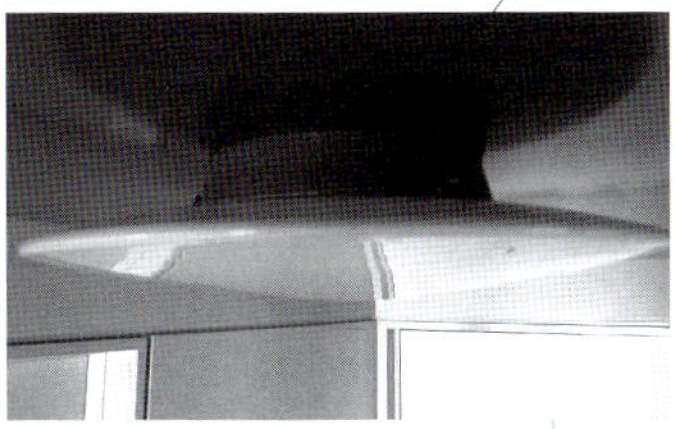
吹きガラス製のシーリングライト

モデュールに合わせて
さまざまな工夫がされたワークデスク

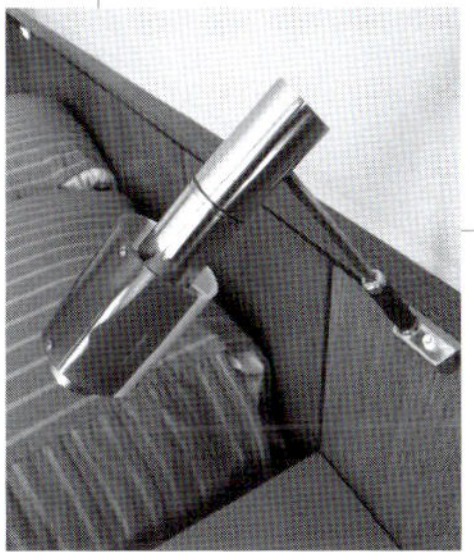
スライドして移動する読書灯

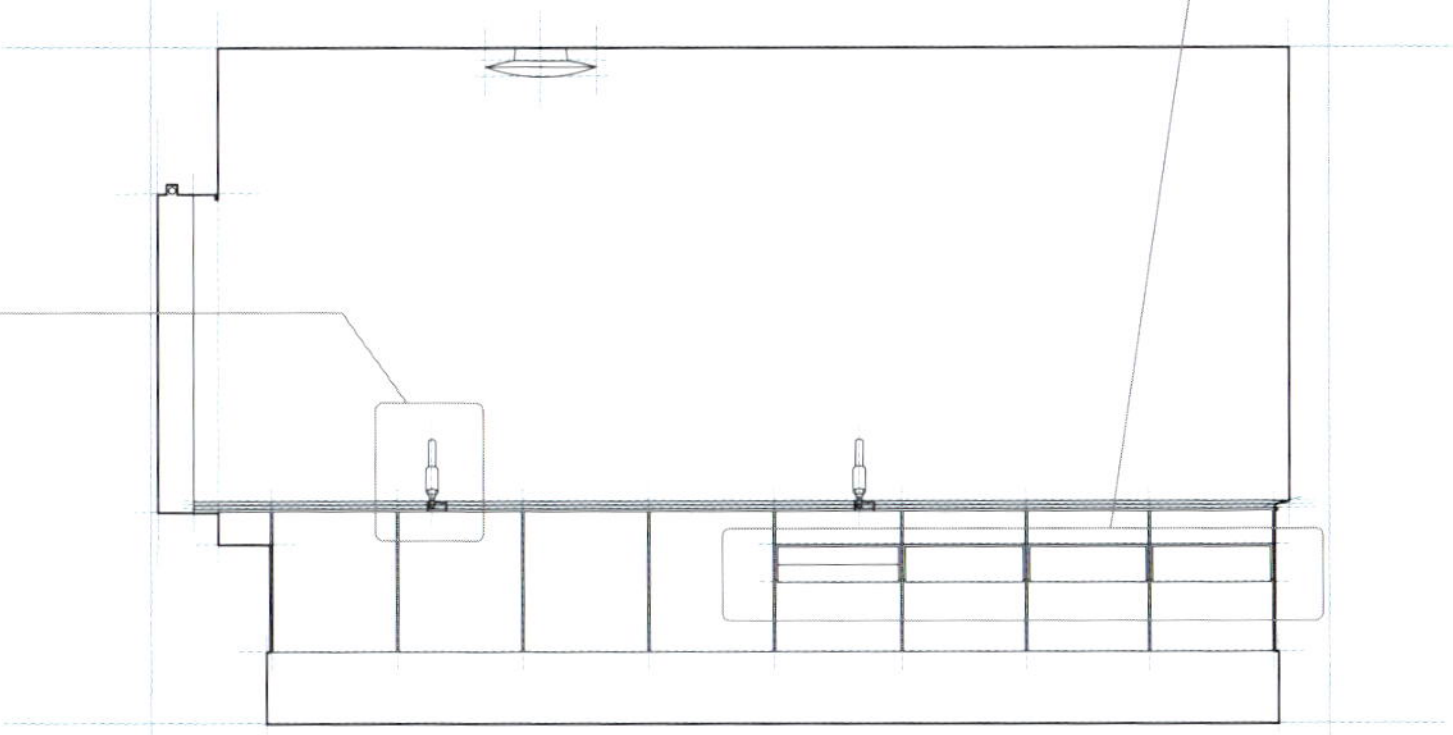

2 壁面を構成する見えがかりを描く

平面の見えがかりと同じように、「見えているもの」を描き進める。水平方向の寸法は平面図を参照し、垂直方向は上図を直接計って描く（縮尺に注意）。

断面線同様に、下描きをしたあとで清書するが、断面線よりも細い線で描くのは平面図と同じ要領である。目地や方立などの細かいものは、状況に応じて太さを調整する。

上図では天井の照明器具も描いているが、展開図では描かない場合もある。

本図縮尺
S=1/60
演習推奨
S=1/50

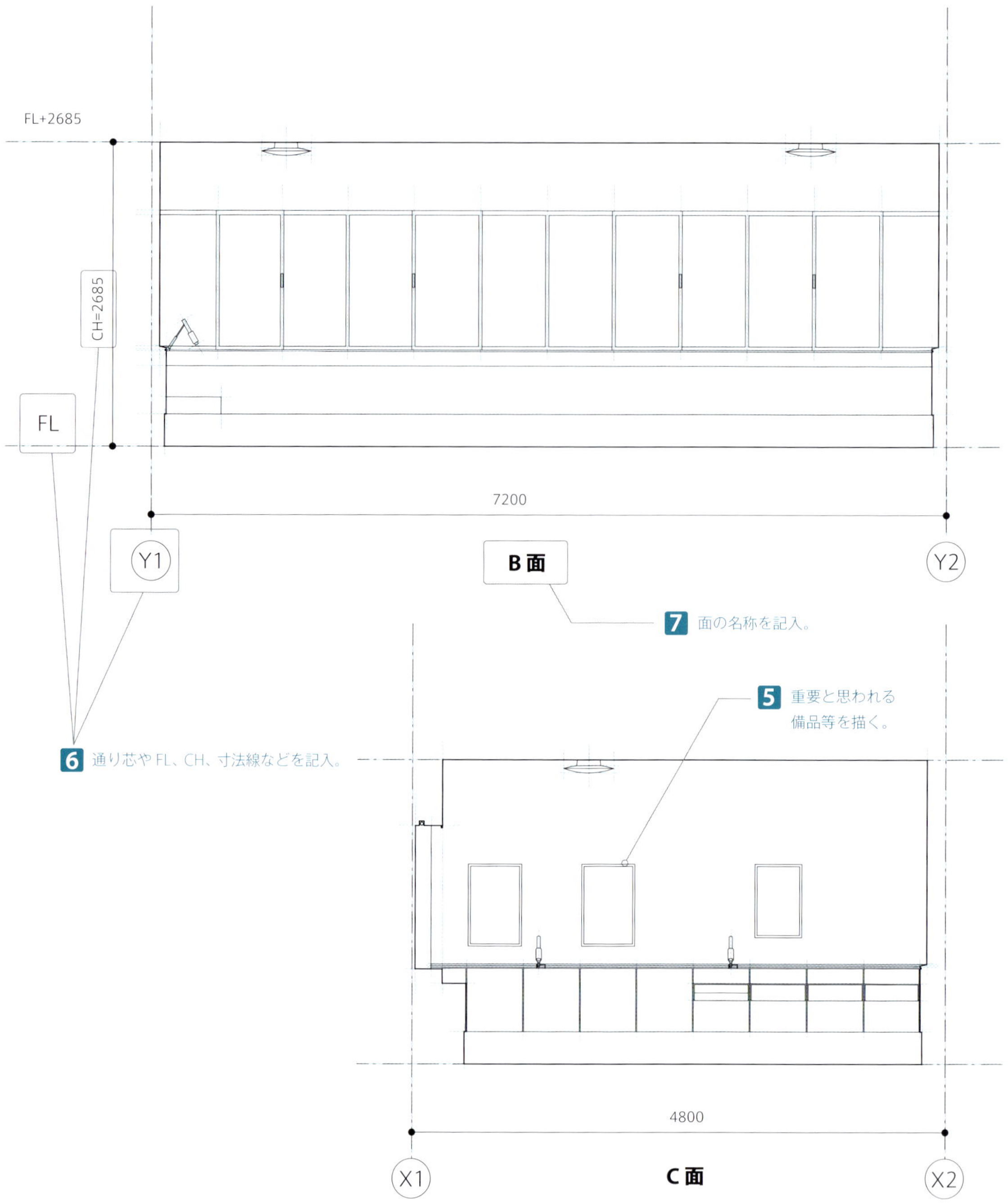
FL+2685
CH=2685
FL
7200
Y1
B面
Y2
7 面の名称を記入。
5 重要と思われる備品等を描く。
6 通り芯やFL、CH、寸法線などを記入。
4800
X1
C面
X2

3 **必要に応じて備品などを書き、寸法を入れる**

場合によっては、壁面に飾られる絵画などの備品類も描き、最後に寸法を入れる。展開図の寸法は、水平方向には基準線や壁芯、垂直方向には床仕上げ、天井仕上げの基準線程度を入れ、その間の寸法を表示するのが一般的である。上図の「FL」は床仕上げのレベル(floor level)、「CH」は天井高（ceiling height）を示す略称記号である。

本図縮尺
S=1/60
演習推奨
S=1/50

起こし絵図

ここまでに描いた、平面図と展開図を使って、簡単な模型をつくることができる。要領は、古来、茶室などで空間を検討するためにつくられた「起こし絵図」と同じである。

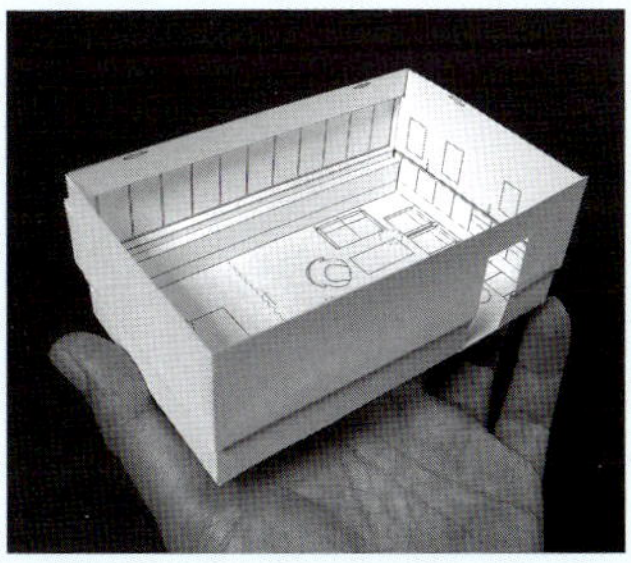

平面図の周囲に展開図を立てるだけでもできるが、この例では壁面の凹凸も表現してみた。色の付いた面はすべて水平な面を示す。上の写真はこの頁をコピーしてつくってみたものだが、こんな簡単なやり方でも空間の様子は意外とよくわかる。

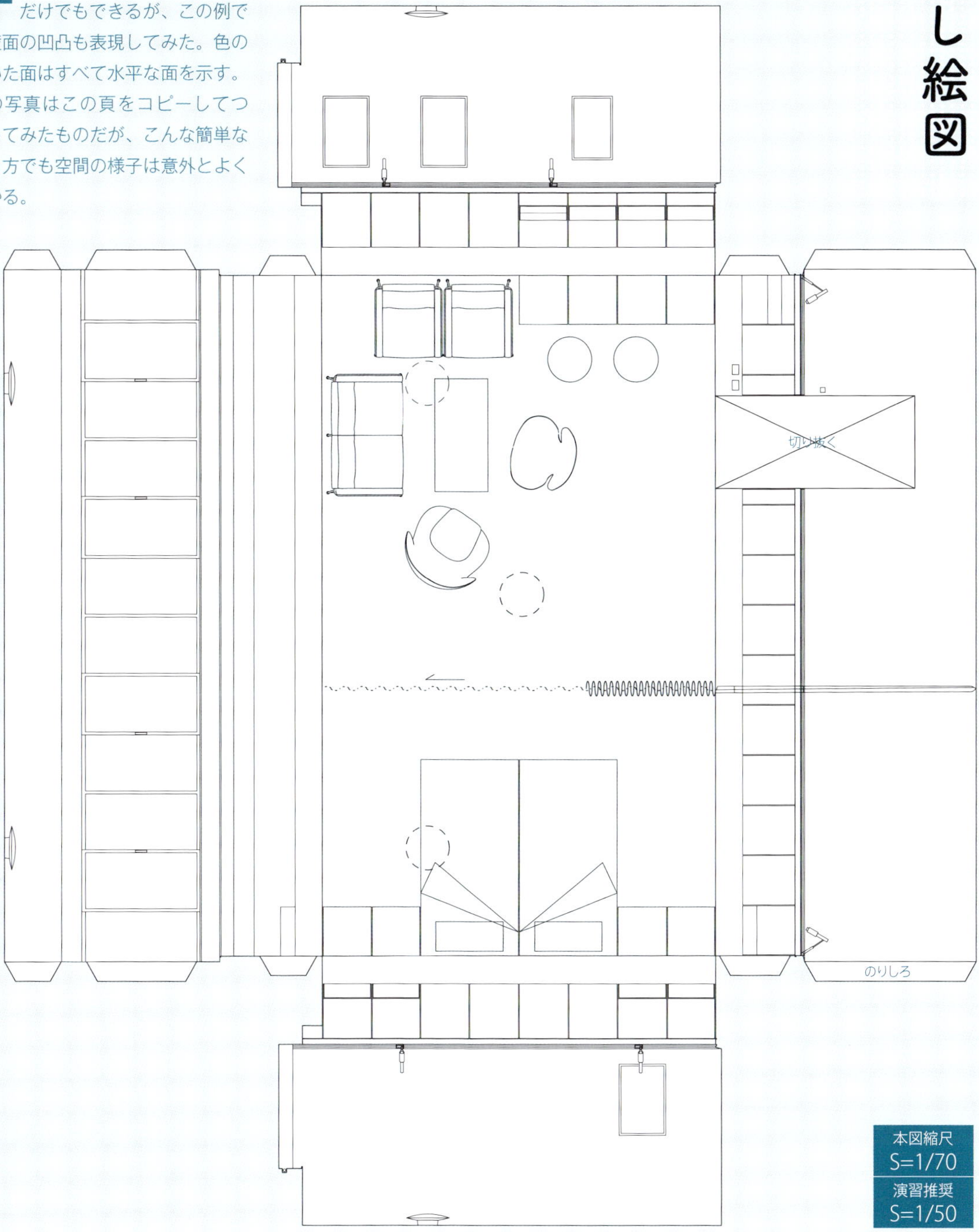

本図縮尺
S=1/70
演習推奨
S=1/50

ROOM606 主室一点透視図

上図はCGソフトのひとつ、Sketch Upを使用して描いている。このソフトは比較的簡単な操作で透視図が作成でき、さらには指定場所と日時の太陽位置によって正確な日照状態をシミュレートできるなどの利点はあるが、立体を平面に移し替える計算の考え方自体は、この節で解説する図法と同じであり、手描きでも同じものが描ける。
ここでは上図と同じアングルで図法の解説を行う。

デューラー　透視図を研究する人

2-3 インテリアパースの描き方

室内を一点透視図で表現する

ここまで解説してきた図面は、すべて平行投影図というカテゴリーに含まれ、寸法や角度を表現しやすくできている。しかし3次元の物体を人間が見たときの見え方とは違う。この章では透視図を描いてみるが、透視図はパース（perspectiveの略）ともいい、人間が見たときに近いものを平面上に再現する図法である。

上の大きな図が完成図であるが、小さいほうの絵はデューラーの描いた透視図法を研究する2人の男の絵で、リュートという楽器の見たままの姿を右手の枠内の画面に写し取ろうとしているところである。

図法を理解していれば、このような大掛かりな器具も不要となり、なにより良いのは、図面から描き起こすことができることである。

投影面（PP）の設定は自由

透視図にはいくつかの種類があるが、ここでは一点透視図を学ぶ。二点、三点透視図は同じ理屈で描けるからで、これらは最後に解説する。

透視図の投影面（立体を平面に投影する面）は、通常は上のデューラーの絵のように立体の手前に設定するが、この節では奥に設定する。その理由は、インテリアの透視図の場合にはそのほうが描きやすいことが多いからである。

左頁の解説図は、筒状の部屋の中に立って奥を見ている場合の一点透視図の描き方である。中段の透視図Aは、部屋をある位置で切断し、その切断面を投影面として奥のほうを投影している。対して、下段の透視図Bは、最奥の壁面を投影面として手前のものを投影している。描かれた室内の様子は大きさが違うだけで相似になることがわかる。大きく広がりのある図を描けるので、下段の描き方がインテリアには向いているのである。

幅も高さも4mの筒状の部屋がある。奥は壁でふさがっている。床・壁・天井にはすべて1m間隔の目地がある。

左はその平面図。このような部屋で平面図内の人物位置に立って、部屋の奥を見たときの一点透視図を描く。視点の高さは1.5mとする。

本図の縮尺は1/200。

SP＝視点
PP＝投影面
VP＝消失点

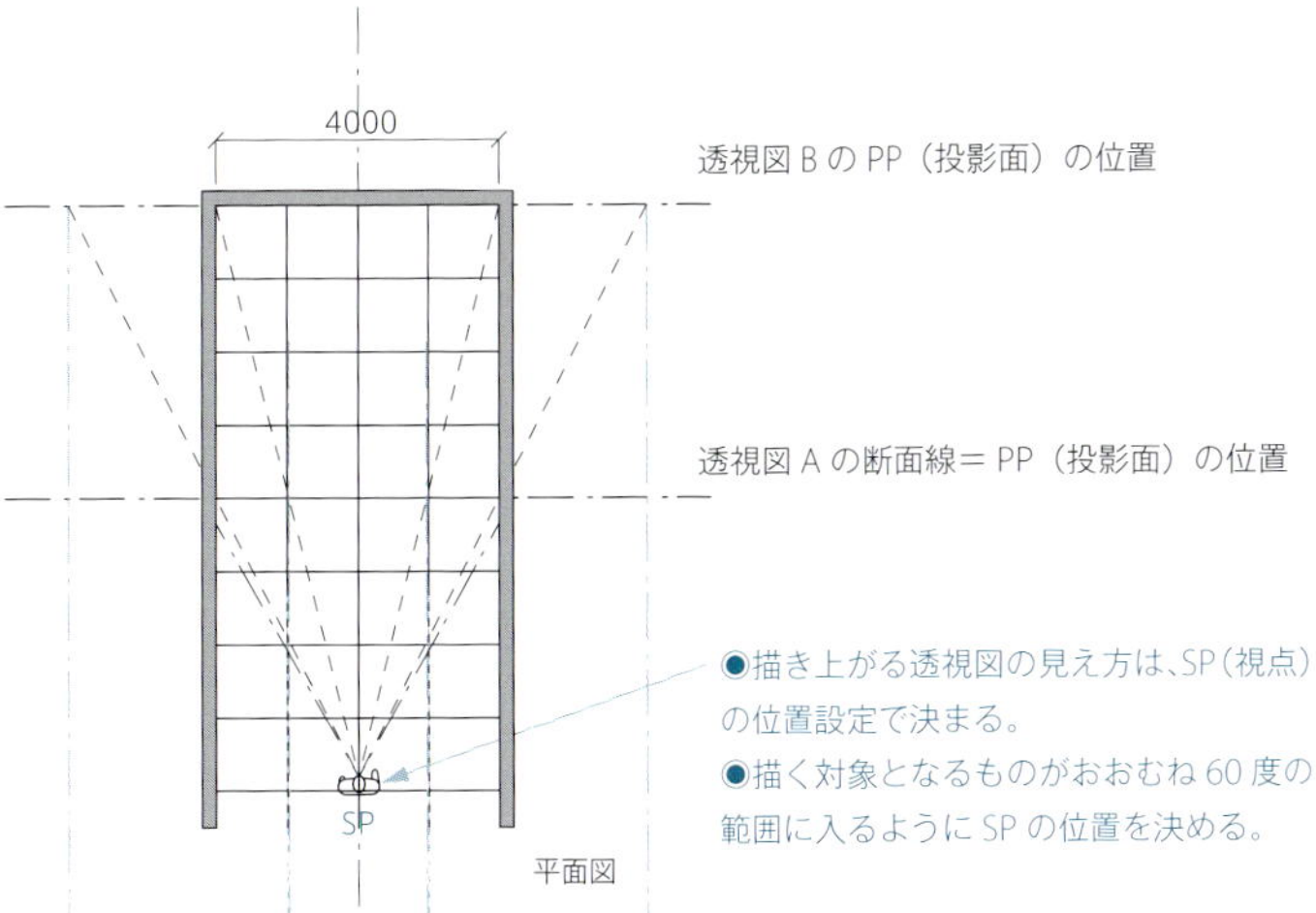
4000
透視図BのPP（投影面）の位置
透視図Aの断面線＝PP（投影面）の位置
●描き上がる透視図の見え方は、SP（視点）の位置設定で決まる。
●描く対象となるものがおおむね60度の範囲に入るようにSPの位置を決める。
SP
平面図

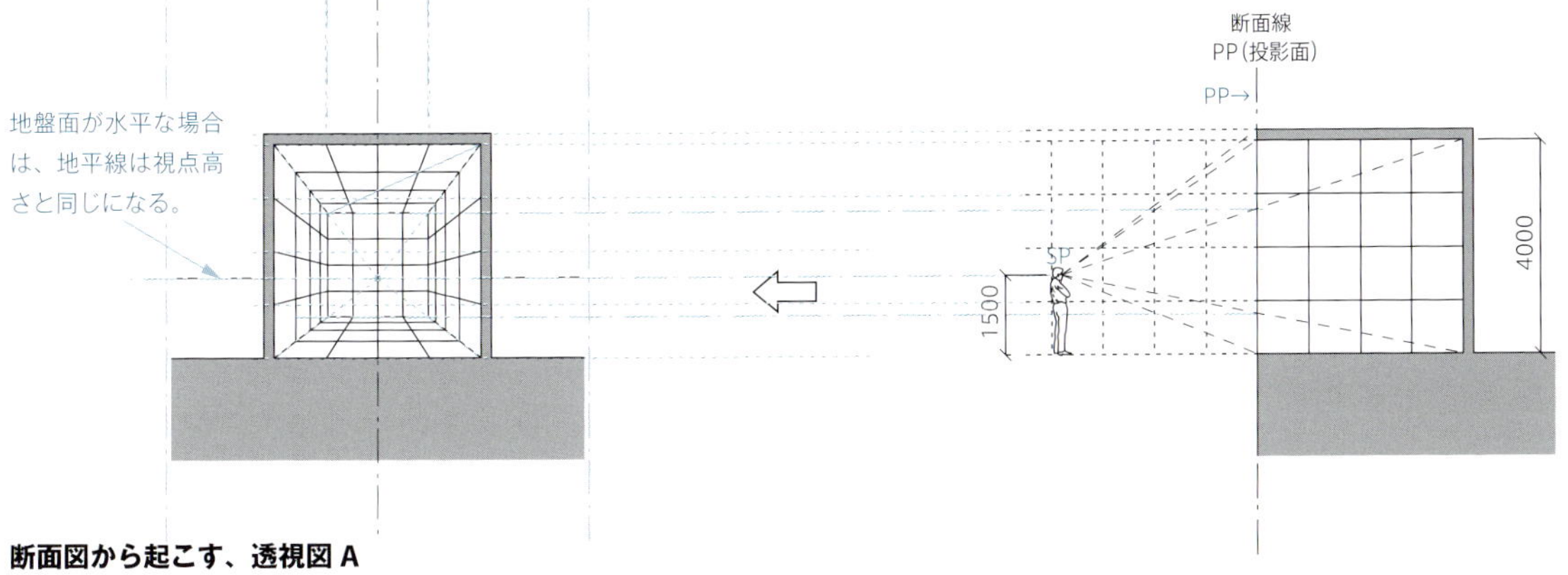
地盤面が水平な場合は、地平線は視点高さと同じになる。
断面線
PP(投影面)
PP→
SP
1500
4000

断面図から起こす、透視図A

断面図をPP（投影面＝正しい縮尺面）として一点透視図を描く。

断面透視図のほか、建築の外観透視図などは、対象物の手前にPPを設定するこの方法で描くことが多い。

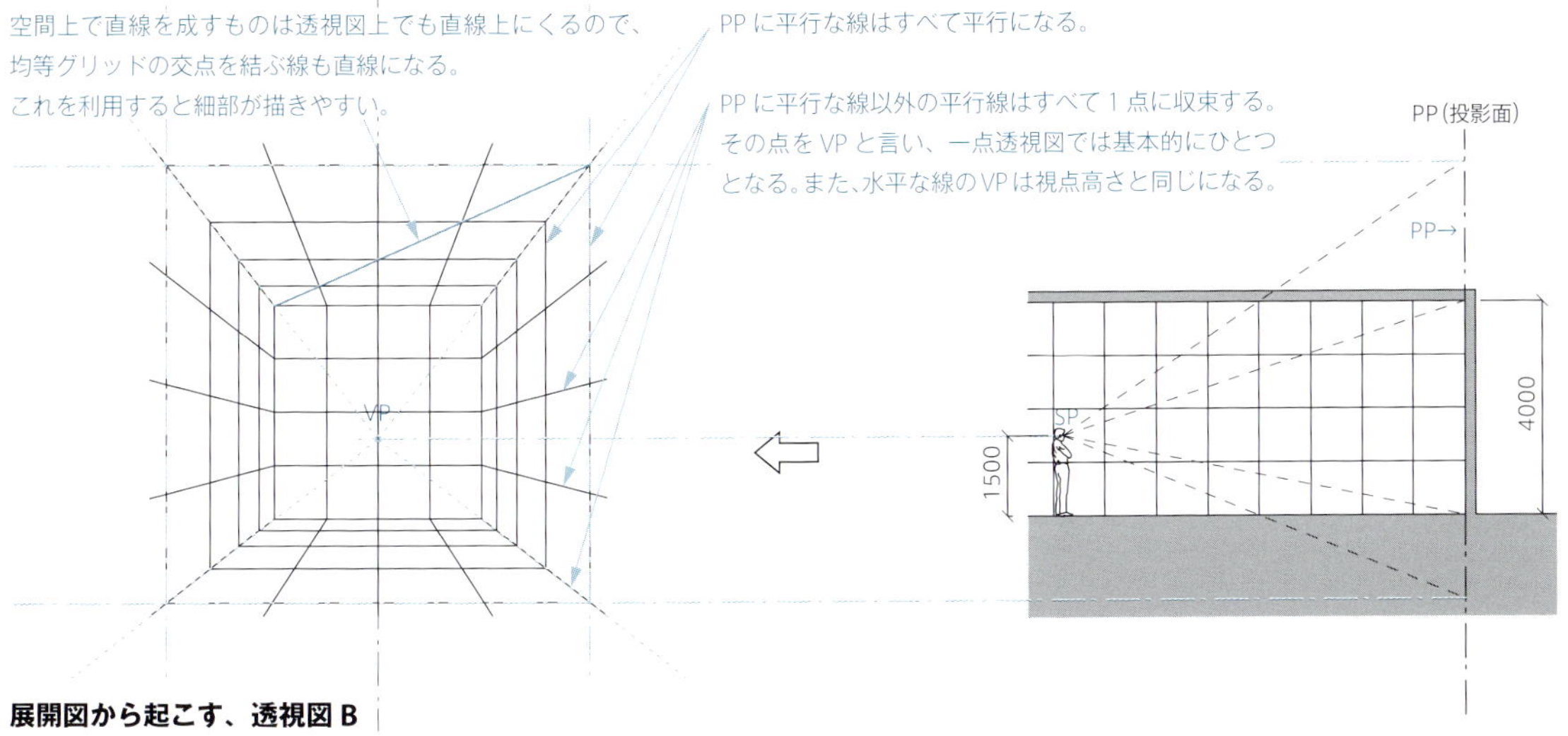
空間上で直線を成すものは透視図上でも直線上にくるので、均等グリッドの交点を結ぶ線も直線になる。
これを利用すると細部が描きやすい。
PPに平行な線はすべて平行になる。
PPに平行な線以外の平行線はすべて1点に収束する。その点をVPと言い、一点透視図では基本的にひとつとなる。また、水平な線のVPは視点高さと同じになる。
PP(投影面)
PP→
VP
SP
1500
4000

展開図から起こす、透視図B

展開図をPP（投影面＝正しい縮尺面）として一点透視図を描く。

インテリアの透視図は、対象物の奥の壁面にPPを設定するこの方法で描くと描きやすい。PPの位置は自由なので、その都度描きやすい位置に設定するとよい。

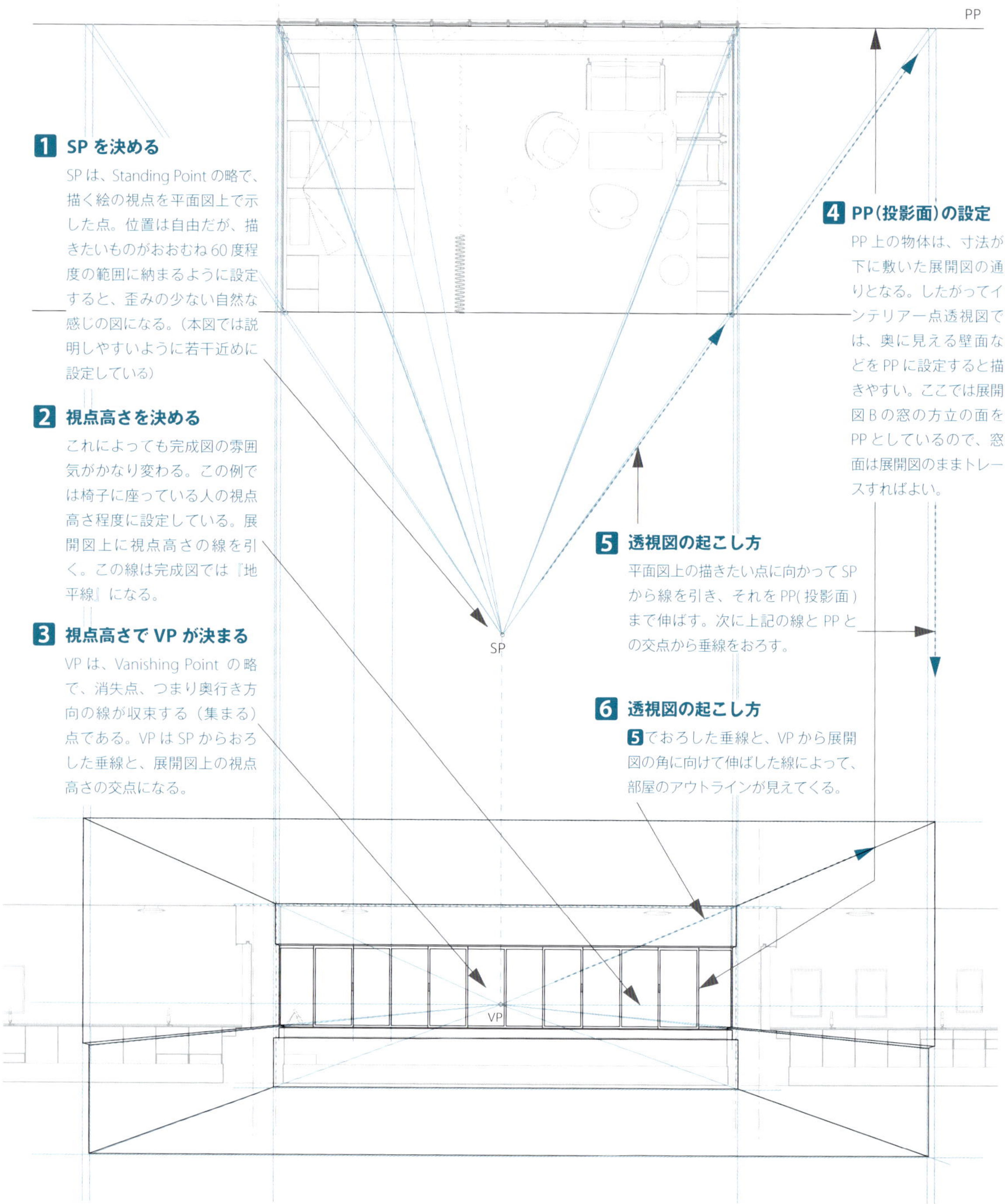
PP
1 SP を決める
SP は、Standing Point の略で、描く絵の視点を平面図上で示した点。位置は自由だが、描きたいものがおおむね 60 度程度の範囲に納まるように設定すると、歪みの少ない自然な感じの図になる。（本図では説明しやすいように若干近めに設定している）
2 視点高さを決める
これによっても完成図の雰囲気がかなり変わる。この例では椅子に座っている人の視点高さ程度に設定している。展開図上に視点高さの線を引く。この線は完成図では『地平線』になる。
3 視点高さで VP が決まる
VP は、Vanishing Point の略で、消失点、つまり奥行き方向の線が収束する（集まる）点である。VP は SP からおろした垂線と、展開図上の視点高さの交点になる。
4 PP（投影面）の設定
PP 上の物体は、寸法が下に敷いた展開図の通りとなる。したがってインテリア一点透視図では、奥に見える壁面などを PP に設定すると描きやすい。ここでは展開図 B の窓の方立の面を PP としているので、窓面は展開図のままトレースすればよい。
5 透視図の起こし方
平面図上の描きたい点に向かって SP から線を引き、それを PP(投影面) まで伸ばす。次に上記の線と PP との交点から垂線をおろす。
6 透視図の起こし方
5 でおろした垂線と、VP から展開図の角に向けて伸ばした線によって、部屋のアウトラインが見えてくる。
SP
VP

1 構図を決定し、部屋の輪郭を描く

まず、今までに描いた平面図と展開図を、上図に薄く表現した位置に固定する。その際、各図面の水平、および平面図と展開図の位置関係を正しく合わせることが重要となる。それらの図面の上にトレーシングペーパーを重ねて、一点透視図を描いてみよう。

最初に、SP（平面図上での視点：standing point）と、視点の高さを決める。視点の高さは VP（消失点：vanishing point）の高さとなる。これによって出来上がる透視図が決まるので、慎重に決める。それが決まったら、部屋の輪郭線を下描きする。

本図縮尺
S=1/100
演習推奨
S=1/50

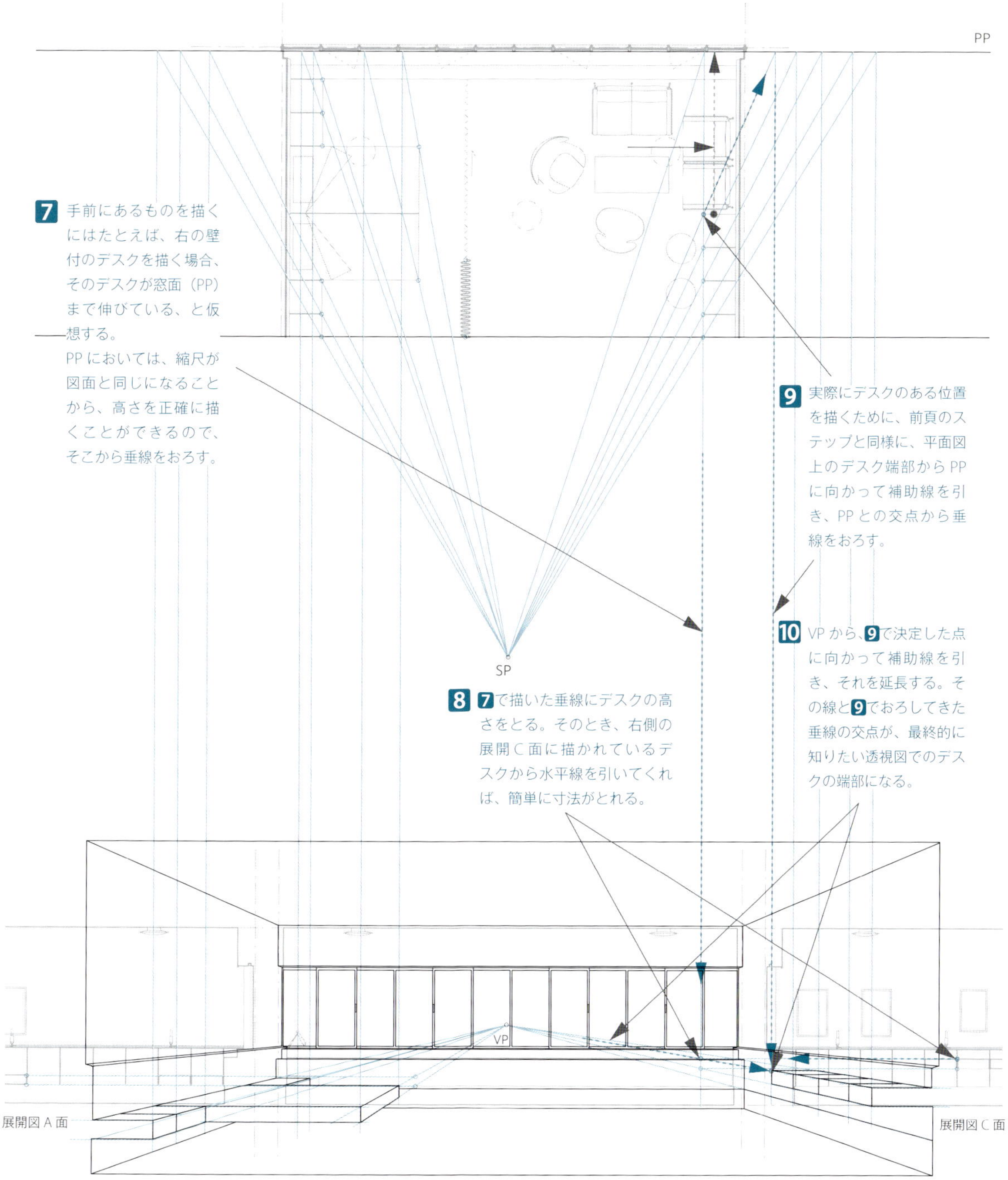

7 手前にあるものを描くにはたとえば、右の壁付のデスクを描く場合、そのデスクが窓面（PP）まで伸びている、と仮想する。
PPにおいては、縮尺が図面と同じになることから、高さを正確に描くことができるので、そこから垂線をおろす。

8 **7**で描いた垂線にデスクの高さをとる。そのとき、右側の展開C面に描かれているデスクから水平線を引いてくれば、簡単に寸法がとれる。

9 実際にデスクのある位置を描くために、前頁のステップと同様に、平面図上のデスク端部からPPに向かって補助線を引き、PPとの交点から垂線をおろす。

10 VPから、**9**で決定した点に向かって補助線を引き、それを延長する。その線と**9**でおろしてきた垂線の交点が、最終的に知りたい透視図でのデスクの端部になる。

2 細部の下描きを進める

透視図の場合、物体の前後関係で見えなくなる線があるので、ある程度下描きを進めてから清書をしたほうがよい。部屋の輪郭がはっきりしたら、次は造作家具などの大物から下描きを進める。ここでは、PP（投影面）よりも手前にある物の描き方を解説しているが、理解するためのポイントは、その物体の移動や延長などを「仮想」してみることである。

本図縮尺
S=1/100
演習推奨
S=1/50

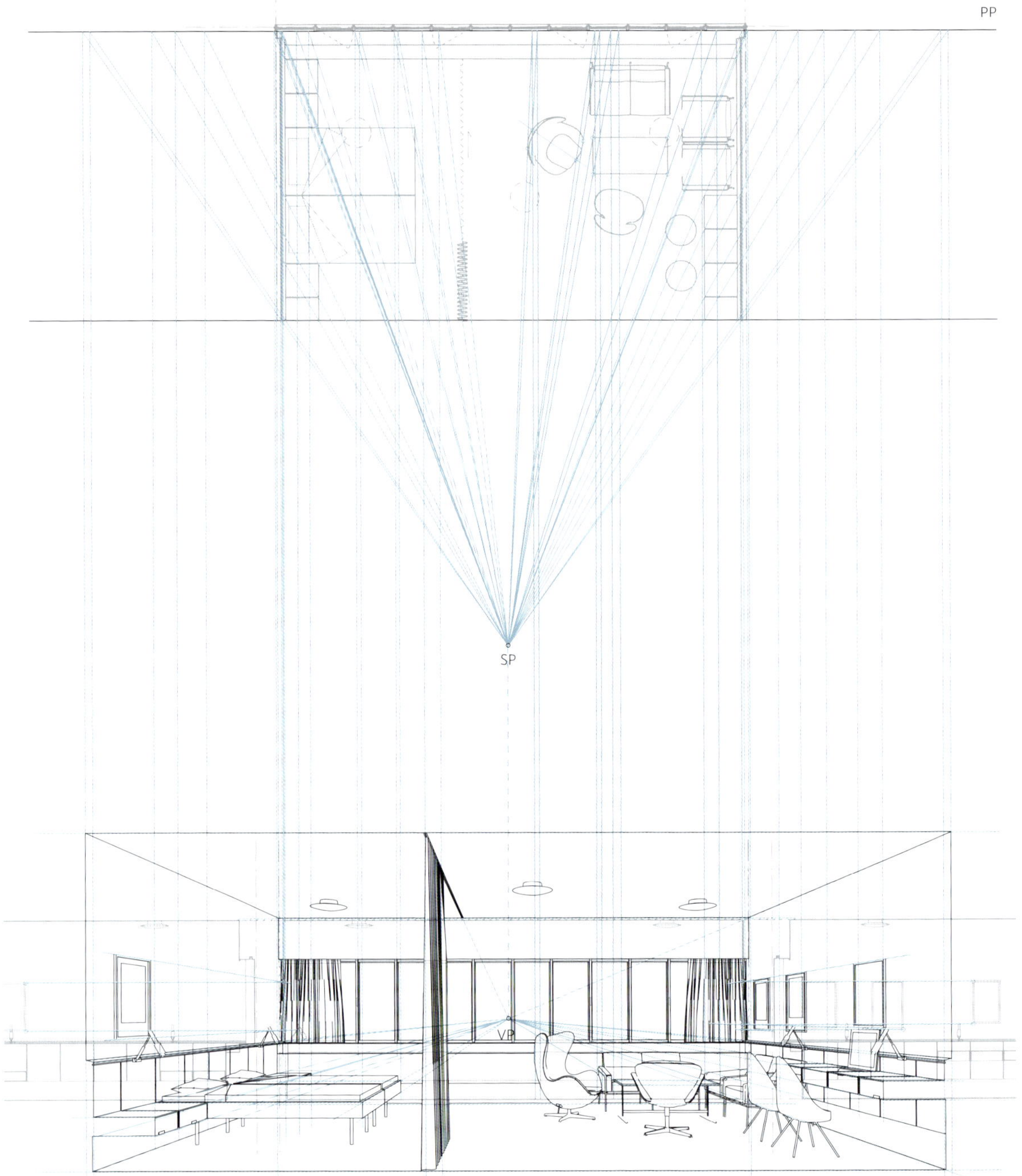

前頁では説明に不要な補助線は消してあるが、実際は上図のように残っている。したがって線の要・不要を鉛筆の段階である程度表現してからインキングする必要がある。

3 添景を入れて隠れ線を意識して清書する

重要なものの下描きを終えたら、家具や細部を描き込みながら全体を清書する。補助線がたくさん入っているので、清書はインキングで描く。その際、見えない線と見える線をあらかじめ把握しておくことが大切となる。

曲線で構成される椅子などの添景は、図法的に正確に描くことは難しいので、平面的な位置や向き（軸線）のみを下描きし、フリーハンドで描く。最後に補助線を消せば線画が完成する。これをコピーして着彩すると 50 頁の図となる。

本図縮尺
S=1/100
演習推奨
S=1/50

One Point

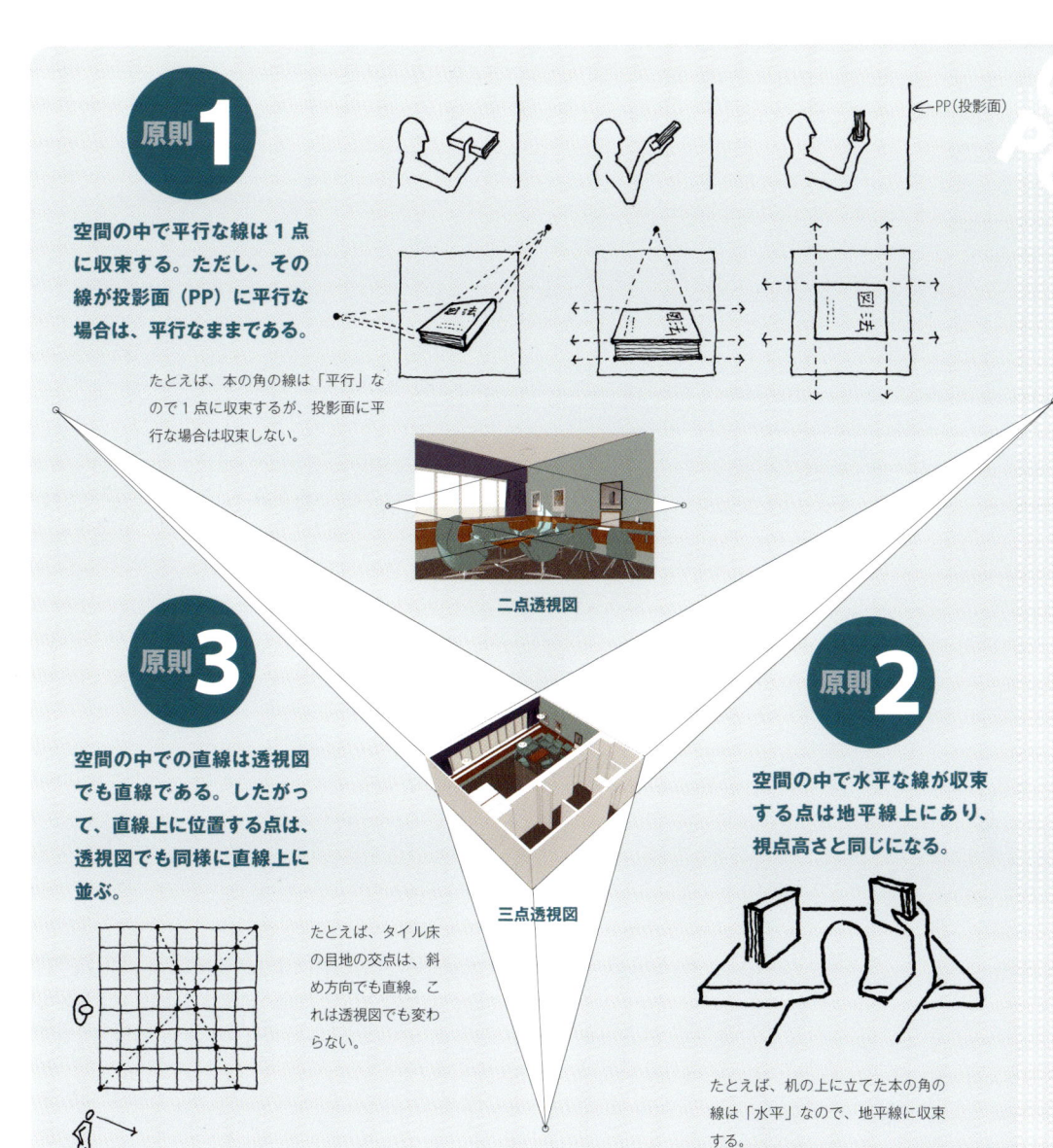

覚えておくと便利なパースの3原則

原則1

空間の中で平行な線は1点に収束する。ただし、その線が投影面（PP）に平行な場合は、平行なままである。

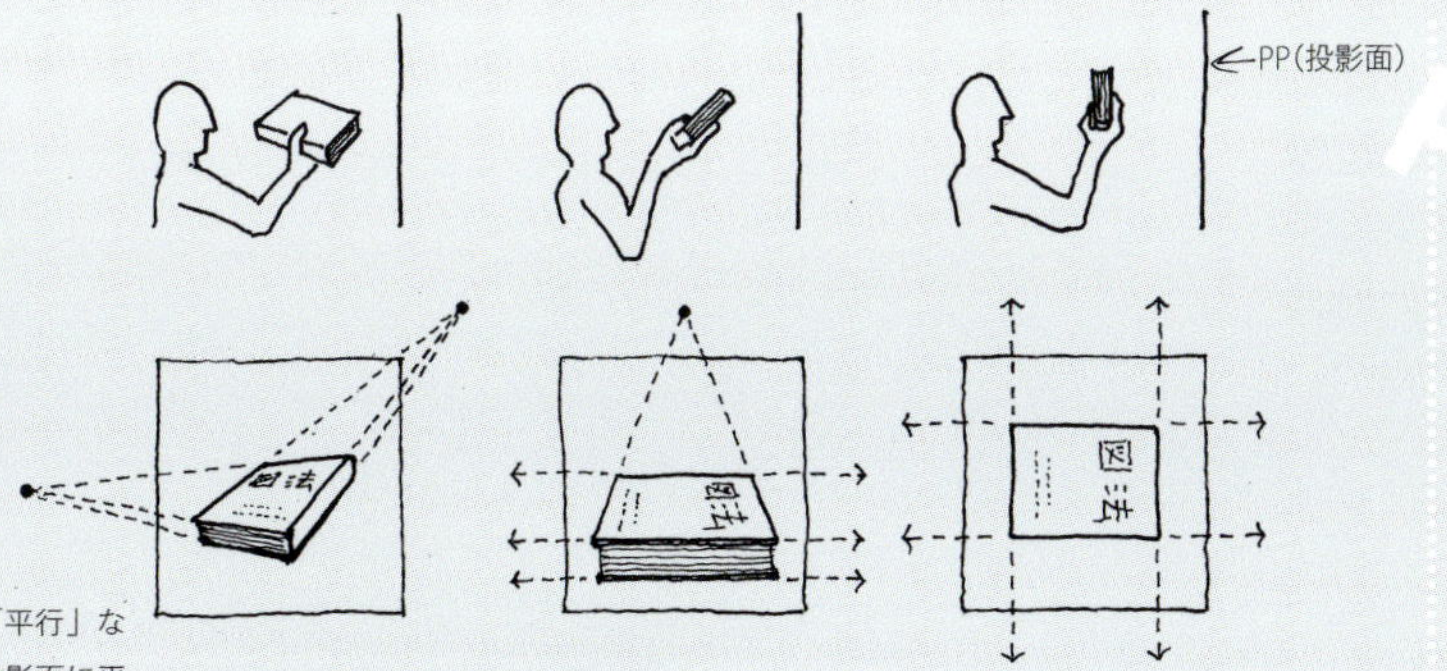

たとえば、本の角の線は「平行」なので1点に収束するが、投影面に平行な場合は収束しない。

二点透視図

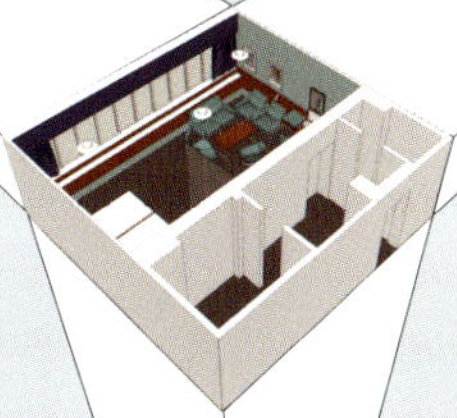

三点透視図

原則2

空間の中で水平な線が収束する点は地平線上にあり、視点高さと同じになる。

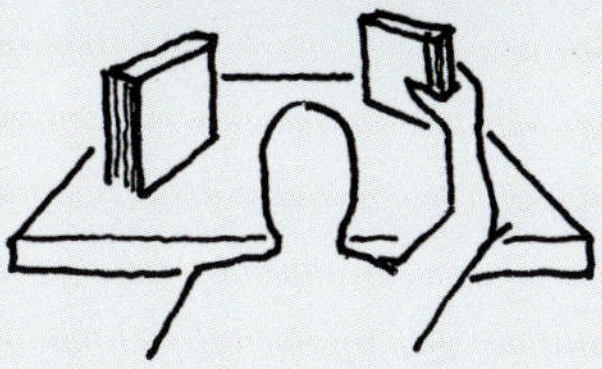

たとえば、机の上に立てた本の角の線は「水平」なので、地平線に収束する。

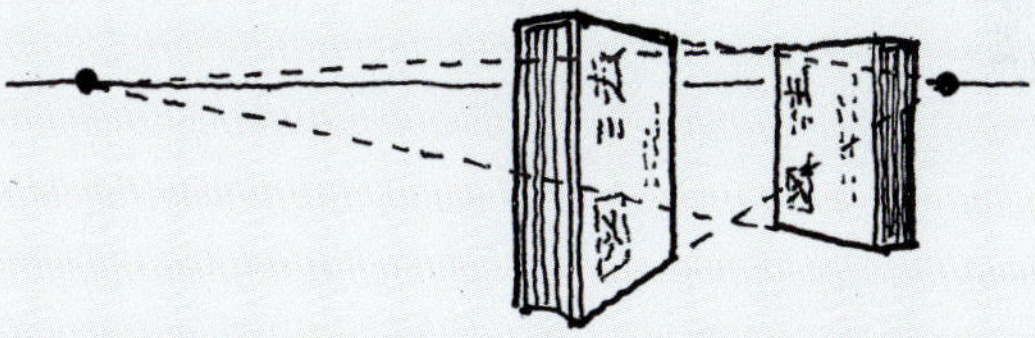

原則3

空間の中での直線は透視図でも直線である。したがって、直線上に位置する点は、透視図でも同様に直線上に並ぶ。

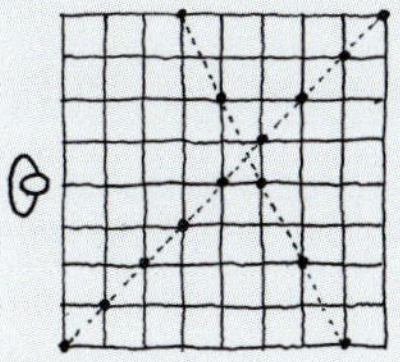

たとえば、タイル床の目地の交点は、斜め方向でも直線。これは透視図でも変わらない。

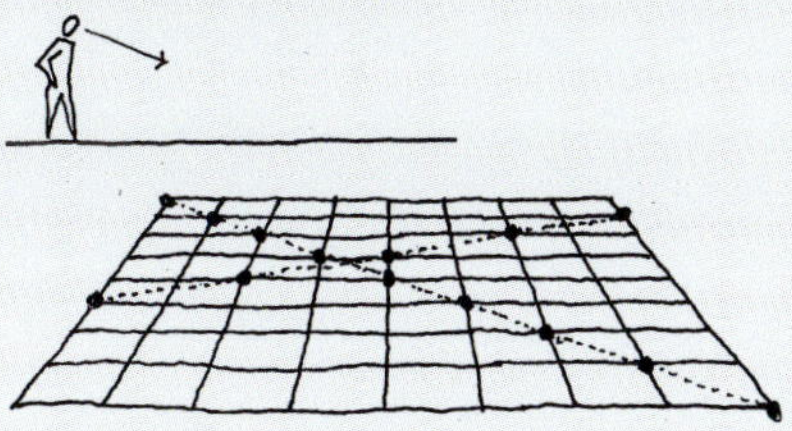

◉その他の透視図

現代では、プレゼンテーションとしての透視図はCGなどでも作成することができるが、手描きで描くことの意味は、創作の場と打合せの場において決して薄れてはいない。

この節で解説した一点透視はもっともよく使われる表現といえるが、上図に、ROOM606を例に二点透視、三点透視の概念だけを示す。要はVP（消点）が2点、3点となるだけであって、原理はなんら変わらない。二点透視は斜めから室内や建築を見る場合に使われ、三点透視は建築を見上げたり見下ろしたりする視点のときに用いられる。

詳しくは専門の図法書などを参照されたいが、これらすべての透視図を描く際に覚えておくと便利な3つの原則を上に記しておくので、描きながらその意味を考えてみよう。

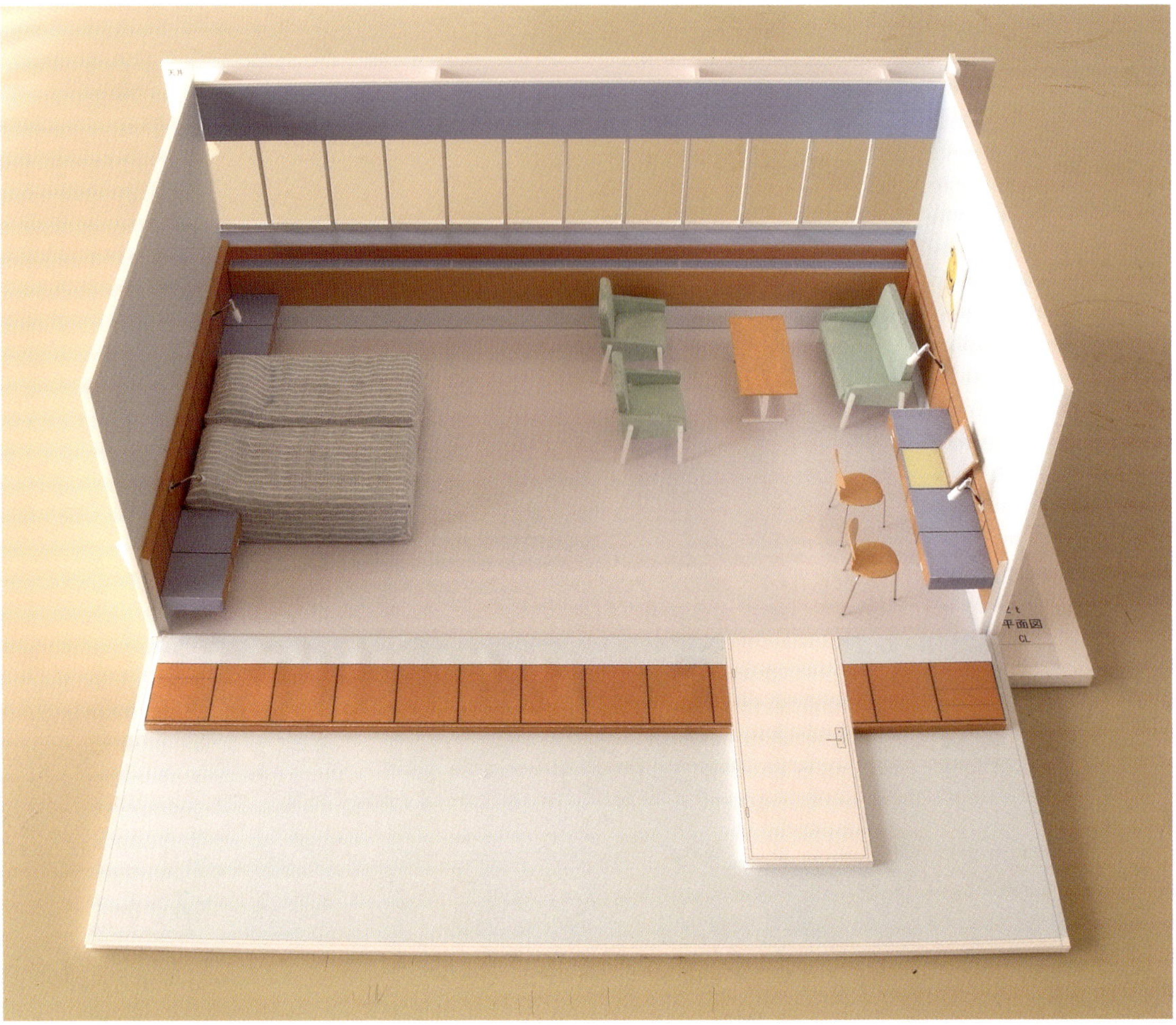

SAS ロイヤルホテル ROOM606 インテリア模型　S=1/20

天井、手前の壁、ベッド側壁上部、ソファの後ろの額は、覗くために取り外しできる。

2-4 インテリア模型をつくる

縮尺1／20で SASロイヤルホテル ROOM606の空間を再現する

1960年に完成したこの客室はオリジナルのまま使われていて、現在でも泊まることができる。インテリア模型で空間の疑似体験をしてみよう。

この部屋は、水平連続窓のある単純な四角い箱であるが、室内の色使い、造付けキャビネット、ヤコブセン自身がデザインした照明器具、ソファなどの家具が調和して空間を演出している。

腰壁は、50cmピッチのパネルでできていて、壁より内側に出ている。壁との際には、配線レールが埋め込んであり、照明器具がスライドするようになっている。調度品も含めできるだけ忠実な模型をつくることでインテリアの手法を学び取ろう。

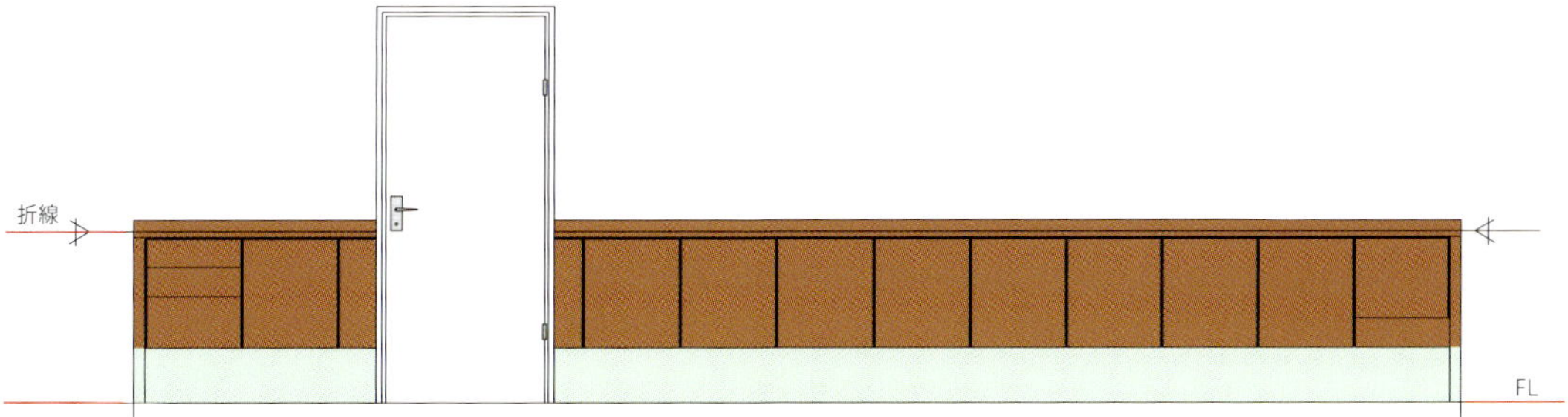

入口側腰壁展開図

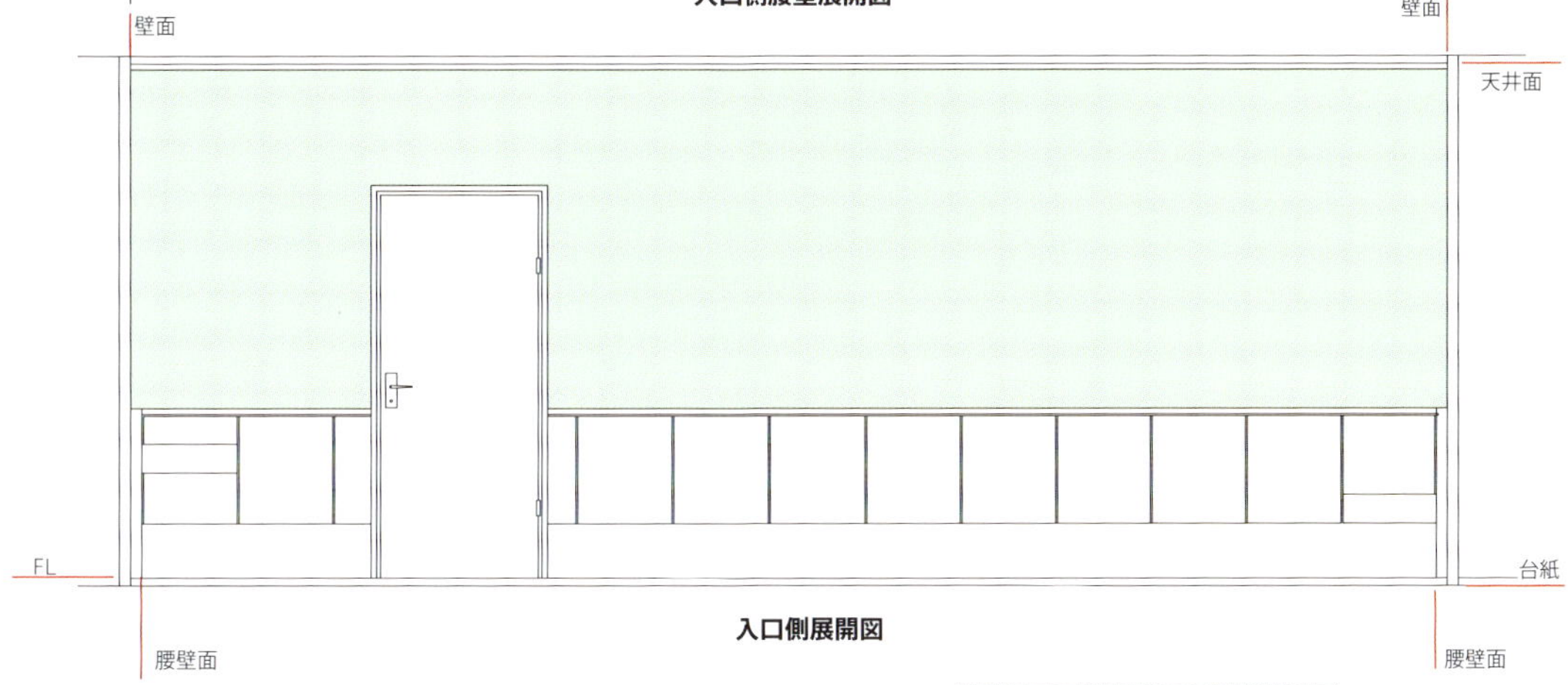

入口側展開図

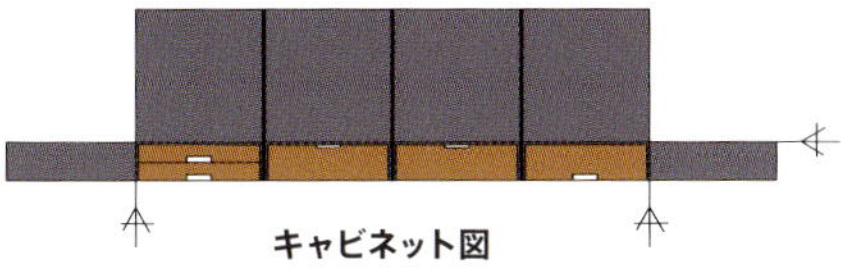

キャビネット図

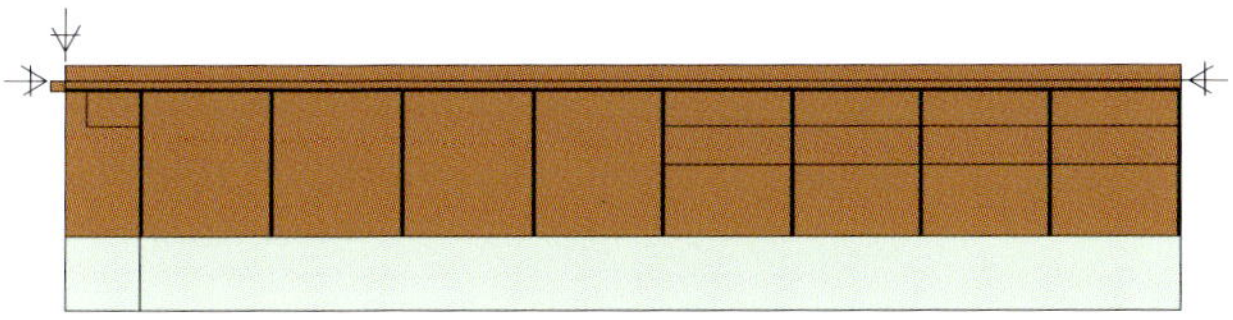

居間側腰壁展開図

本図縮尺
S=1/60
演習推奨
S=1/20

展開図

各面の展開図を色紙に描く。CADで描いて着色してもよい。出張った腰壁のパーツや、キャビネットの図面もつくる。
スプレーのりでスチレンボードに貼り付け切り出す。

インテリア模型は中を覗くことでそこに現れる空間と情景を3次元で見ることができ、空間を理解するのにとても役に立つ。

平面図と展開図から立体空間を想像するには読み取る訓練が必要であるが、模型は誰でも身体感覚で空間を把握できる。

CGや図面で空間の情景やプロポーションを把握することが設計者の力であるが、模型はその能力を訓練する良いツールでもある。出来上がった模型をいろんな角度から覗いて部屋の雰囲気を味わってみよう。家具の配置を換えたりして、天井の高さや部屋の寸法を再確認してみよう。

完成模型

目線の高さで覗いてみよう。

1 **切り出し**

平面図、展開図、天井伏図をスプレーのりでスチレンボードに貼り付け、切り出す。細い窓枠を残してガラス面を切り抜くのは難しいので、先に連続したガラス面全体をまとめて切り抜いてしまう。切り出された一体の窓ピースを縦枠とガラス面に切り分け、縦枠を元の壁に戻して接着する。その際、切り出されたガラス面をゲージにすると正確につくることができる。

2 **組立て**

パーツが揃ったら組み立てる。直角をしっかり確認して固定する。事前にどの面から覗くかを検討し、覗く側は外せるようにしておく。覗き穴を設けるのもよい。

3 **照明器具の制作**

キャビネットの上に付いている照明器具は小さな機器だが、部屋の特徴のひとつである。安全ピン、アルミ棒、ビニールパイプを利用して制作。

4 **照明器具スケッチ**

腰壁パネル上端に付いているレールに沿って、左右に移動することができる。

5 **キャビネットの制作**

キャビネットの大きさにスチレンボードを切り出す。型紙の折り線は、カッターの刃の裏側で筋を付けておくと正確に折り曲げやすくなる。

6 **1/20の家具**

家具はインテリアの雰囲気に大きな影響を与える。家具の大きさは空間の把握に重要だ。ディテールは省略してもかまわないが、カタログの資料などを参考にサイズは正確につくる。

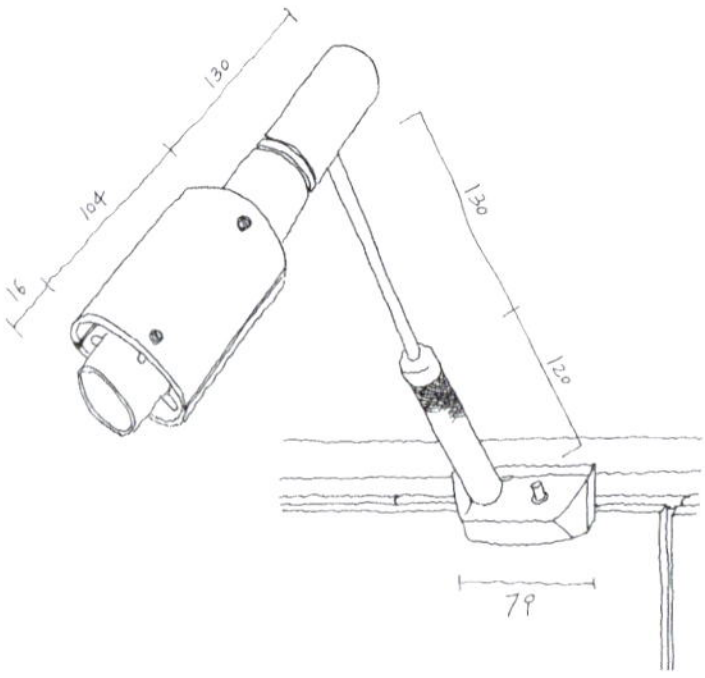

4

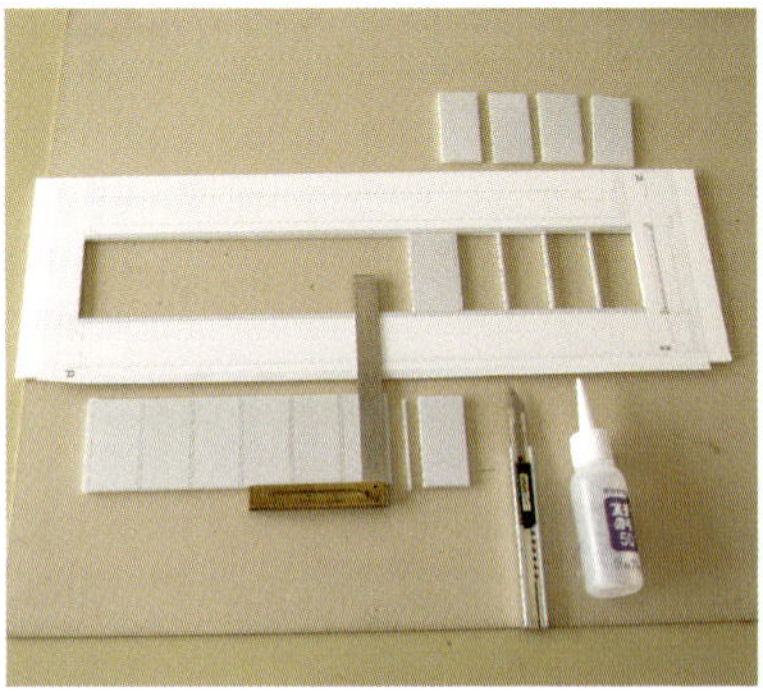

1

5

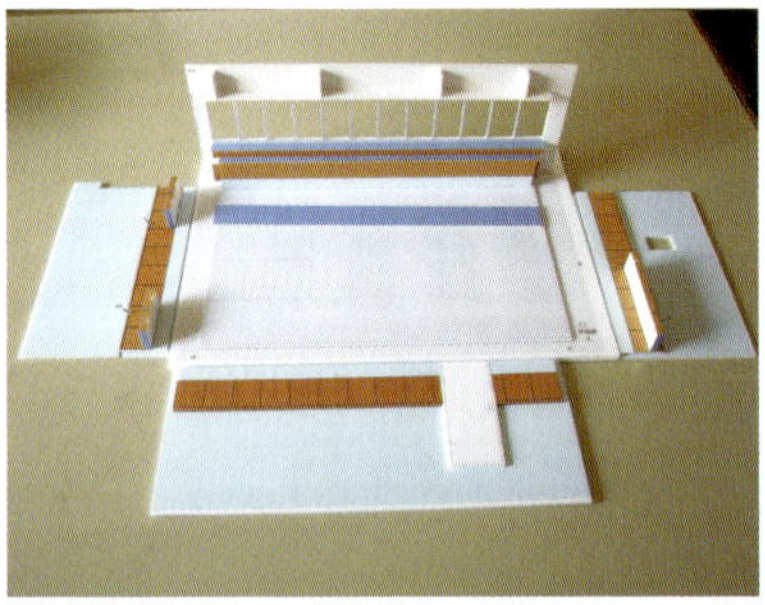

2

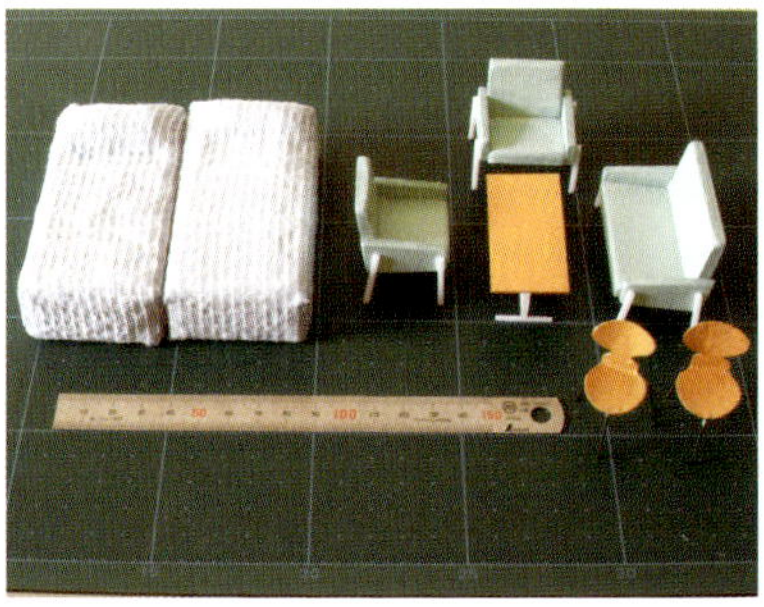

6

3

制作手順

［1］図面を起こす

前章で学んだ平面図、展開図を1／20で描く。照明器具の位置を描き込んだ天井伏図も用意する。図面は写真を参考にして着色する。彩色は色紙を利用したり、プリンターでカラー印刷してもよい。

窓際の空調機が組み込まれたカウンターや腰壁のふかし、ドア枠の出など壁の凹凸も表現するための厚みをどうつくるか、平面図と展開図を組み合わせて部品図も描こう。

［2］パーツを切り出す

彩色した図面をスプレーのりで裏打ち用スチレンボードに貼り付ける。パーツを切り出す前に組立て順序を決め、壁厚分ののりしろを直交するどちら側に取るか決めておく。

カッターの切れ味が悪いとシャープな小口（切り口）がつくれない。こまめに刃を折って使おう。

［3］組立て

壁板のパーツに腰板やキャビネットを張り付け4面の壁をつくる。床版に壁を接着する際は、直角がきちんと出て

7 完成写真　窓からの光や影も観察する。ソファの後ろの額は取り外せる。裏に覗き穴を設けている。

9 撮影　撮影には必ず三脚を用いる。微妙な高さや角度で見え方がかなり変わることを確認しよう。

8 ベッド側模型写真　額の裏の覗き穴から撮影。

いることが大切である。スコヤや三角定規を使って確認しながら固定する。完成してから覗く側の壁は外せるようにしたり、覗き穴を開けておく。

［4］家具や照明器具をつくる

家具のない部屋を覗くと、なにか味気なさを感じる。写真やカタログを参考にベッドや椅子、照明スタンドをつくってみよう。

1／20であるから大きさが合っていれば細かな部分は省略してつくる。

写真を撮る

自然光がどのように入るのか模型を覗いて観察してみよう。次は写真を撮る。写真は直接目で見る以上に細部や空間構成が確認できる。

スチレンボードは光を少し通すので、室内の明るさを確認するには、模型を黒い紙やアルミホイルで覆う。撮影は、オートモードではなく、絞り優先モードにする。絞り値を大きくすると、被写界深度が深くなり全体にピントが合いやすくなる。三脚を使って、視線の高さや位置によって見え方が違うことを確認しよう。

column 02

SAS ロイヤルホテル ROOM606 の実測体験

2011年4月28日、ラディソンブルー・ロイヤルホテルのROOM606に宿泊した。ヤコブセン・スイートと言われるこの特別室の宿泊者は、今では月に3組ほどで、たいていは各国の建築家だという。ロビー正面のエレベーターで6階に向かうと、瀟洒な金字のプレートで「606」と記された扉がある。見覚えのあるドアハンドルを回すと、ヤコブセン・ワールドのはじまりだ。

白い壁で色調を抑えた前室を抜けると、一転してグレイッシュなブルーとグリーンを基調とした明るい主室が現れる。目の前には606号室専用色のエッグチェア、スワンチェア、3300シリーズのソファが置かれている。目に入るものすべてがアルネ・ヤコブセンのオリジナルデザインだ。

テーブルの上にはウエルカムフルーツと赤ワインとグラス、そして蘭の鉢がある。しかしソファでくつろぐ暇もなく、ポケットからレーザー距離計を取り出して実測にかかる。興奮を抑えながら、天井高、奥行き、幅、腰壁等の詳細を採寸していく。昼間の光と夜の照明で撮影した。データを東京にインターネットで送信し、可動式のスポットライトをスケッチしたあとに就寝。朝の光で部屋が明るくなると再撮影だ。すべてを撮りきり、最上階にある展望レストランのアルベルトKに向かい、ようやく一息をつく。ヤコブセンのカトラリーで朝食をとり、ステルトン社のシリンダラインでコーヒーや紅茶を頂く。飲食を通じ、アルネ・ヤコブセンが思い描いたホテルライフを満喫した。SAS606には、時代を超えたヤコブセンのメッセージが今なお息づいていた。

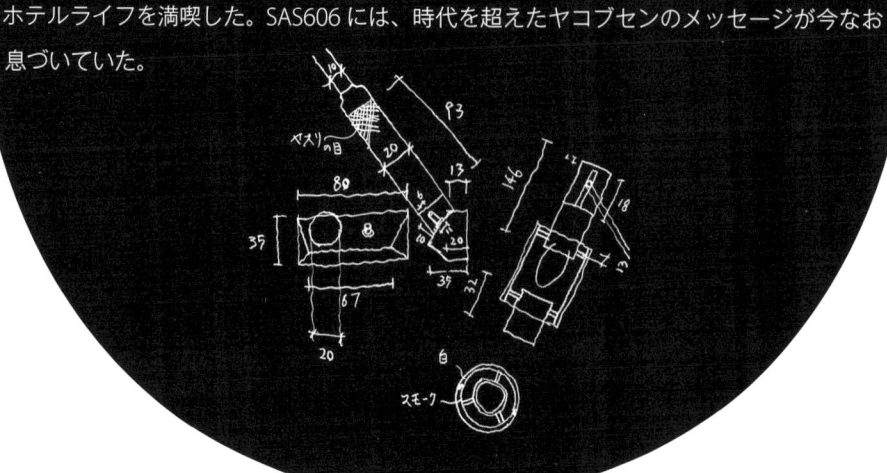

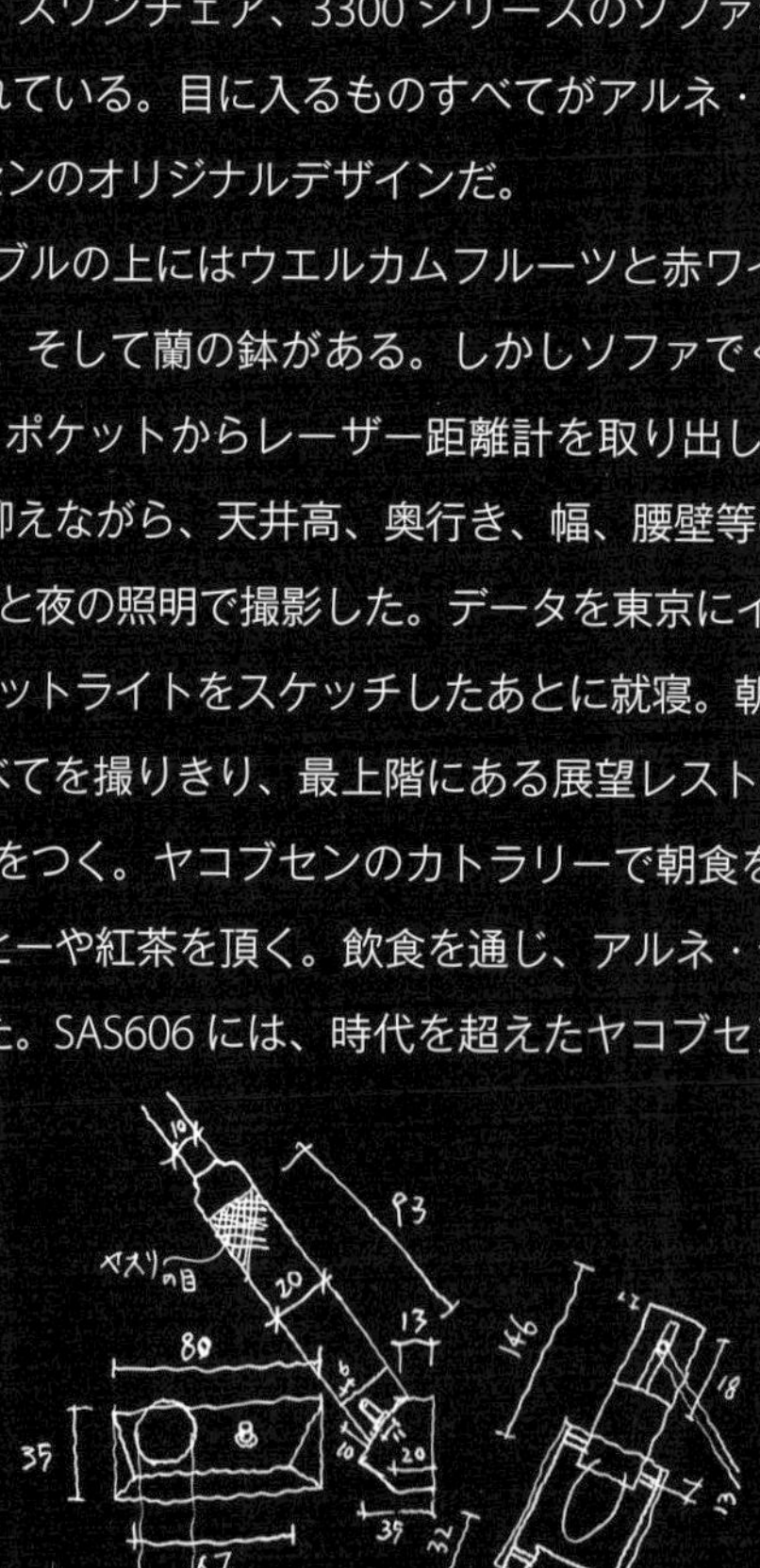

3

Architecture Design

建築の図法

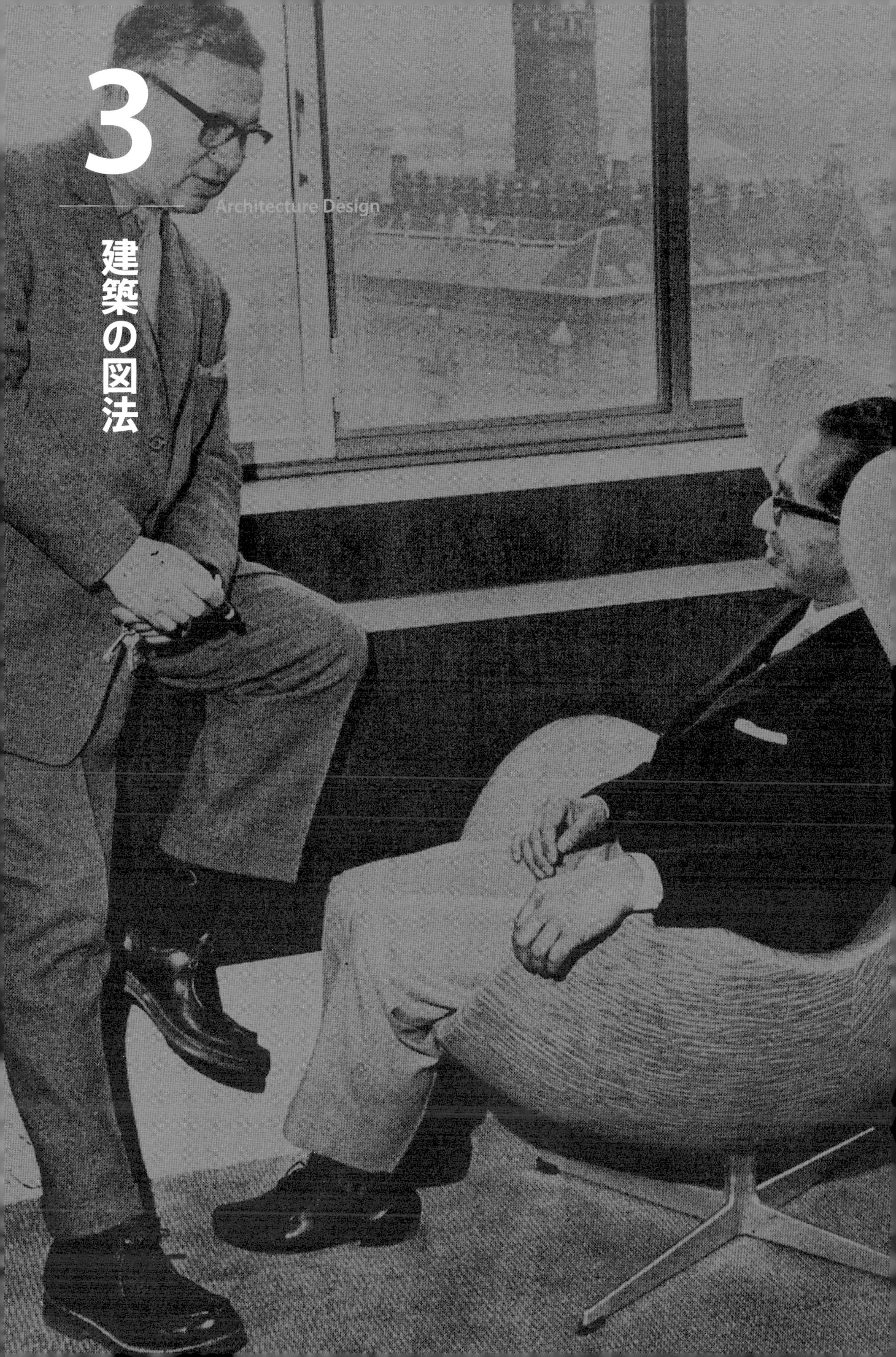

アルネ・ヤコブセンの未来の家を題材に建築の図法を学ぶ

未来の家

理想の未来住宅を提案するコンペに当選した「未来の家」は、1929 年にフォーラムの住宅展示会にて 1/1 スケールがつくられた。

ヤコブセンらは技術の発展を予測して、機能的な特徴を考え出した。住人はガレージに車を置き、水上ガレージにスピードボートをとめ、屋根にオートジャイロ（回転翼を持つ飛行機）をとめる／一番上の屋根には電気を集めるアンテナが立っており、ワイヤレスで電気が届く／車が近づくと、ガレージのドアは自動的に開く／ドアマットには来客の靴の泥を掃除する「排出ファン」がある／ハンドルを回すとガラス窓は車の窓のように上下する／仕事部屋にはタイプライターを内蔵したスチールデスクが備え付けてある／手紙は圧縮空気のチューブで送られる／セントラルキッチンから食事をつくって届けるため、キッチンはシンプルで最小限／ダイニングルームの壁と天井は黄色で、床は赤といった具合に室内は色とりどりであった／太陽の動きを考慮して、中央の部屋の周りに部屋が集まる円形の家になっている。こういった造りは、贅沢に遊んで暮らせる幸せな未来を描くものだった。

未来の家は、1929年にヤコブセンが建築家フレミング・ラッセンと協働で応募し勝利した、国際コンペ応募案である。この住宅案は陸と海と空につながった稀有なプランである。専用のガレージから自動車で、そして屋上のヘリポートからオートジャイロで、また半地下のボートハウスからモーターボートで出発することができる。ヤコブセンはインタビュー映像で「この住宅には、技術の進歩に伴う明るい未来像が託されている。玄関のドアマットには掃除機を内蔵。家に入ると自動的に足元のホコリを吸う。静かに吸うと味気ないので、音が出るようにしてある」と語った。

この建築設計の図法での章では、未来の家（1929）を題材に、1／100スケールの配置図、平面図、断面図、立面図およびアクソノメトリック図を作図し、1／100スケールの外観模型を制作する。最後に彩色およびプレゼンテーションについて学び、トータルデザインの図法は完成する。

アクソノメトリック図は、平面図から高さを立ち上げるだけで形状を立体的に表現することができ、平面と断面・立面を同時にデザインすることを手助けする効果的な表現技法だ。

1929 年、コペンハーゲンのフォーラムにて

（「Temporary exhibition house」）

平面構成

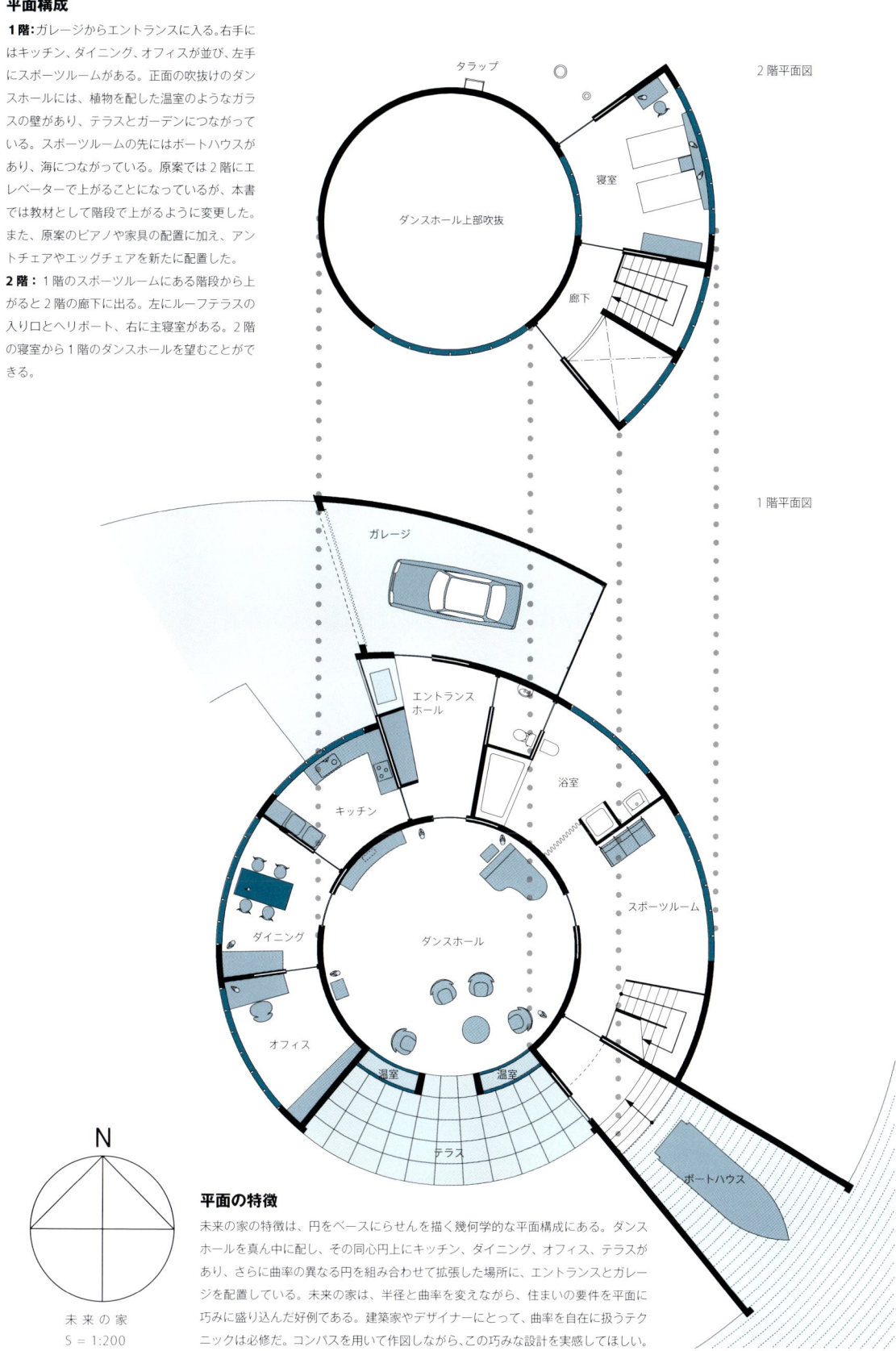

1階：ガレージからエントランスに入る。右手にはキッチン、ダイニング、オフィスが並び、左手にスポーツルームがある。正面の吹抜けのダンスホールには、植物を配した温室のようなガラスの壁があり、テラスとガーデンにつながっている。スポーツルームの先にはボートハウスがあり、海につながっている。原案では2階にエレベーターで上がることになっているが、本書では教材として階段で上がるように変更した。また、原案のピアノや家具の配置に加え、アントチェアやエッグチェアを新たに配置した。

2階：1階のスポーツルームにある階段から上がると2階の廊下に出る。左にルーフテラスの入り口とヘリポート、右に主寝室がある。2階の寝室から1階のダンスホールを望むことができる。

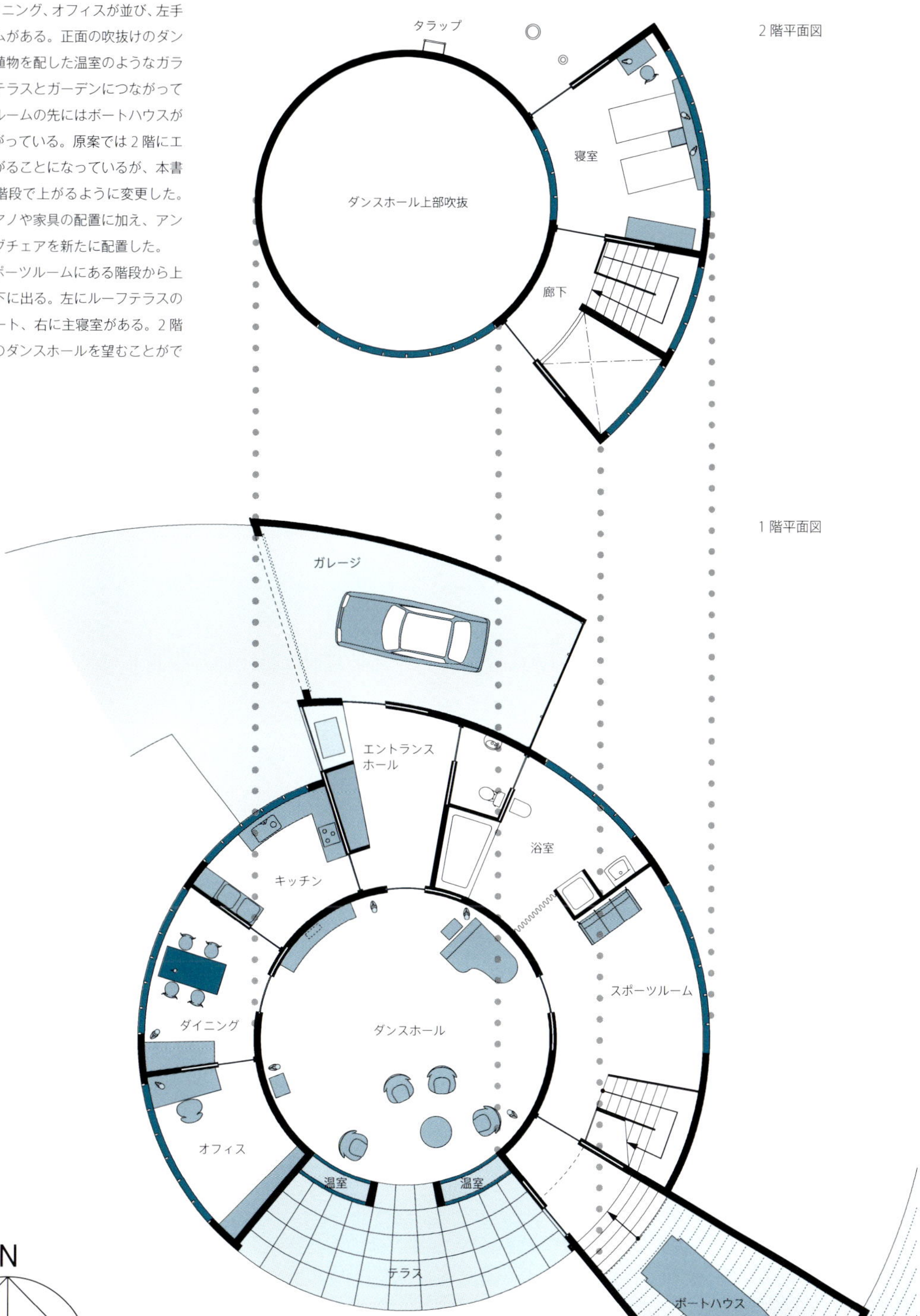

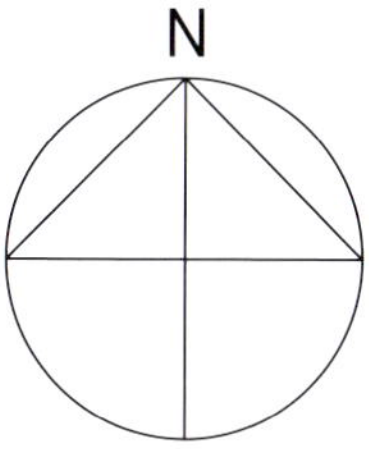

未来の家
S = 1:200

平面の特徴

未来の家の特徴は、円をベースにらせんを描く幾何学的な平面構成にある。ダンスホールを真ん中に配し、その同心円上にキッチン、ダイニング、オフィス、テラスがあり、さらに曲率の異なる円を組み合わせて拡張した場所に、エントランスとガレージを配置している。未来の家は、半径と曲率を変えながら、住まいの要件を平面に巧みに盛り込んだ好例である。建築家やデザイナーにとって、曲率を自在に扱うテクニックは必修だ。コンパスを用いて作図しながら、この巧みな設計を実感してほしい。

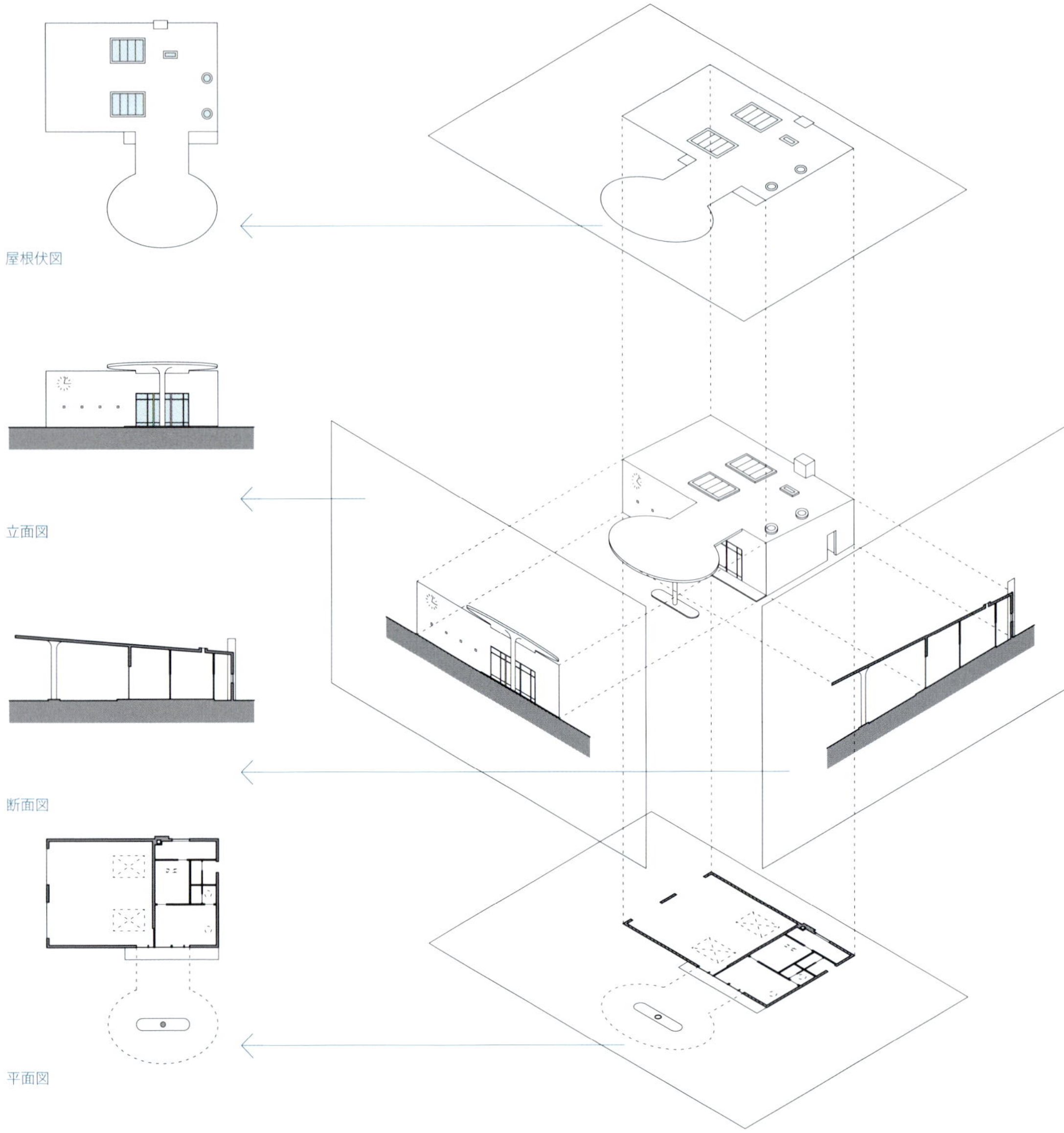

正投影図による主な図面の種類

テキサコ・ガスステーションを用いて正投影図の概念を示した例。各図面に共通するポイントは、正投影図では遠近による形の変化が生じない点である。これらの内、平面図・立面図・断面図を基本図面と呼ぶ。

3-1 建築の図法とは

建築の図法を構成する要素

建築の図面は、計画のプロセスに応じて、基本設計の段階、実施設計の段階に分類できる。本書では、基本設計の段階における、クライアントに対するプレゼンテーションを想定した各種の図法を中心に紹介する。

建築のプレゼンテーションは、基本図面（平面図・立面図・断面図等）、立体表現（透視図・アイソメトリック図・アクソノメトリック図等）、模型写真、設計主旨を表すテキストやダイアグラム（模式図）等の要素から構成されることが多い。

左頁の図は、こうした一連の図法を用いた、テキサコ・ガスステーションのプレゼンテーションの例である。建築の図法を駆使するうえでもっとも重要なポイントは、各種の要素の組合せによって、建築の特徴や全体イメージを相手に伝えるということである。

建築の図法とプレゼンテーション

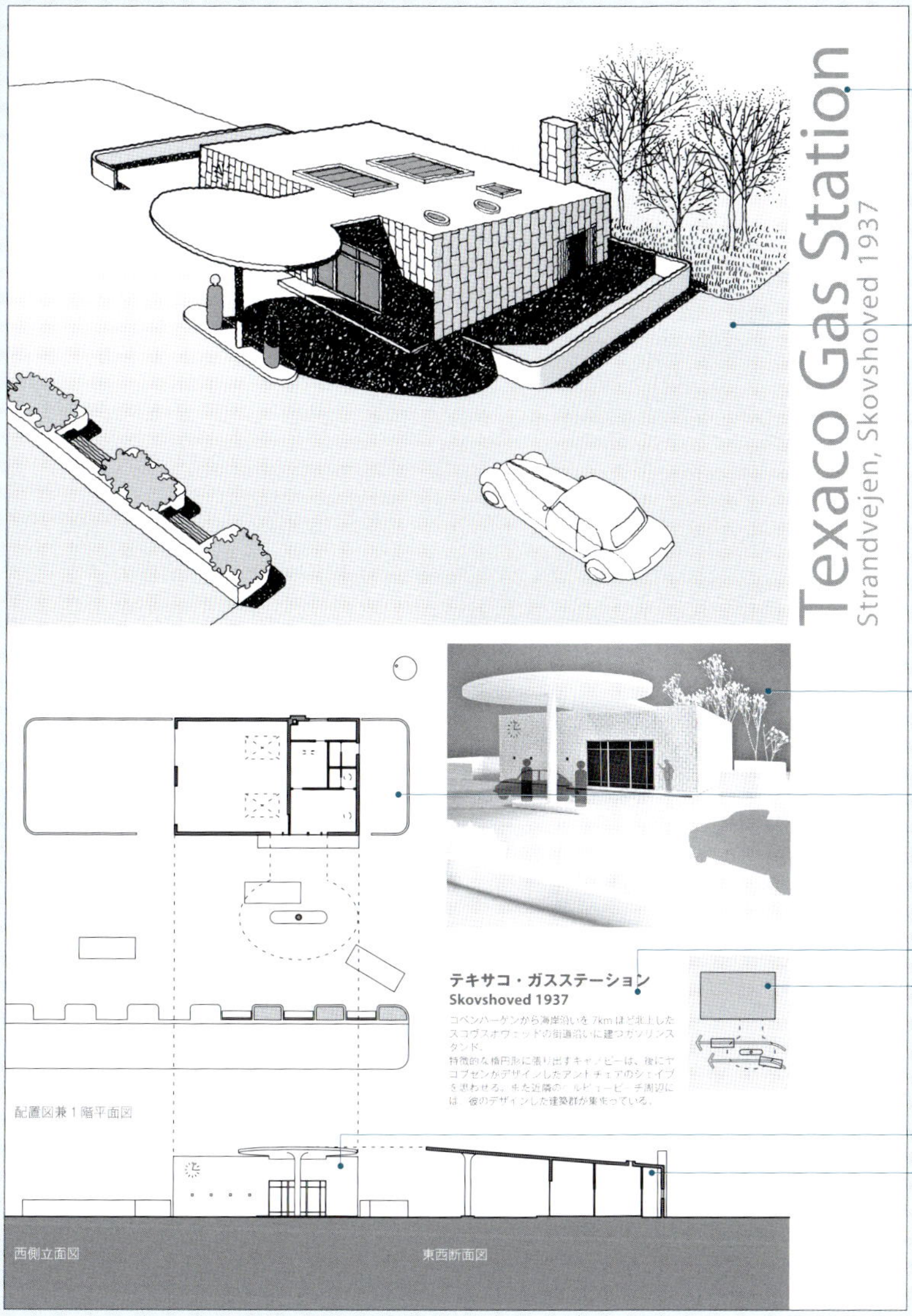

タイトル

計画名称だけでなく、特徴を表すキャッチコピーや、短めのリード文があるとよい。

透視図

テキサコ・ガスステーションの一番の特徴は、楕円形に張り出したキャノピー。本図では、上空から見下ろした透視図をメインのヴィジュアルとしている。

模型写真

模型写真は、立体物ならではの立体感・奥行感をもって建築の形と空間を伝える。

平面図

個々の図面で完結させることなく、平面図・立面図・断面図を各々対応させたレイアウトとしている。

設計主旨

ダイアグラム

簡潔に設計意図を示すため、空間を簡略化したダイアグラム（模式図）を添えて説明している。

立面図

断面図

最下部に高さを揃えて配置することで、相互補完的に建築の形と空間に関する情報を伝えている。

プレゼンテーション図面と構成要素の例

上図は楕円形に張り出したキャノピーの特徴に主眼を置き、上空から見下ろした透視図を大きく中心的存在として扱っている。

これはまとめ方の一例であり、元来プレゼンテーションに決まりはない。どれだけ図面を揃えたかではなく、限られた要素でも、どれだけ建築の特徴や全体イメージを伝えることができるかがポイントである。

テキサコ・ガスステーション

Skovshoved 1937

コペンハーゲンから海岸沿いを7kmほど北上したスコヴスホヴェッドの街道沿いに建つガソリンスタンド。

特徴的な楕円形に張り出すキャノピーは、後にヤコブセンがデザインしたアントチェアのシェイプを思わせる。また近隣のベルビュー海水浴場周辺には、彼のデザインした建築群が集まっている。

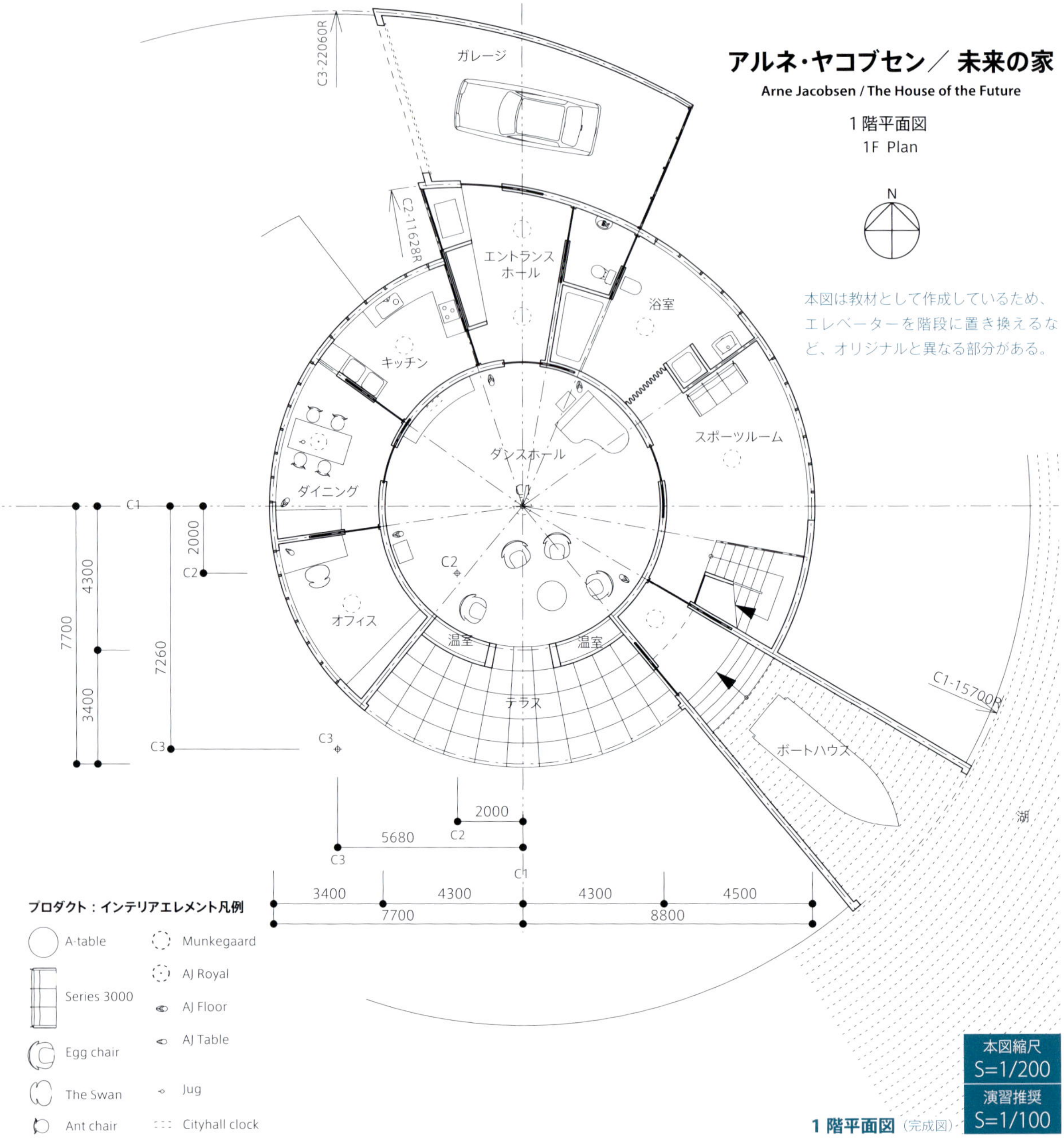

アルネ・ヤコブセン／未来の家
Arne Jacobsen / The House of the Future
1階平面図
1F Plan
N
本図は教材として作成しているため、エレベーターを階段に置き換えるなど、オリジナルと異なる部分がある。
C3-22060R
C2-11628R
C1-15700R
ガレージ
エントランスホール
浴室
キッチン
スポーツルーム
ダンスホール
ダイニング
C1
C2
C3
オフィス
温室
温室
テラス
ボートハウス
湖
2000
4300
7700
7260
3400
5680
4500
8800
プロダクト：インテリアエレメント凡例
A-table
Series 3000
Egg chair
The Swan
Ant chair
Munkegaard
AJ Royal
AJ Floor
AJ Table
Jug
Cityhall clock
本図縮尺 S=1/200
演習推奨 S=1/100

1階平面図（完成図）

3-2 建築平面図の描き方

「未来の家」1階平面図を題材にして平面図を描いてみよう。これはヤコブセンが27歳という若さで発表した作品であるため、生涯に成したさまざまなプロダクトはまだ存在していない。しかし、残されたスケッチには家具の配置もぼんやりと残っていたため、上図ではその配置に沿って彼の代表的なプロダクトを配置している。

極座標による設計

前章でとりあげたROOM606のように、通常、建築の設計は直交するX―Yの座標系の中で行われることが多い。しかし、この建築はそうではなく、極座標で設計されている。

極座標とは「角度」と「中心からの距離」で位置を特定する座標系である。したがって本来なら右頁の平面図においても角度も表示すべきなのだが、煩雑さを避けるために角度は省略し、中

アルネ・ヤコブセン／ 未来の家

Arne Jacobsen / The House of the Future

基準線図
geometry

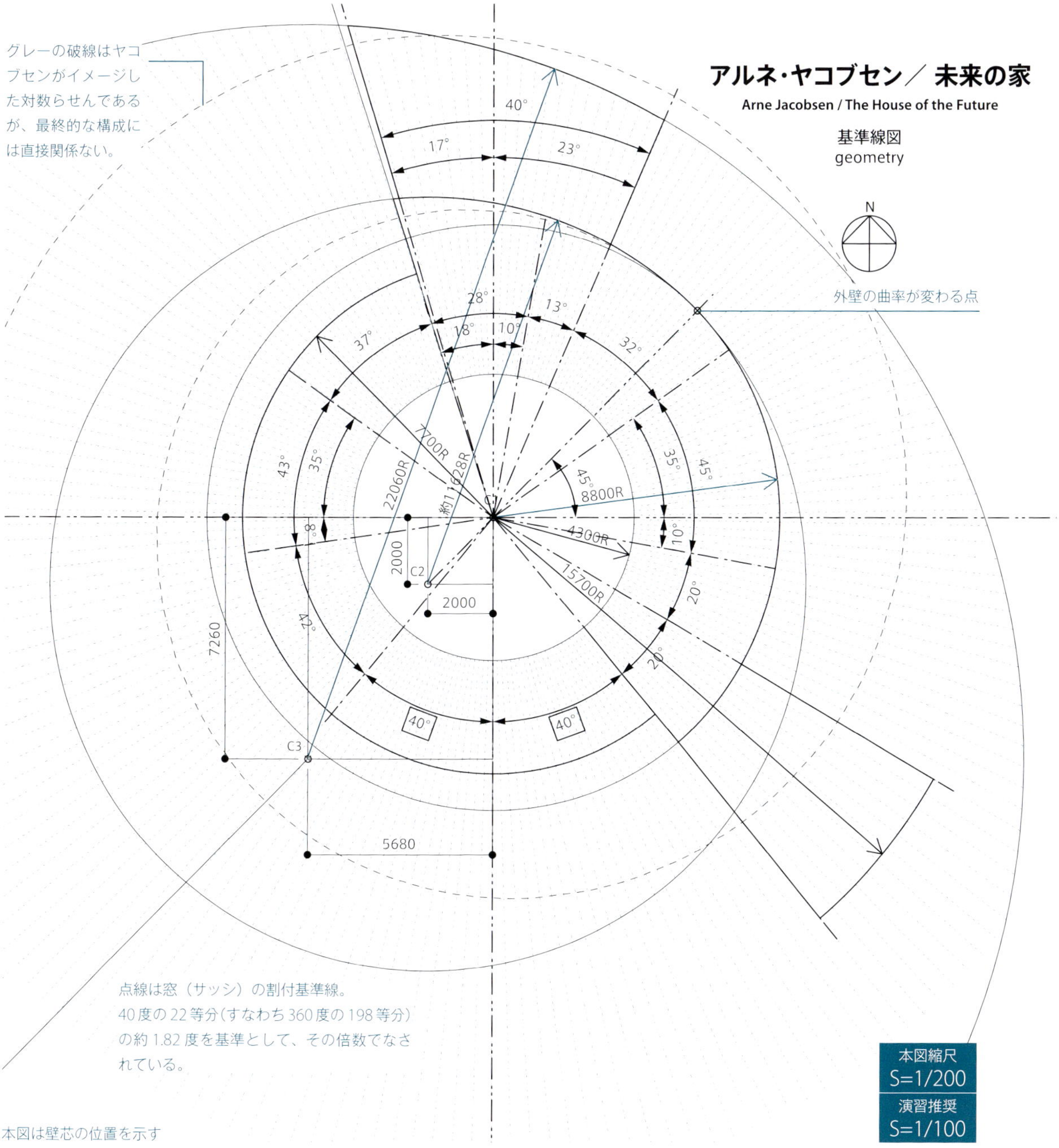
グレーの破線はヤコブセンがイメージした対数らせんであるが、最終的な構成には直接関係ない。
N
外壁の曲率が変わる点
40°
17°
23°
28°
13°
18°
10°
37°
32°
35°
45°
43°
35°
45°
8°
10°
20°
20°
42°
40°
40°
7700R
約11628R
22060R
8800R
4300R
15700R
C1
C2
C3
2000
2000
7260
5680
点線は窓（サッシ）の割付基準線。
40度の22等分（すなわち360度の198等分）の約1.82度を基準として、その倍数でなされている。
本図は壁芯の位置を示す

本図縮尺
S=1/200
演習推奨
S=1/100

心の位置と、そこからの距離のみを記載している。

ただ、それらの情報だけでは図面を描き起こすことは出来ないので、この建築の基準線図（ジオメトリー）を上図に示す。基準線図は壁芯の位置を示しているので、この建築を構成する規則を理解してから進めてほしい。

まず、円弧の中心は3カ所ある（C1～C3）。それによりこの住宅のプランはたんなる円形の住宅にとどまらない動きを獲得している。中央のダンスホールは驚くべきことに半外部空間であるが、この空間を中心に各要素が上図の角度によって放射状に配置されている。また、壁面の開口部（窓）の割り付けなどは、上図の青い破線（40度の22等分）に乗っている。

これらの角度は、ヤコブセンの残した図面から筆者らが読み取った数字であるが、テラスの40度の角度を最初に決め、残りに必要な諸室を割り付けつつ、それらの公約数に近く、かつ曲率の異なる壁面で合理的なサッシ割を得られるものとして、40度の22等分という数字を苦労してわり出した形跡がうかがえる。

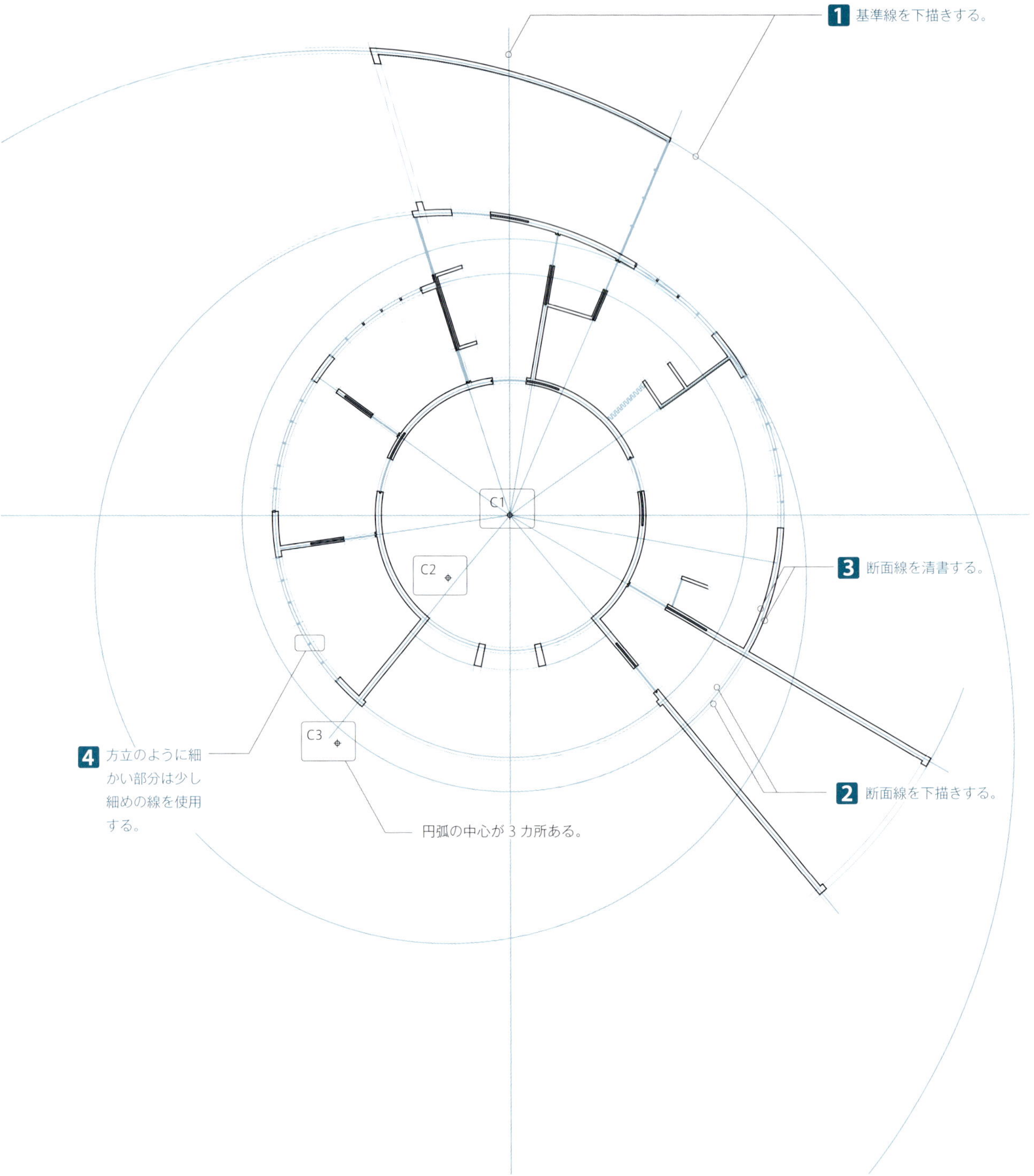
1 基準線を下描きする。
C1
C2
C3
3 断面線を清書する。
4 方立のように細かい部分は少し細めの線を使用する。
2 断面線を下描きする。
円弧の中心が3カ所ある。

1 基準線と断面線を下描きし、断面線を清書する

インテリア平面図の章と同じように、最初に基準線、次に断面線の下描きをする。基準線は円弧や角度のある線なので、前頁のジオメトリー図を参考にして描く。次に断面線の清書をインキングで行う。円弧を美しく描くには練習が必要なので、別の紙で何回か練習してから描いたほうがよいだろう。断面線なので線の太さは太線となるが、窓の方立のような細かい部分は中線も使う。

本図縮尺
S=1/200
演習推奨
S=1/100

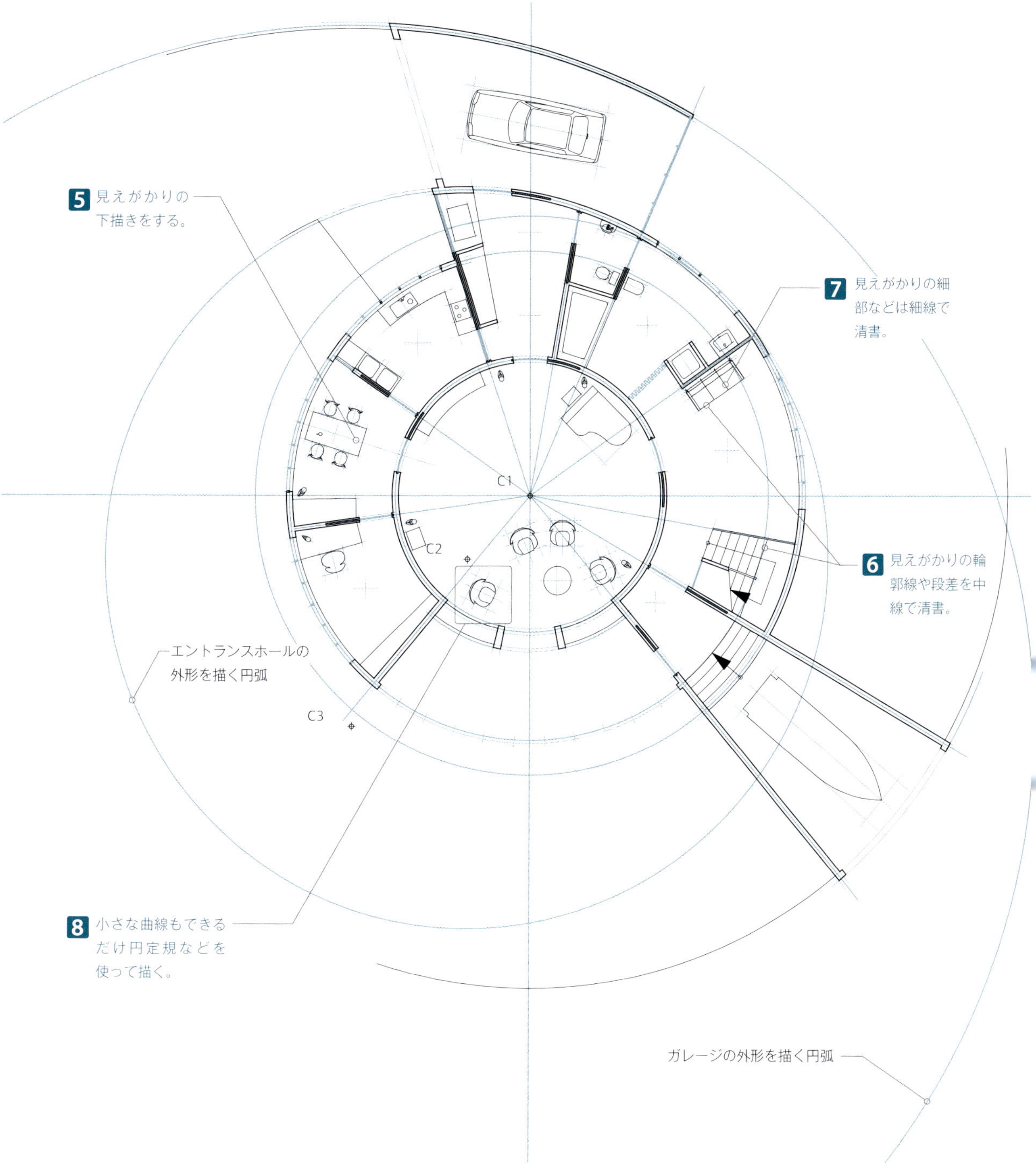
5 見えがかりの下描きをする。
7 見えがかりの細部などは細線で清書。
C1
C2
C3
6 見えがかりの輪郭線や段差を中線で清書。
エントランスホールの外形を描く円弧
8 小さな曲線もできるだけ円定規などを使って描く。
ガレージの外形を描く円弧

2 見えがかりを描く

階段や家具類など見えがかりの部分を描き込んでいく。これらもすべて下描きをしてからインキングをするが、段差を示す線や、物体の輪郭線は中線以下の太さ、それ以外の線や細かい部分は細い線で描き分ける。椅子の曲線等も、できるだけ円定規などを利用して描いたほうがよい。

本図縮尺 S=1/200
演習推奨 S=1/100

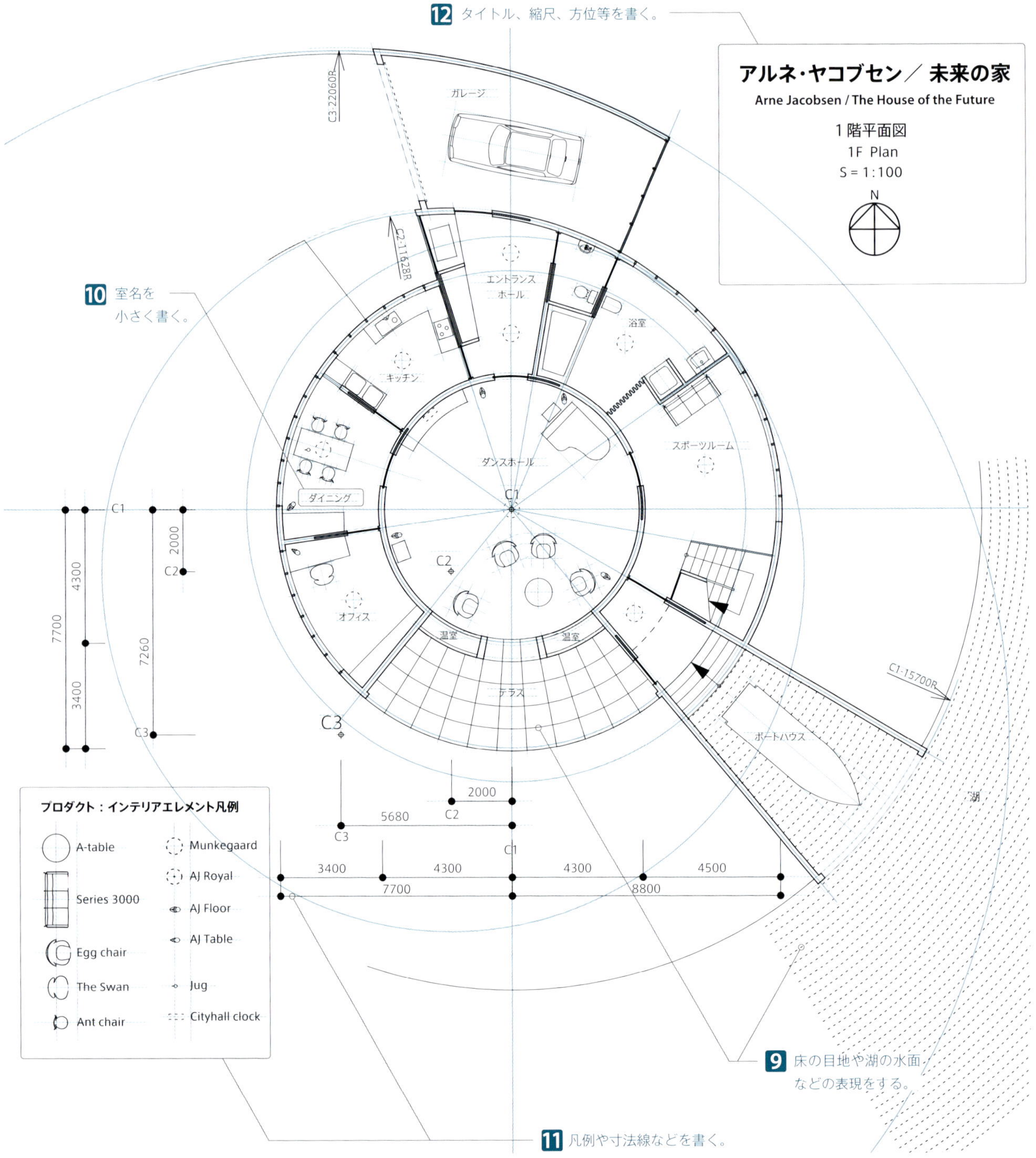

12 タイトル、縮尺、方位等を書く。
アルネ・ヤコブセン／未来の家
Arne Jacobsen / The House of the Future
1階平面図
1F Plan
S = 1:100
N
ガレージ
C3-22060R
C2-11628R
10 室名を
小さく書く。
エントランス
ホール
浴室
キッチン
ダンスホール
スポーツルーム
ダイニング
C1
C2
オフィス
温室
温室
テラス
ボートハウス
湖
C1-15700R
C3
2000
4300
7700
3400
7260
2000
5680
3400
4300
4300
4500
7700
8800
プロダクト：インテリアエレメント凡例
A-table
Series 3000
Egg chair
The Swan
Ant chair
Munkegaard
AJ Royal
AJ Floor
AJ Table
Jug
Cityhall clock
9 床の目地や湖の水面
などの表現をする。
11 凡例や寸法線などを書く。

3 床仕上げの目地などを描き、室名、寸法、凡例、タイトルを入れる

床仕上げの目地や、湖の水面の表現等を、効果を考えながら入れていき、最後に補助線を消して完成させる。目地等の線は細線または極細線で描くが、場合によっては補助線を消してから、インクより色の薄い鉛筆等で入れると効果的である。文字を入れる際にも上下に補助線を描くときれいに書ける。

本図縮尺
S=1/200
演習推奨
S=1/100

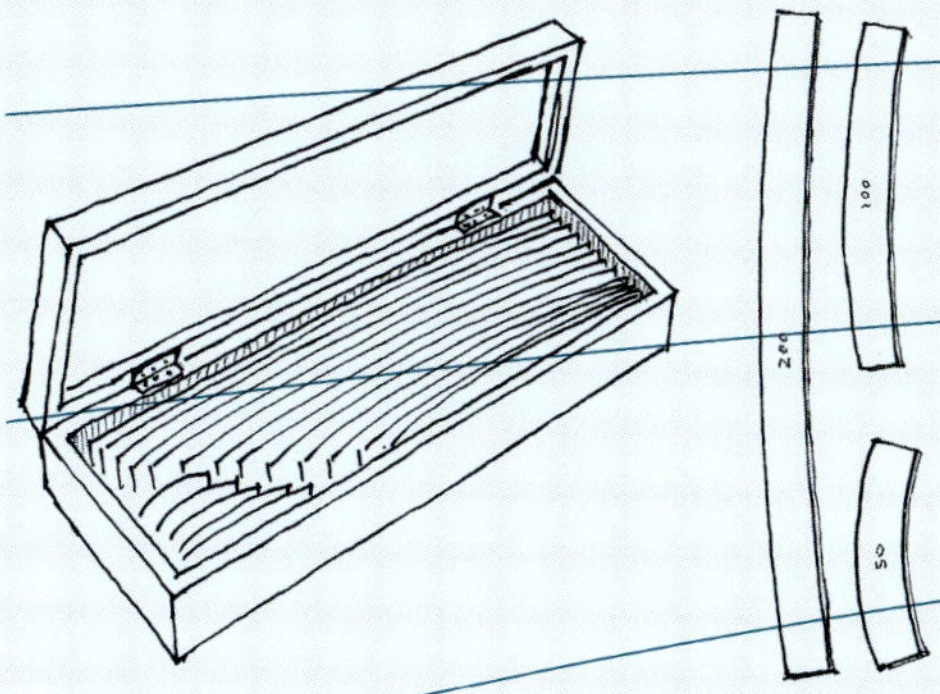

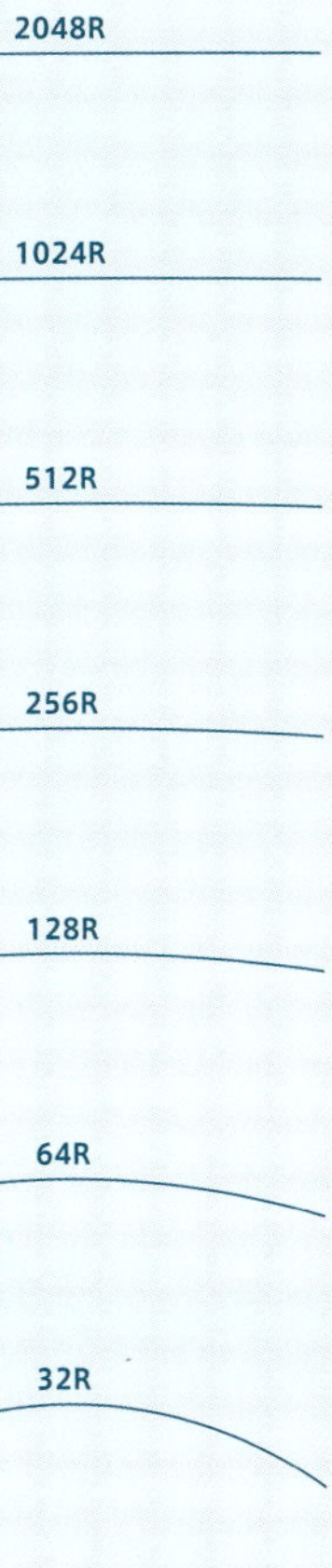

2048R
1024R
512R
256R
128R
64R
32R

鉄道定規

ビームコンパスでも描けないような大きな円弧を描くときに登場するのが鉄道定規。
木箱入りの高価なものが売られているが、見ているだけでも美しいものである。

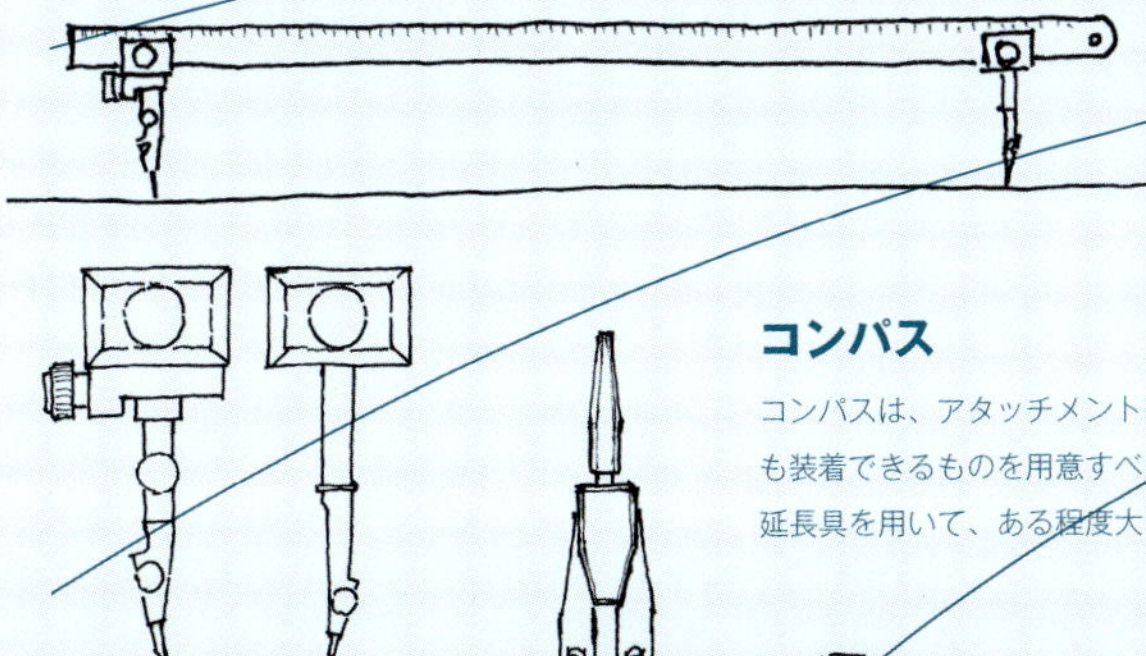

ビームコンパス

コンパスでは描けないような大きな円弧を描くときにビームコンパスは意外と便利な用具。

金尺などに固定して使えるタイプがお薦め。

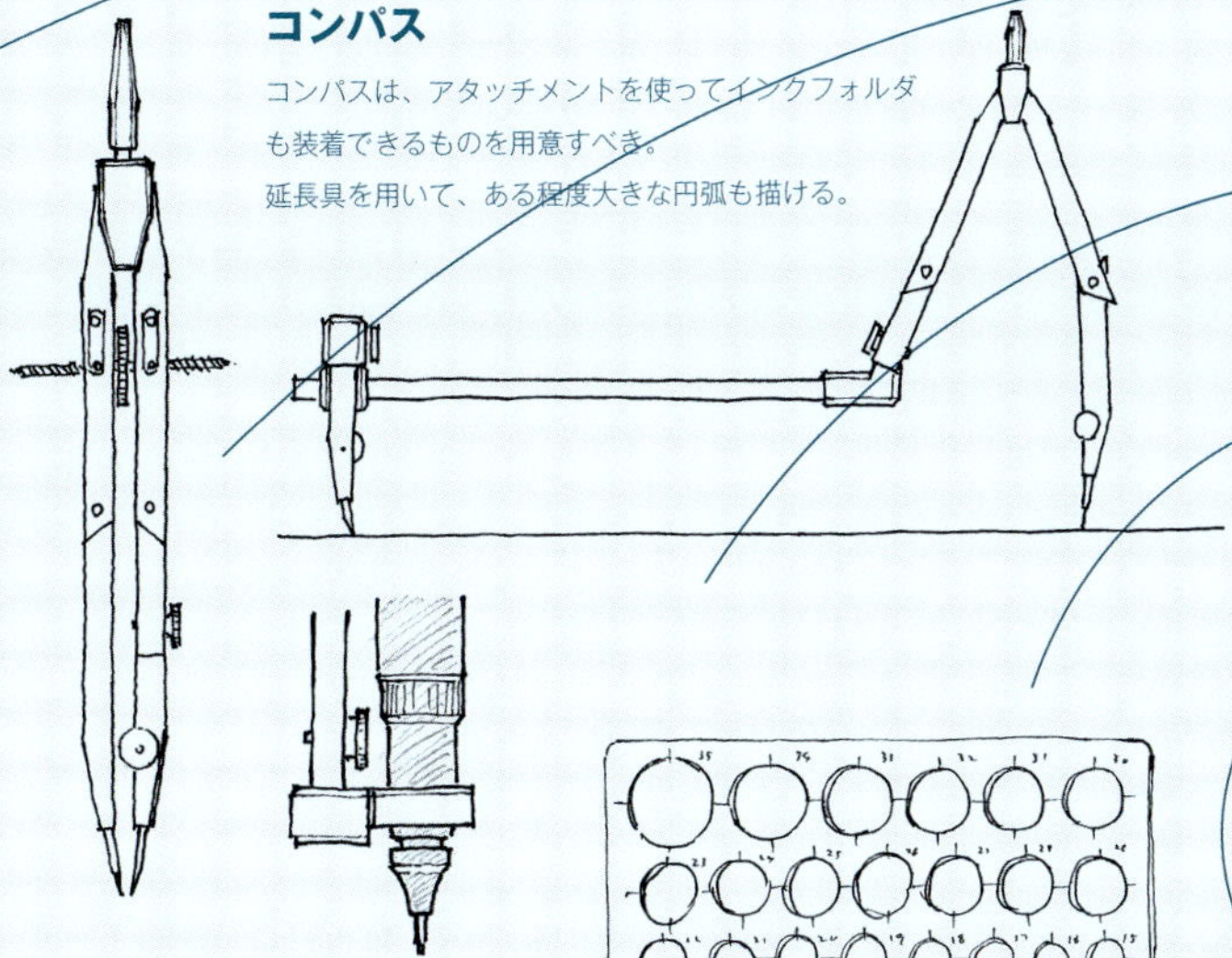

コンパス

コンパスは、アタッチメントを使ってインクフォルダも装着できるものを用意すべき。
延長具を用いて、ある程度大きな円弧も描ける。

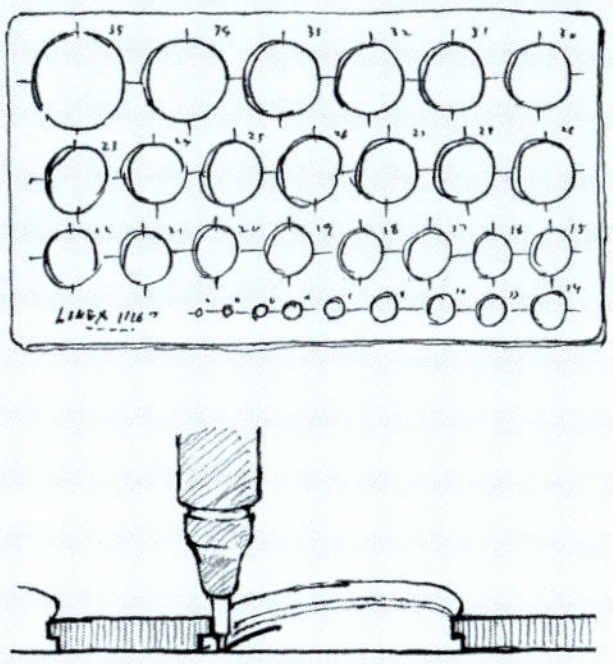

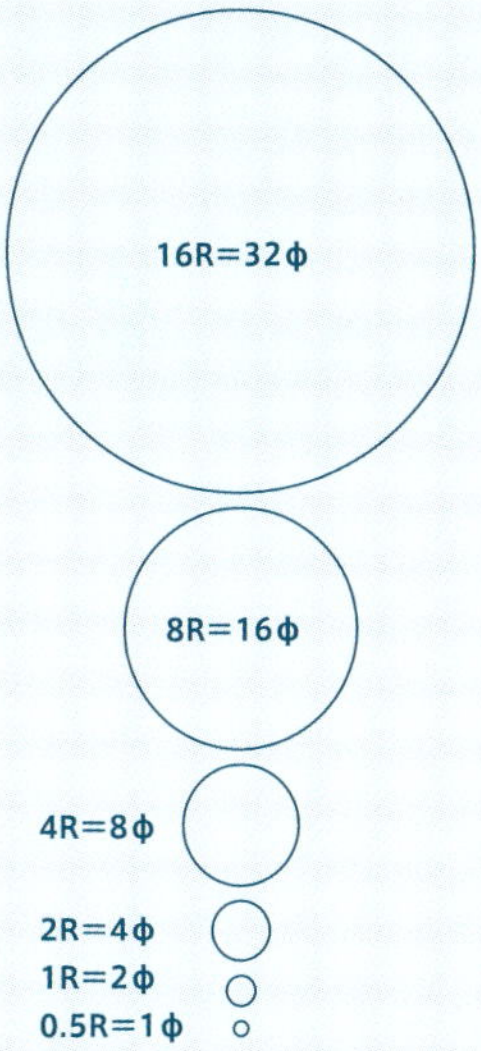

16R=32φ
8R=16φ
4R=8φ
2R=4φ
1R=2φ
0.5R=1φ

円定規

もっとも小さな円弧を描くのに適したのが円定規。
図のように断面に段差のあるものを使うと、インクを使うときに便利。

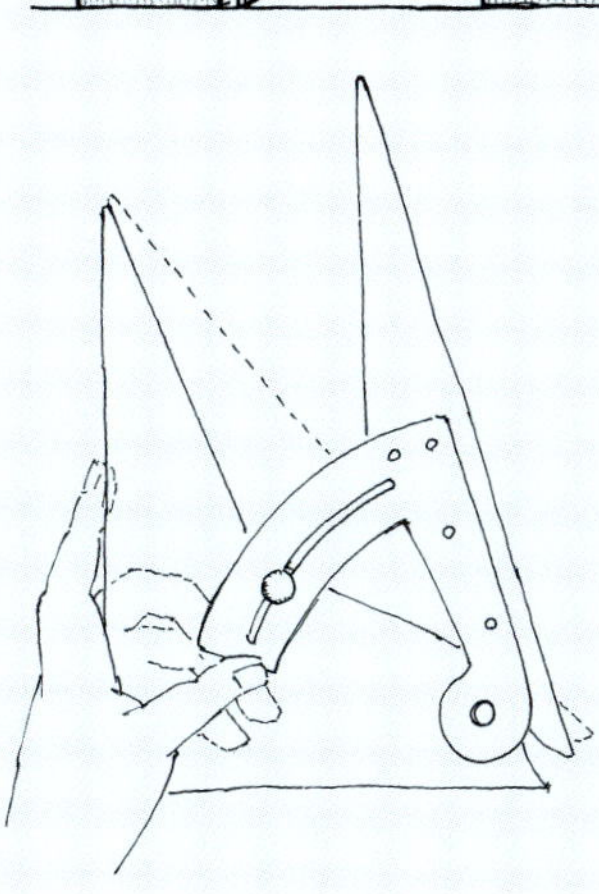

勾配定規

円弧と角度のある図面を描くための道具

円弧と角度のある図面は描くのが難しいが、あえて本書の題材に選んだのは、これをきれいに描ければ怖いものなしだからである。CADの時代でも一度は手描きで描いてみてほしい素材ともいえる。ここでは、そのために必要な道具を説明する。中でも、勾配定規、コンパス、円定規の3点は必須である。

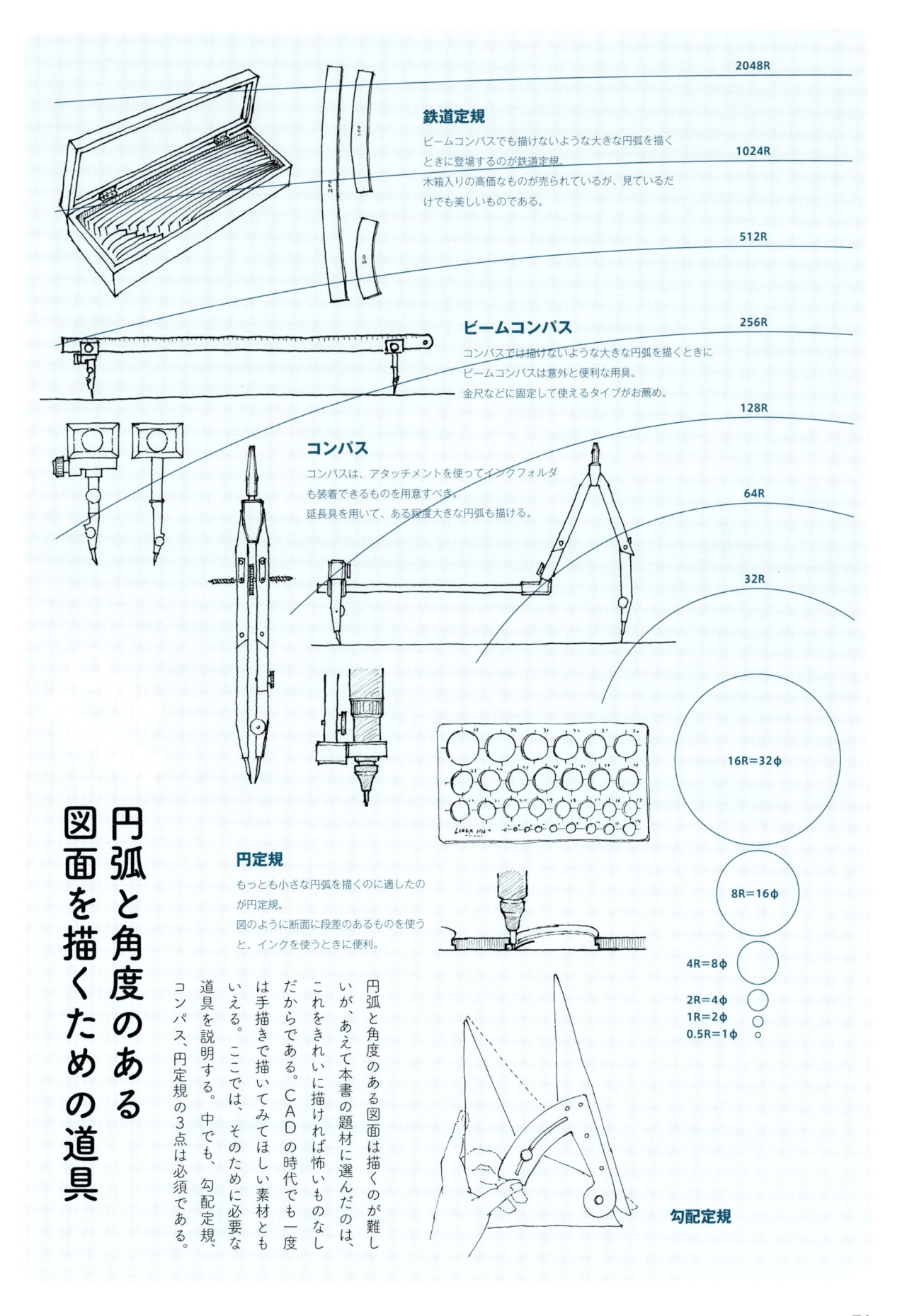

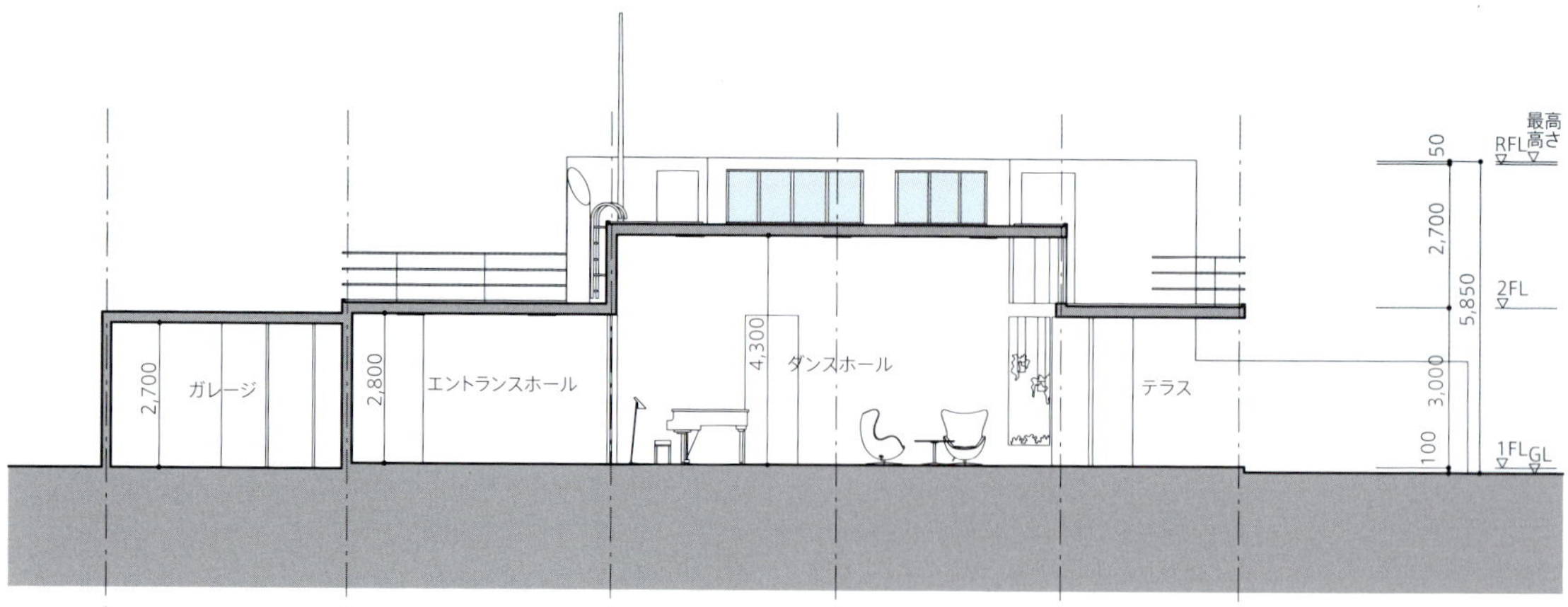

A - A' 断面図 S=1:200

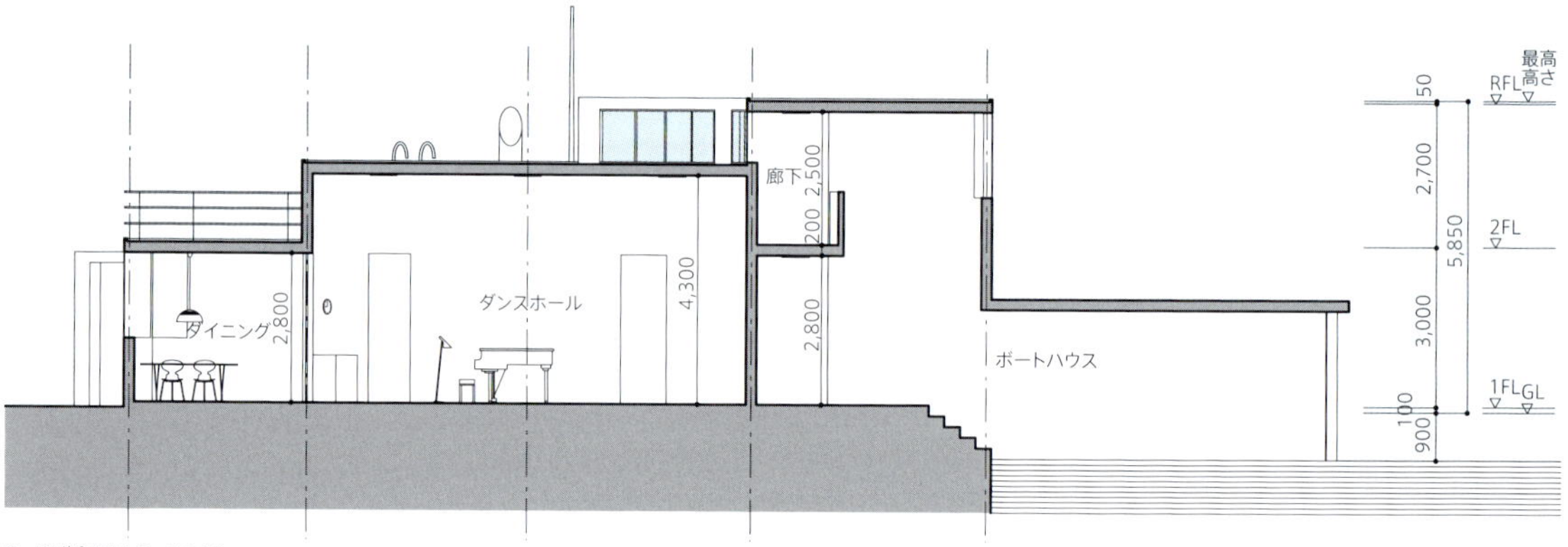

B - B' 断面図 S=1:200

アルネ・ヤコブセン／未来の家
Arne Jacobsen/The House of the Future

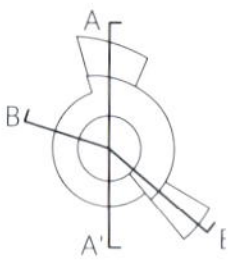

断面図（完成図）

本図縮尺 S=1/200
演習推奨 S=1/100

3-3 建築断面図の描き方

建築の内部空間を表現する

誰でも小さいころ、図鑑に載っていた人体や動植物、乗り物などの断面を描いた図に目を奪われた経験があるはずだ。本来は見えないはずの視点によって描き出された表現。建築製図における断面図も同様に、建築物の内部空間を表現する方法である。

断面図は、建築物を垂直に切断して、横から覗いた図だと考えればよい。切断した部分（大抵の場合、床・壁・天井・屋根等）は、太線で描いて強調する。また切断部分の向こう側に見えるもの（これを「見えがかり」と呼ぶ）は、中線・細線で描写する。この両者のコントラストによって、2次元的な正投影図の中に、立体的な奥行感が立ち現れてくる。

断面図が伝える主な情報には、空間の天井高さ・床のレベル差・隣接する上下左右の空間の関係（つながり具合）等がある。

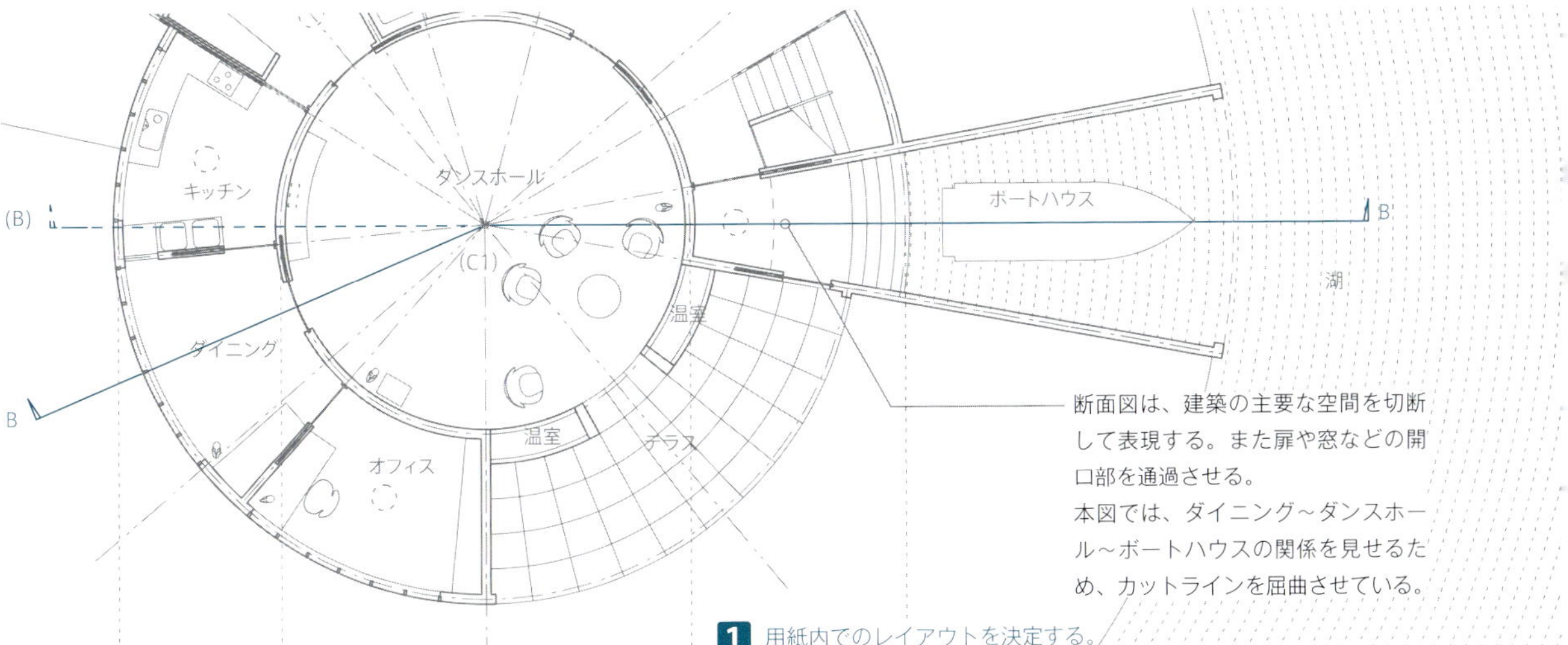

ダンスホール
キッチン
(B)
B'
(C1)
ボートハウス
湖
温室
ダイニング
B
温室
テラス
オフィス
断面図は、建築の主要な空間を切断して表現する。また扉や窓などの開口部を通過させる。
本図では、ダイニング～ダンスホール～ボートハウスの関係を見せるため、カットラインを屈曲させている。

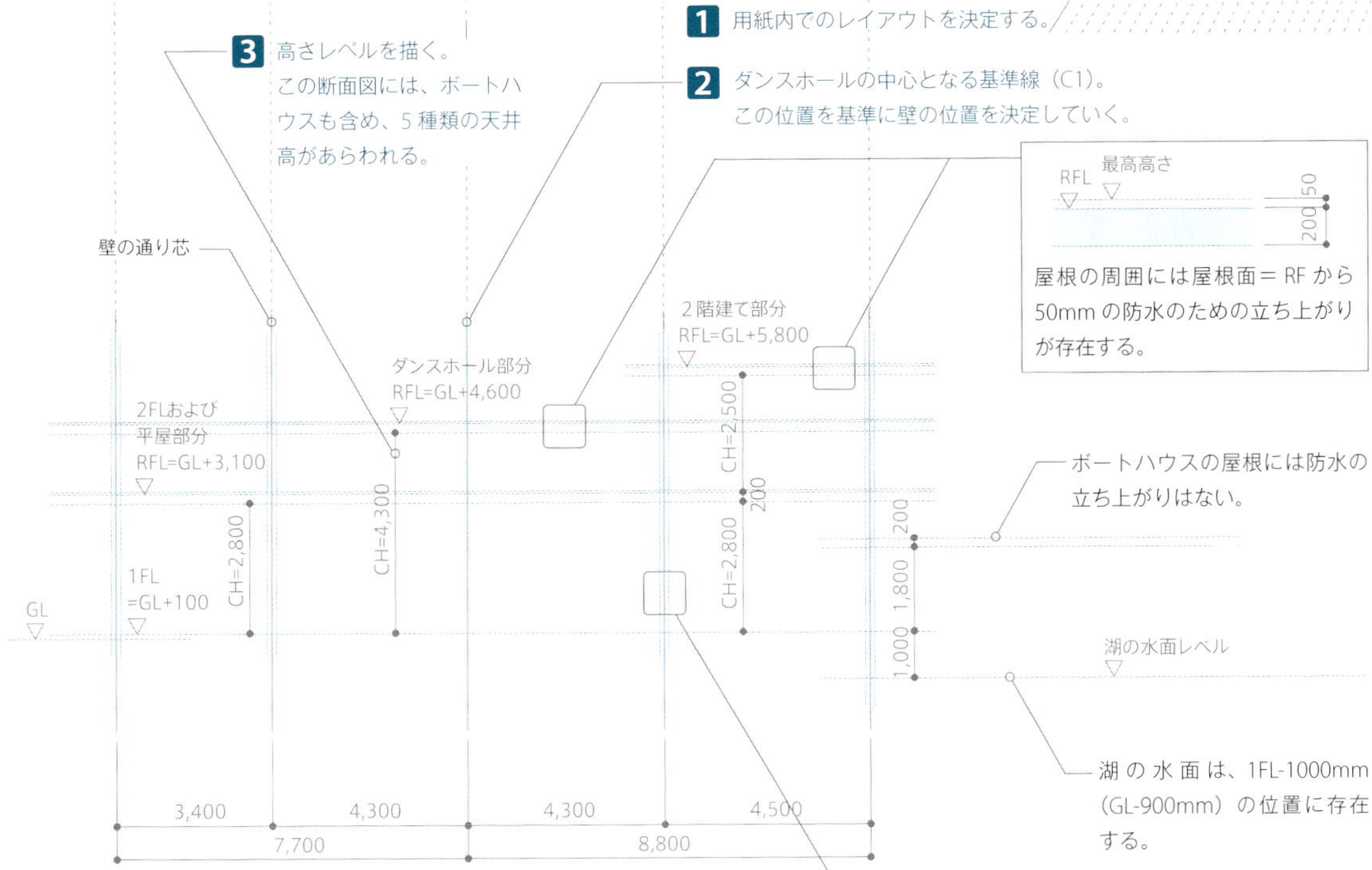

1 用紙内でのレイアウトを決定する。
3 高さレベルを描く。
この断面図には、ボートハウスも含め、5 種類の天井高があらわれる。
2 ダンスホールの中心となる基準線（C1）。
この位置を基準に壁の位置を決定していく。
RFL
最高高さ
50
200
屋根の周囲には屋根面＝RF から50mm の防水のための立ち上がりが存在する。
壁の通り芯
2 階建て部分
RFL=GL+5,800
ダンスホール部分
RFL=GL+4,600
2FLおよび
平屋部分
RFL=GL+3,100
CH=2,500
200
CH=4,300
CH=2,800
CH=2,800
ボートハウスの屋根には防水の立ち上がりはない。
200
1,800
1,000
1FL
=GL+100
GL
湖の水面レベル
湖の水面は、1FL-1000mm（GL-900mm）の位置に存在する。
3,400
4,300
4,300
4,500
7,700
8,800

＊上記の寸法線は、通り芯の位置を説明するために表示している。

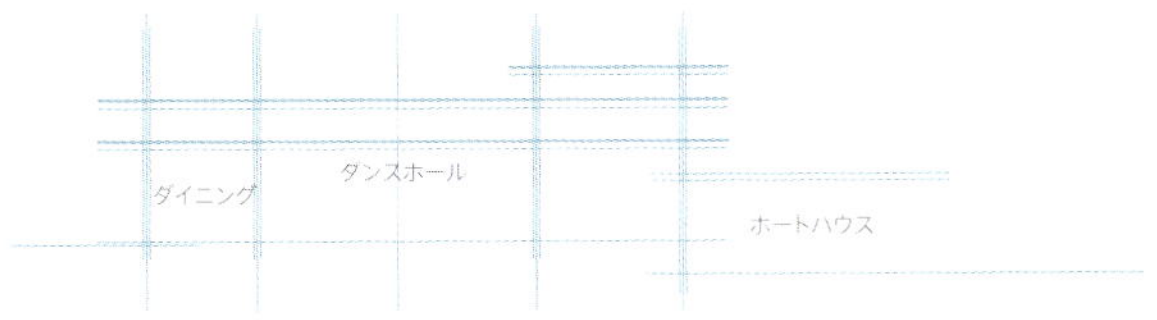

ダイニング
ダンスホール
ボートハウス

「補助線」で下描きする際は、空間の輪郭をイメージしながら描く。

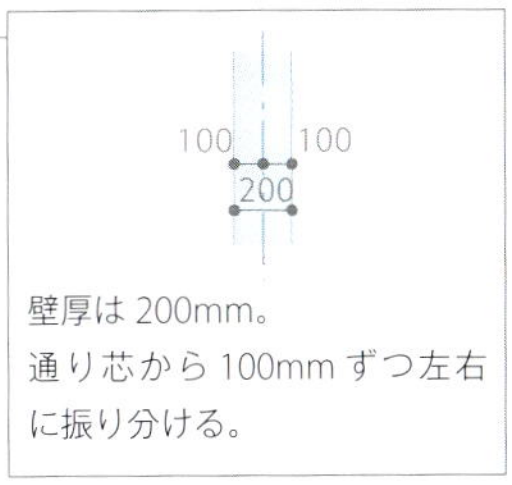

100
100
200
壁厚は 200mm。
通り芯から 100mm ずつ左右に振り分ける。

1 高さレベルと壁の位置を下描きする

用紙の中でのレイアウトを決定したら、まずは断面形を描くための下描きからはじめる。最初に補助線で地盤面、各階床面、天井面、屋根面、最高高さ等の、主要な高さレベルを下描きする。「未来の家」では、湖面とのレベル差も重要な要素である。その後、補助線にて、壁の通り芯（基準線）と壁厚を下描きし、空間の輪郭を確認する。

本図縮尺
S=1/200
演習推奨
S=1/100

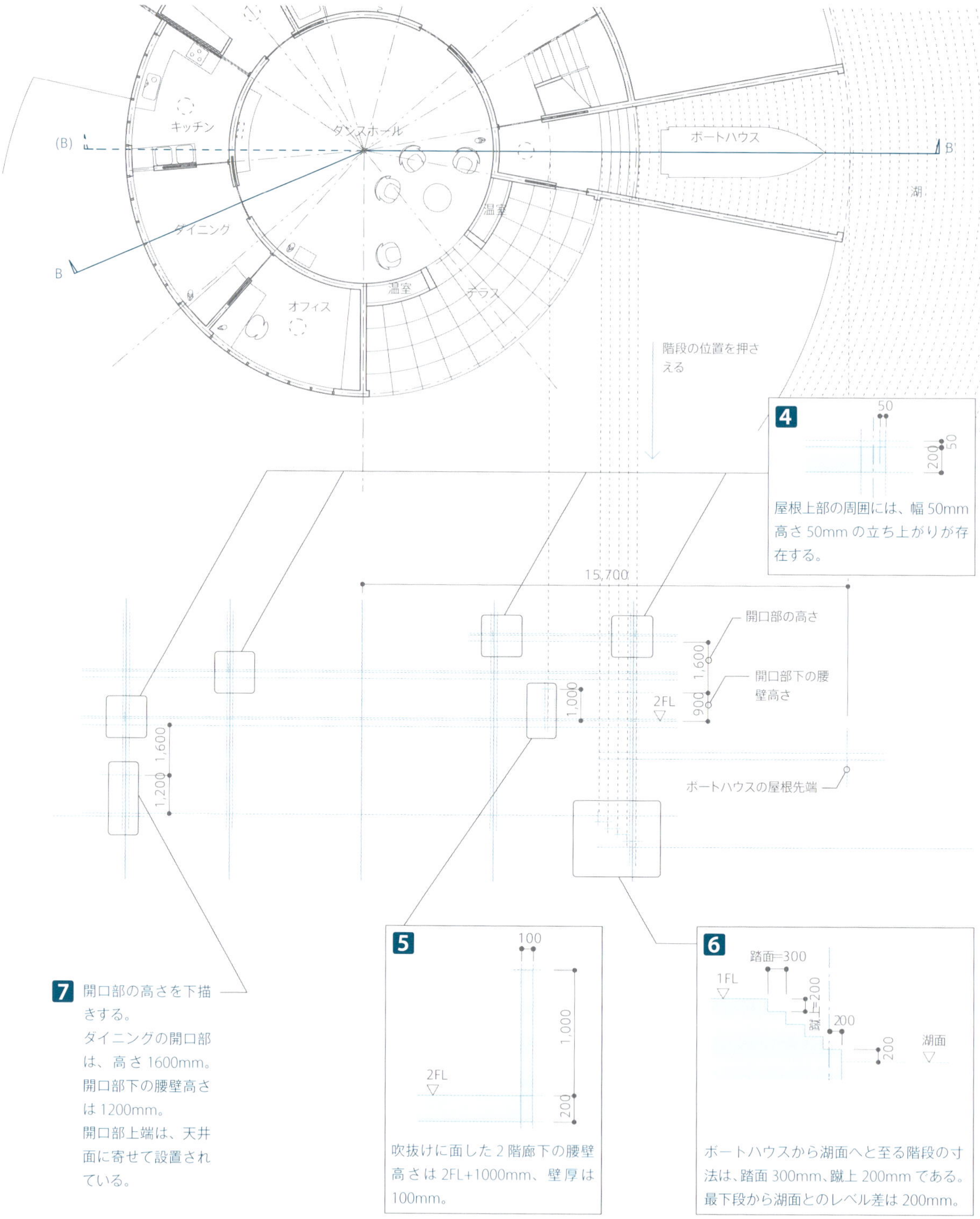
(B)
キッチン
ダンスホール
ボートハウス
B
湖
温室
ダイニング
B
温室
テラス
オフィス
階段の位置を押さえる
4
50
50
200
屋根上部の周囲には、幅 50mm 高さ 50mm の立ち上がりが存在する。
15,700
開口部の高さ
1,600
開口部下の腰壁高さ
900
2FL
1,000
1,600
1,200
ボートハウスの屋根先端
7
開口部の高さを下描きする。
ダイニングの開口部は、高さ 1600mm。
開口部下の腰壁高さは 1200mm。
開口部上端は、天井面に寄せて設置されている。
5
100
1,000
2FL
200
吹抜けに面した 2 階廊下の腰壁高さは 2FL+1000mm、壁厚は 100mm。
6
踏面=300
1FL
蹴上=200
200
200
湖面
ボートハウスから湖面へと至る階段の寸法は、踏面 300mm、蹴上 200mm である。最下段から湖面とのレベル差は 200mm。

2 断面に関わる細部の下描きをする

壁の各所には、窓や扉などの開口部が設けられている。切断部分に現れる開口部の上端・下端の高さを補助線で下描きする。

また、屋根の防水の立ち上がり部分や、湖面への階段、2 階吹抜けに面した腰壁等、その他の細部形状についても下描きしておく。

本図縮尺
S=1/200
演習推奨
S=1/100

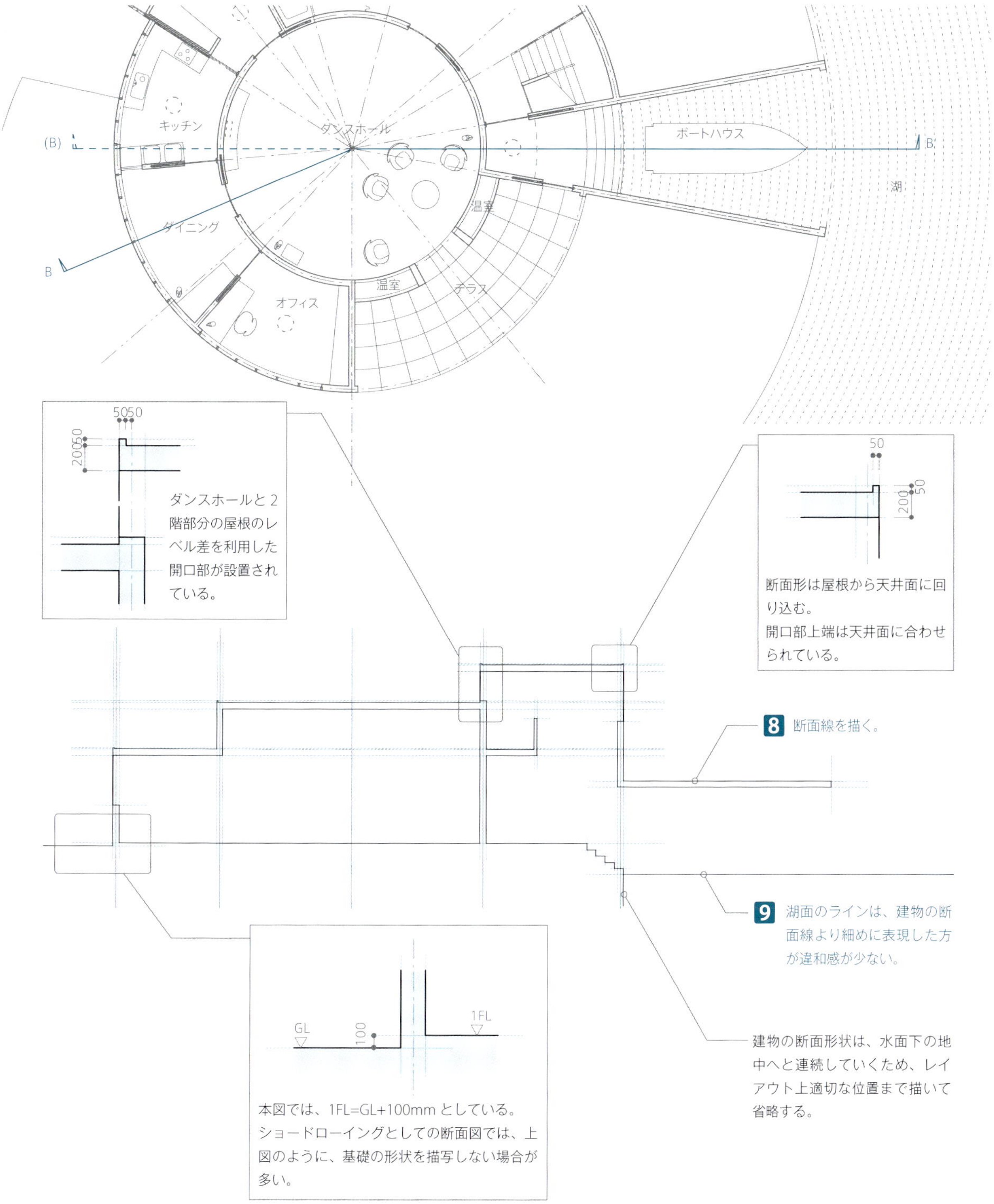
キッチン
ダンスホール
ボートハウス
(B)
B
B
湖
温室
ダイニング
温室
テラス
オフィス
5050
20050
ダンスホールと2階部分の屋根のレベル差を利用した開口部が設置されている。
50
50
200
断面形は屋根から天井面に回り込む。
開口部上端は天井面に合わせられている。
8 断面線を描く。
9 湖面のラインは、建物の断面線より細めに表現した方が違和感が少ない。
GL
100
1FL
本図では、1FL=GL+100mmとしている。
ショードローイングとしての断面図では、上図のように、基礎の形状を描写しない場合が多い。
建物の断面形状は、水面下の地中へと連続していくため、レイアウト上適切な位置まで描いて省略する。

3

断面を描く

断面形状の下描きが完了したら、「断面線＝太線」で断面部分を描く。
プレゼンテーション図面では、断面部分の表現として、「表面として見えている部分」を一つながりの輪郭として表すことが多い。このような表現手法では、建物の地盤面と接する部分は、地中の基礎を省略し、建物と地盤面を一体のものとして描く。

本図縮尺
S=1/200
演習推奨
S=1/100

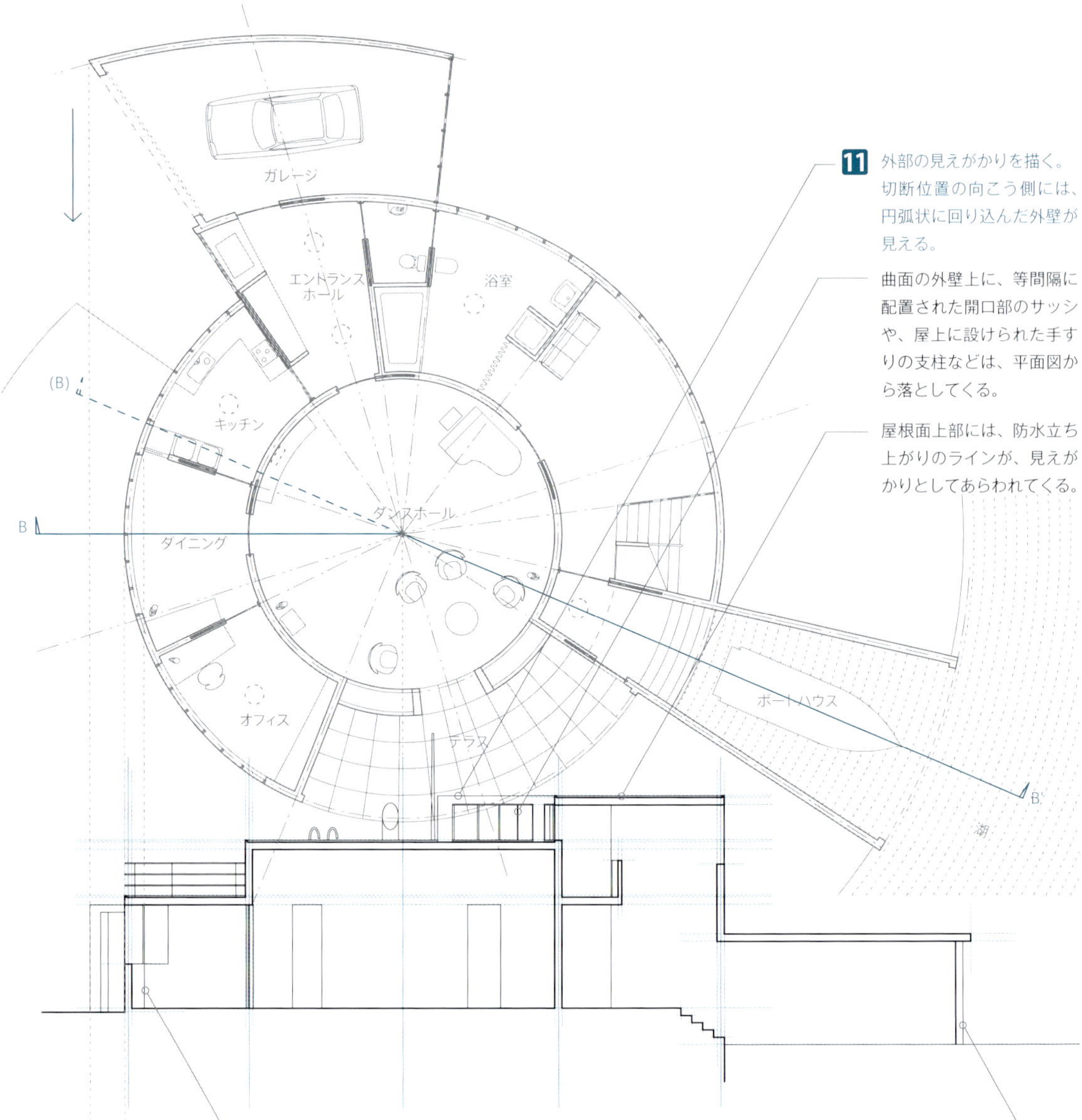

11 外部の見えがかりを描く。切断位置の向こう側には、円弧状に回り込んだ外壁が見える。

曲面の外壁上に、等間隔に配置された開口部のサッシや、屋上に設けられた手すりの支柱などは、平面図から落としてくる。

屋根面上部には、防水立ち上がりのラインが、見えがかりとしてあらわれてくる。

10 内部の見えがかりを描く。

12 ボートハウス屋根先端の輪郭は円弧であるため、外壁の位置は少しズレて見える。（前ページの平面図参照）

13 ダイニングの奥には、ガレージの一部が見えがかりとして見える。本図では、中心から西側の切断位置に角度をつけ（つまり屈曲させて）、ダイニングを切断している。そのため、断面図の西側半分を描く際には、作図補助の平面図も回転させている。

4 見えがかりを描き込む

断面部分の奥に見えるものの輪郭を「見えがかり」と呼ぶ。２次元的な正投影図の中で、奥行感・立体感を演出するため、「見えがかり」は断面線とは明確に区別できるよう、「中線」および「細線」で描く。ここでもいきなり描かず、下描きしたうえで仕上げていくほうが、結果的に能率がよい。

本図縮尺
S=1/200
演習推奨
S=1/100

太線　：断面線

中線　：見えがかりなどの輪郭線

細線　：細部描写、添景、ハッチングなど

極細線：補助線（下描き線）

「3-3 建築断面図の描き方」で使用した線の種類

本図は、切断部分を「濃いグレー」、建物の背景を「薄いブルー」に着色し、白抜きされた内部空間が浮き出る効果をねらった表現でまとめた例である。

さらに樹木や、人物、車等の添景を描き込むと、周囲の環境との関係を表現することができる。（「3-6 建築図面のプレゼンテーションテクニック」参照）

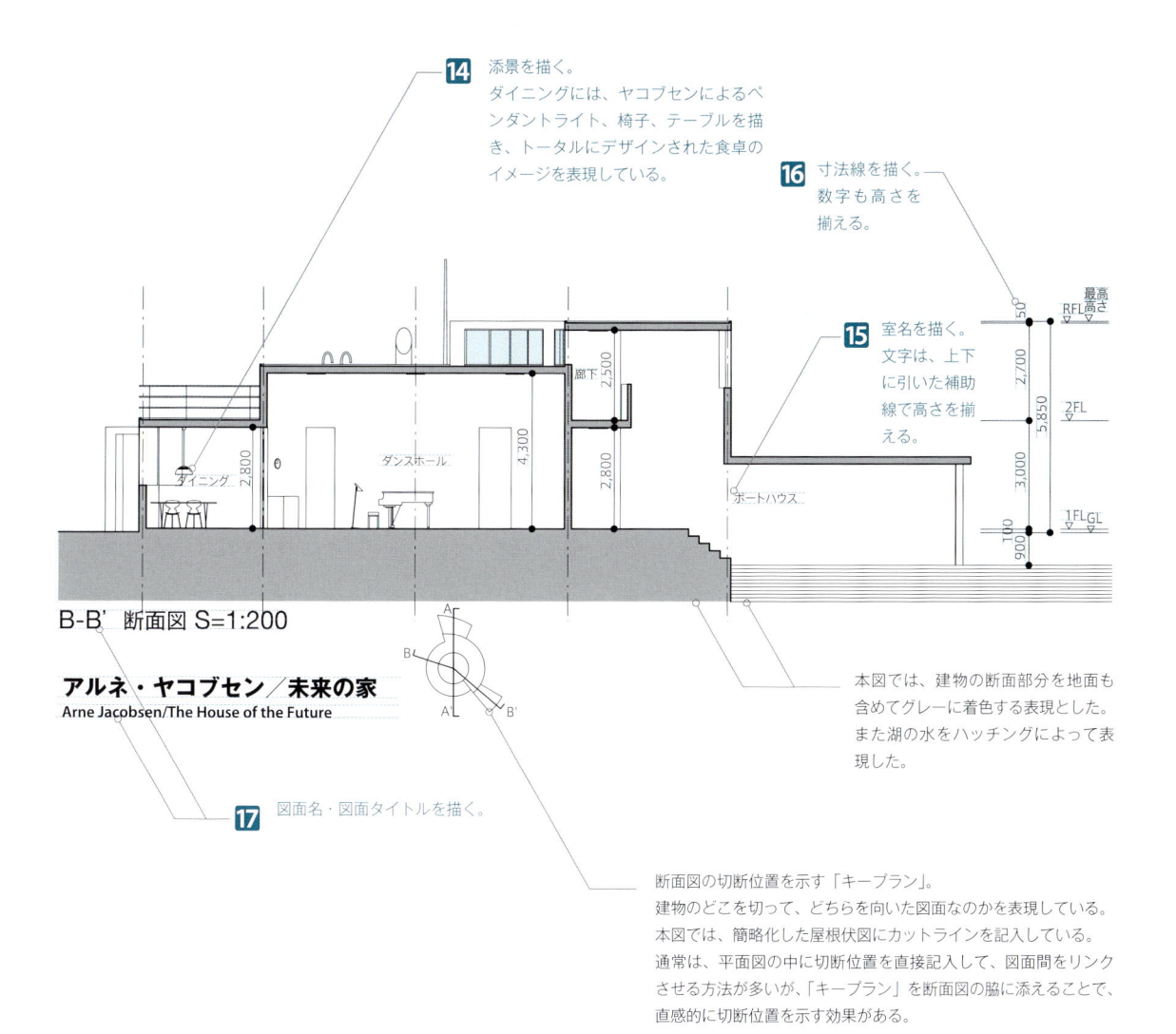

14 添景を描く。
ダイニングには、ヤコブセンによるペンダントライト、椅子、テーブルを描き、トータルにデザインされた食卓のイメージを表現している。

16 寸法線を描く。数字も高さを揃える。

15 室名を描く。文字は、上下に引いた補助線で高さを揃える。

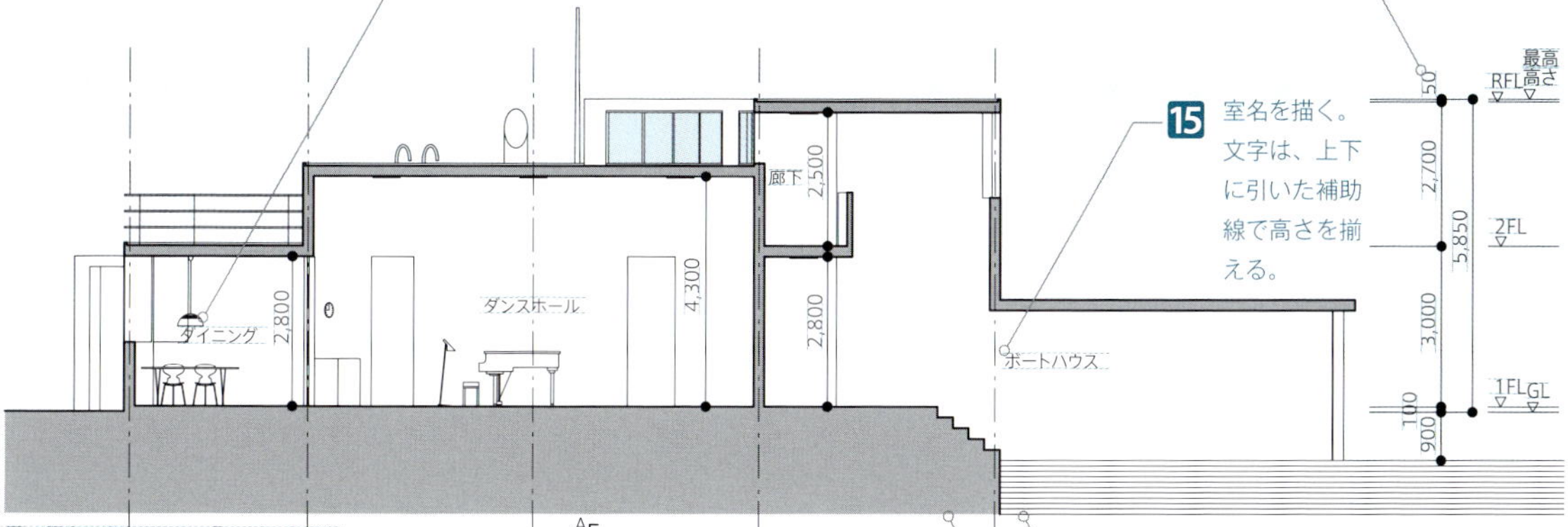

B-B' 断面図 S=1:200

アルネ・ヤコブセン／未来の家
Arne Jacobsen/The House of the Future

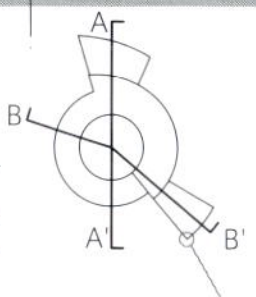

本図では、建物の断面部分を地面も含めてグレーに着色する表現とした。
また湖の水をハッチングによって表現した。

17 図面名・図面タイトルを描く。

断面図の切断位置を示す「キープラン」。

建物のどこを切って、どちらを向いた図面なのかを表現している。

本図では、簡略化した屋根伏図にカットラインを記入している。

通常は、平面図の中に切断位置を直接記入して、図面間をリンクさせる方法が多いが、「キープラン」を断面図の脇に添えることで、直感的に切断位置を示す効果がある。

5 仕上げ

建物本体の形をすべて描いたら、仕上げ作業にとりかかる。

家具などの添景、断面部分を強調するためのハッチング、建物の主要なサイズを示す寸法線・室名・図面名・タイトルなどの文字情報、そして本図では、切断位置を示すキープランを描いて完成。

本図縮尺
S=1/200
演習推奨
S=1/100

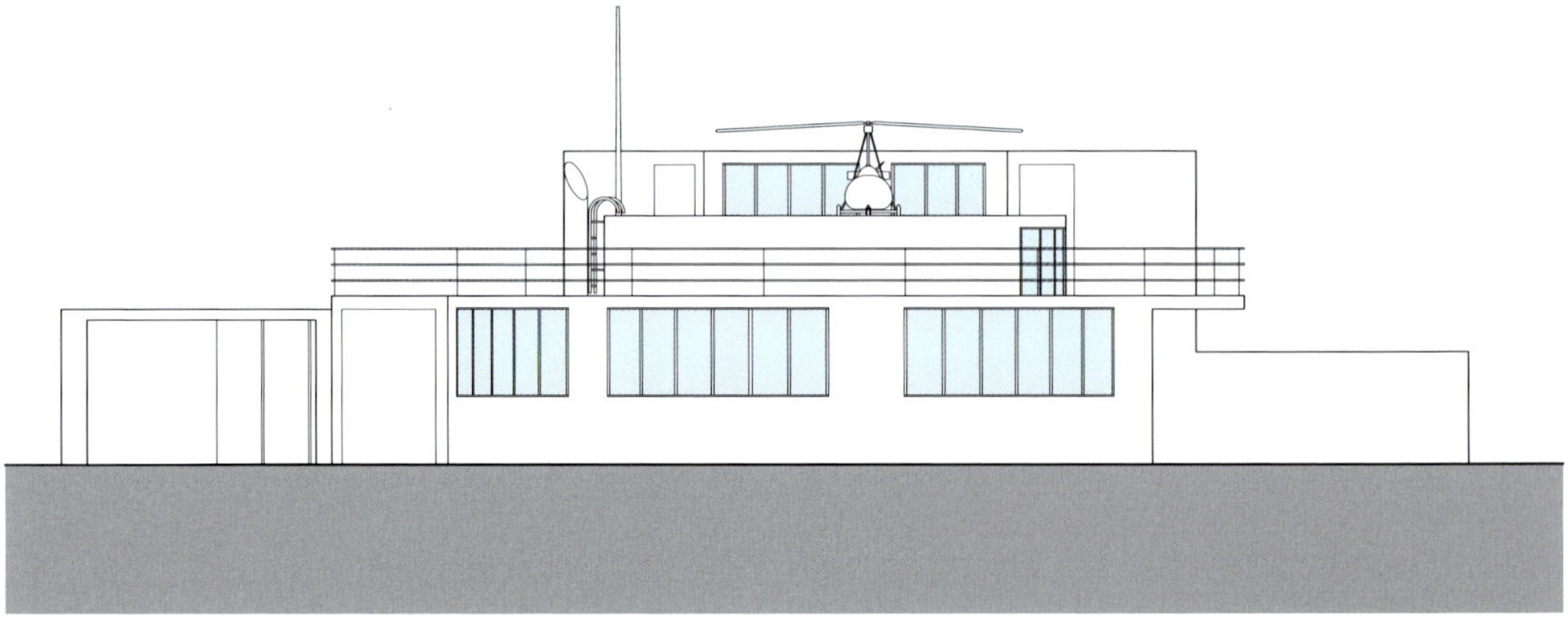

西側立面図 S=1:200

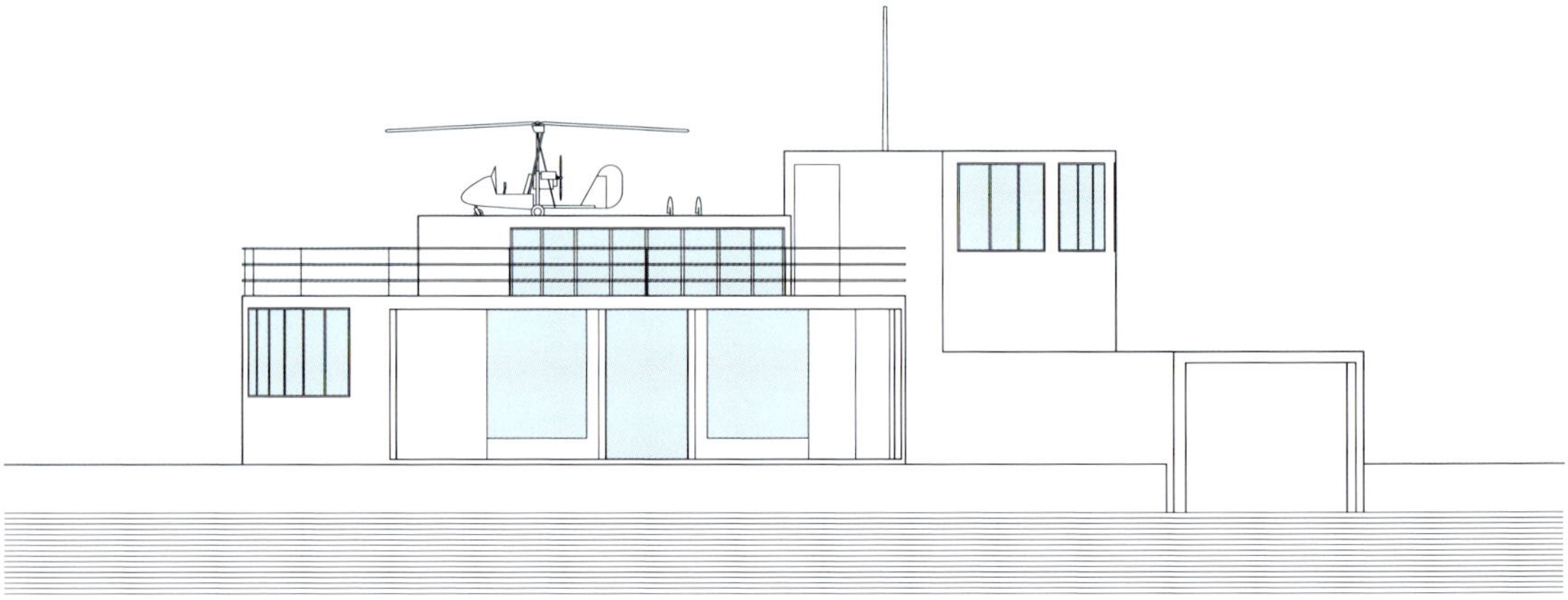

南側立面図 S=1:200

アルネ・ヤコブセン／未来の家

Arne Jacobsen / The House of the Future

立面図（完成図）

本図縮尺 S=1/200
演習推奨 S=1/100

3-4 建築立面図の描き方

建物の外観を表現する

立面図は、建築物の外観を表す図面であり、主に東・西・南・北の4面から構成される。中でも中心的な立面は「ファサード」と呼ばれ、建築物の顔となる。

正投影図として表現される立面図では、遠近による大小の変化は生じない。建築物の形に含まれる水平・垂直もまた、そのままの状態が保持されて表現される。

円筒形を基本に、放射状に広がるブロックで構成された「未来の家」は、立面図の作図トレーニングに最適なモチーフといえる。回り込む壁、ボートハウスの末広がりの壁、前後に重なり合うボリューム等、立面表現上のポイントが網羅されている。

また作図上の要点としては、外観には表れてこない、建築内部の各階床面・天井面等についても意識することが、結果的に正確で効率的な作図を可能とする。

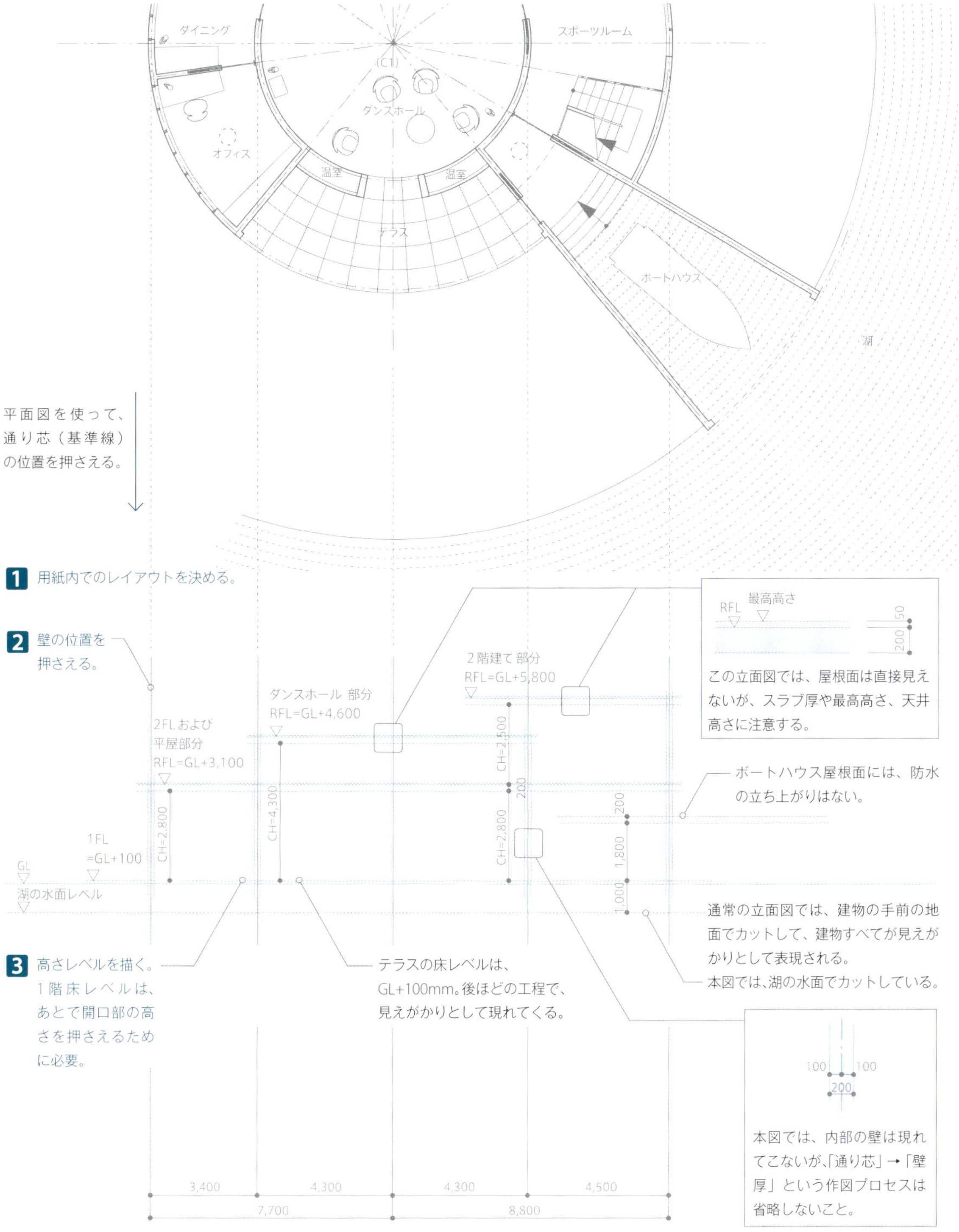
ダイニング
スポーツルーム
(C1)
ダンスホール
オフィス
温室
温室
テラス
ボートハウス
湖
平面図を使って、通り芯（基準線）の位置を押さえる。
1 用紙内でのレイアウトを決める。
2 壁の位置を押さえる。
3 高さレベルを描く。1階床レベルは、あとで開口部の高さを押さえるために必要。
RFL
最高高さ
50
200
この立面図では、屋根面は直接見えないが、スラブ厚や最高高さ、天井高さに注意する。
2階建て部分
RFL=GL+5,800
ダンスホール 部分
RFL=GL+4,600
2FLおよび
平屋部分
RFL=GL+3,100
CH=2,500
200
CH=4,300
CH=2,800
CH=2,800
1FL
=GL+100
GL
湖の水面レベル
200
1,800
1,000
ボートハウス屋根面には、防水の立ち上がりはない。
通常の立面図では、建物の手前の地面でカットして、建物すべてが見えがかりとして表現される。
本図では、湖の水面でカットしている。
テラスの床レベルは、GL+100mm。後ほどの工程で、見えがかりとして現れてくる。
100
100
200
本図では、内部の壁は現れてこないが、「通り芯」→「壁厚」という作図プロセスは省略しないこと。
3,400
4,300
4,300
4,500
7,700
8,800

1 高さレベルと壁の位置を下描きする

立面図の作図では、表面的な見えがかりばかりでなく、断面図と同様に、建物の基本的な骨格（床･壁･天井･屋根）を最初に押さえると、ミスがなくなり効率のよい作業ができる。まずは用紙内でのレイアウト決定後、補助線で地盤面、各階床面、天井面、屋根面、最高高さ等の高さレベルと、主な壁の位置として通り芯、壁厚を描く。

本図縮尺
S=1/200
演習推奨
S=1/100

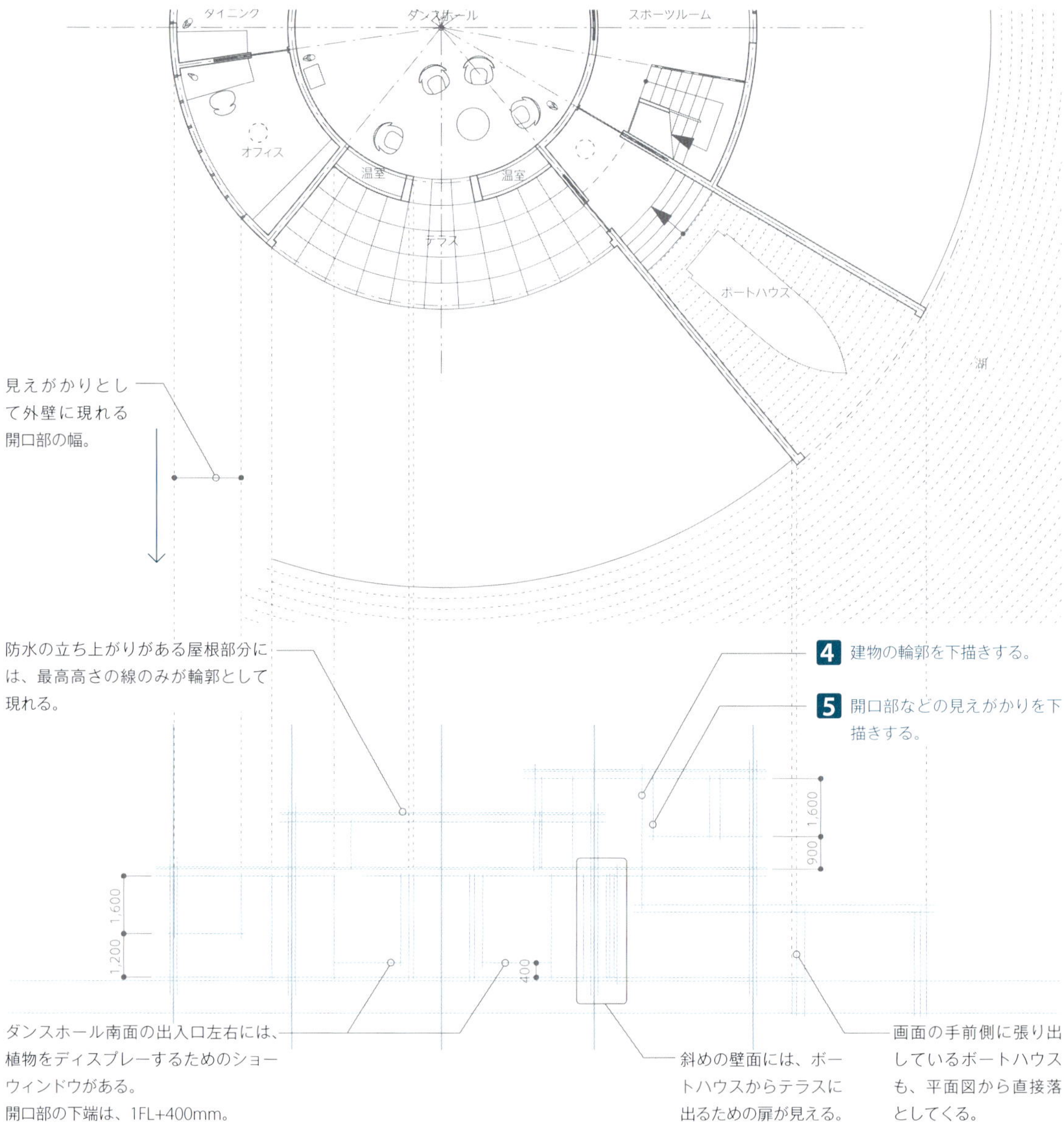

ダイニング
ダンスホール
スポーツルーム
オフィス
温室
温室
テラス
ボートハウス
湖
見えがかりとして外壁に現れる開口部の幅。
防水の立ち上がりがある屋根部分には、最高高さの線のみが輪郭として現れる。
4 建物の輪郭を下描きする。
5 開口部などの見えがかりを下描きする。
1,600
900
1,600
1,200
400
ダンスホール南面の出入口左右には、植物をディスプレーするためのショーウィンドウがある。
開口部の下端は、1FL+400mm。
斜めの壁面には、ボートハウスからテラスに出るための扉が見える。
画面の手前側に張り出しているボートハウスも、平面図から直接落としてくる。

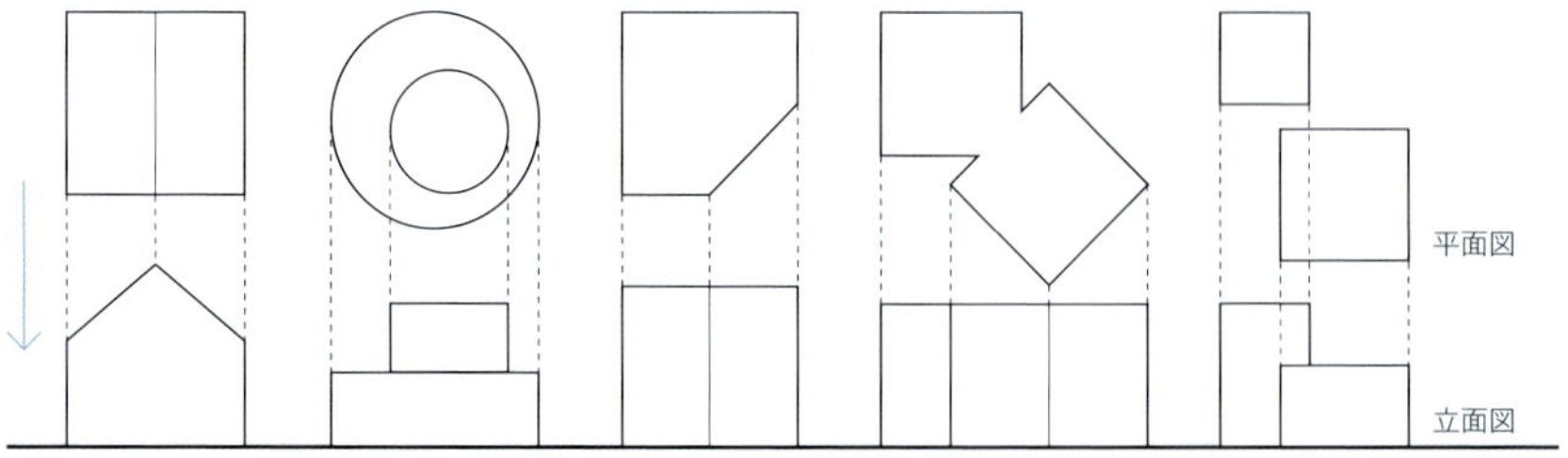

平面図
立面図

正投影図で描かれる立面図は、対象物の遠近によらず、本来のサイズのままで描写される。
左図の例から、「斜面」「曲面」「重なり」が、立面図として投影される仕組みを理解してほしい。

2 建物の輪郭や開口部の位置を下描きする

次に、見えがかりとしての建物の形や、開口部の位置等を「補助線」で下描きする。「未来の家」では、円筒形の外壁面に設置された開口部や、放射状に突き出たボートハウスの形を描く際、上部にセットした平面図から落としてくるとよい。また、ダンスホール上部と2階部分の取り合いなどは、立体的な見え方に注意しながら描く。

本図縮尺 S=1/200
演習推奨 S=1/100

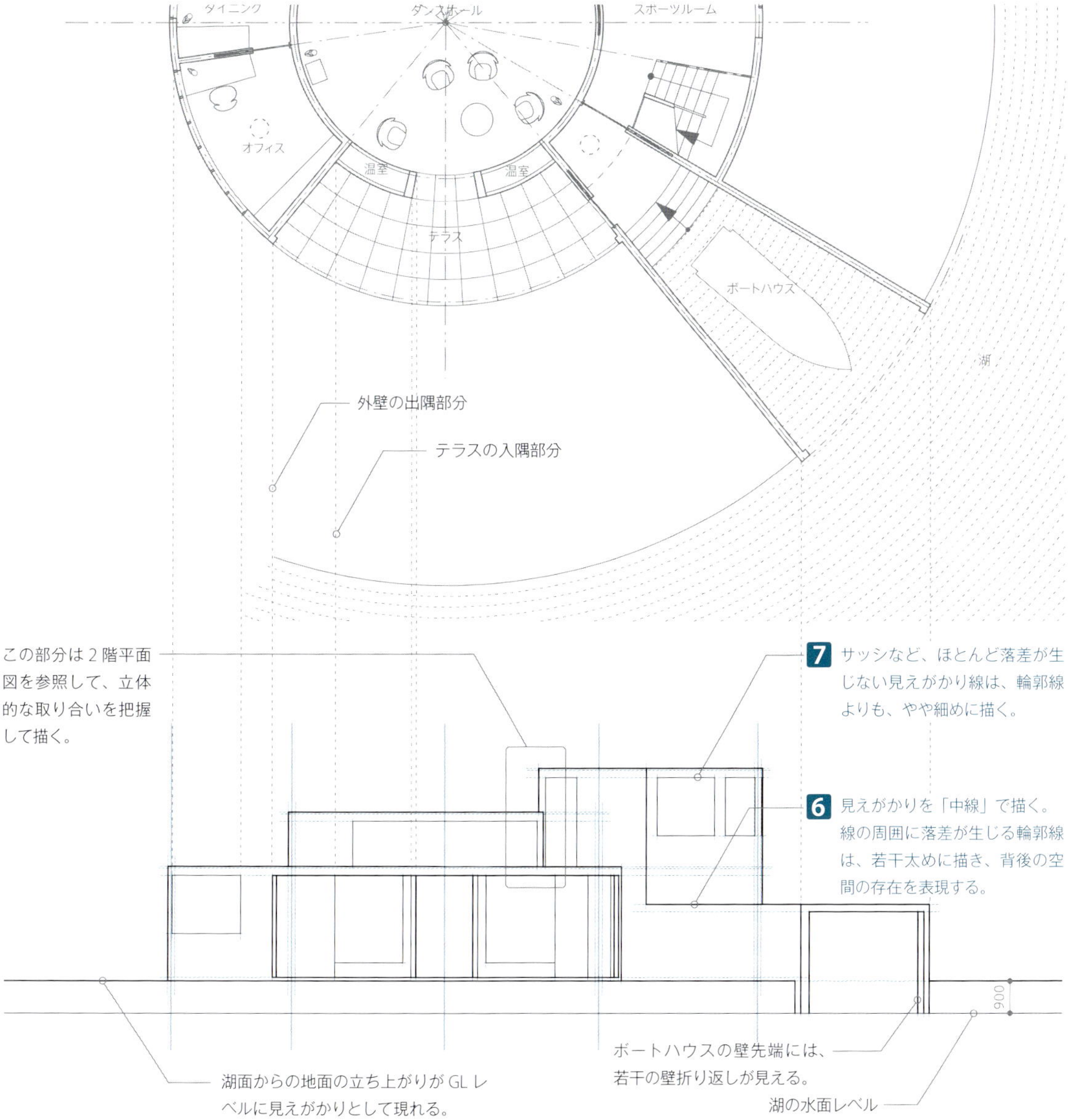

ダイニング
ダンスホール
スポーツルーム
オフィス
温室
温室
テラス
ボートハウス
湖
外壁の出隅部分
テラスの入隅部分
この部分は2階平面図を参照して、立体的な取り合いを把握して描く。
7 サッシなど、ほとんど落差が生じない見えがかり線は、輪郭線よりも、やや細めに描く。
6 見えがかりを「中線」で描く。線の周囲に落差が生じる輪郭線は、若干太めに描き、背後の空間の存在を表現する。
900
湖面からの地面の立ち上がりがGLレベルに見えがかりとして現れる。
ボートハウスの壁先端には、若干の壁折り返しが見える。
湖の水面レベル

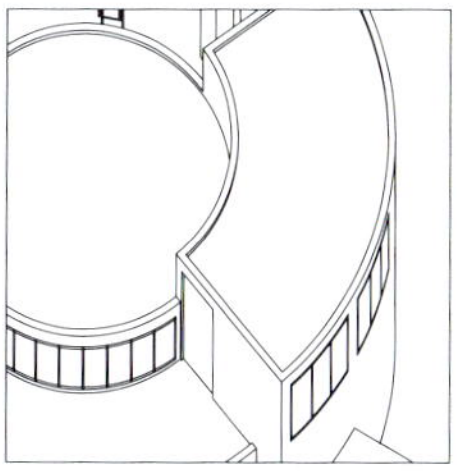
屋根と外壁の取り合い

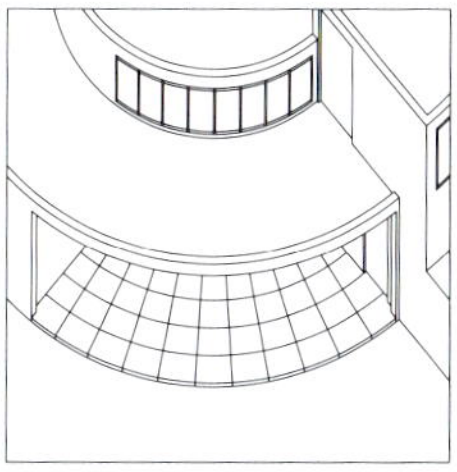
南側のテラス

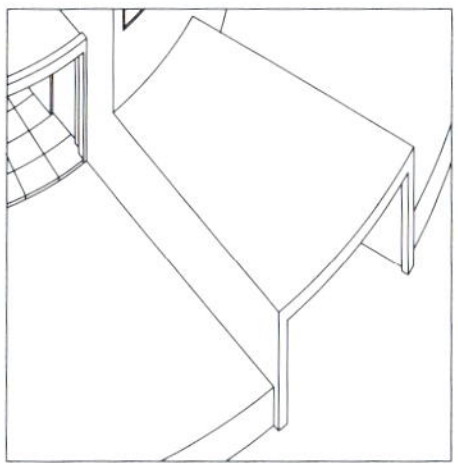
ボートハウス外観

複雑な形状をもつ建築の立面図を描く際には、部位同士の立体的なとりあいと、見え方に注意する必要がある。迷ったときは、部分の立体的なラフスケッチを描いて確認したほうがよい。
事前にラフ模型をつくっておけば、より高い精度で形状把握が可能になる。

3 見えがかりを描く

建物の形等について、見えがかりを「中線」で描く。
「未来の家」に限らず、立面図は平板な図になりがちである。その対処法のひとつとして、見えがかり線に若干の強弱をつける方法がある。本図では、空間的な落差が生じている輪郭線をやや太めの「中線」で区別している。

本図縮尺
S=1/200
演習推奨
S=1/100

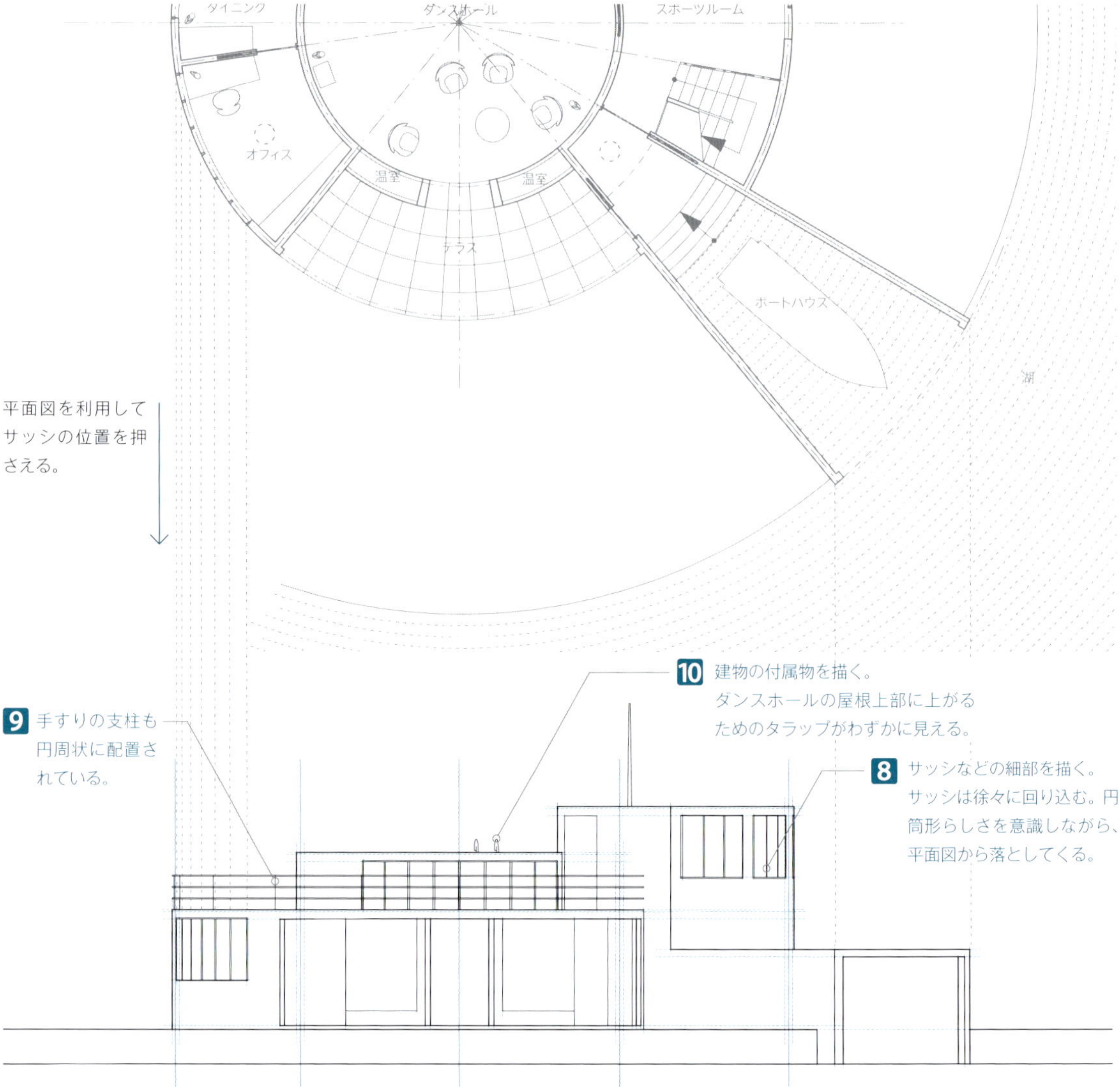
ダイニング
ダンスホール
スポーツルーム
オフィス
温室
温室
テラス
ボートハウス
湖
平面図を利用してサッシの位置を押さえる。
9 手すりの支柱も円周状に配置されている。
10 建物の付属物を描く。ダンスホールの屋根上部に上がるためのタラップがわずかに見える。
8 サッシなどの細部を描く。サッシは徐々に回り込む。円筒形らしさを意識しながら、平面図から落としてくる。

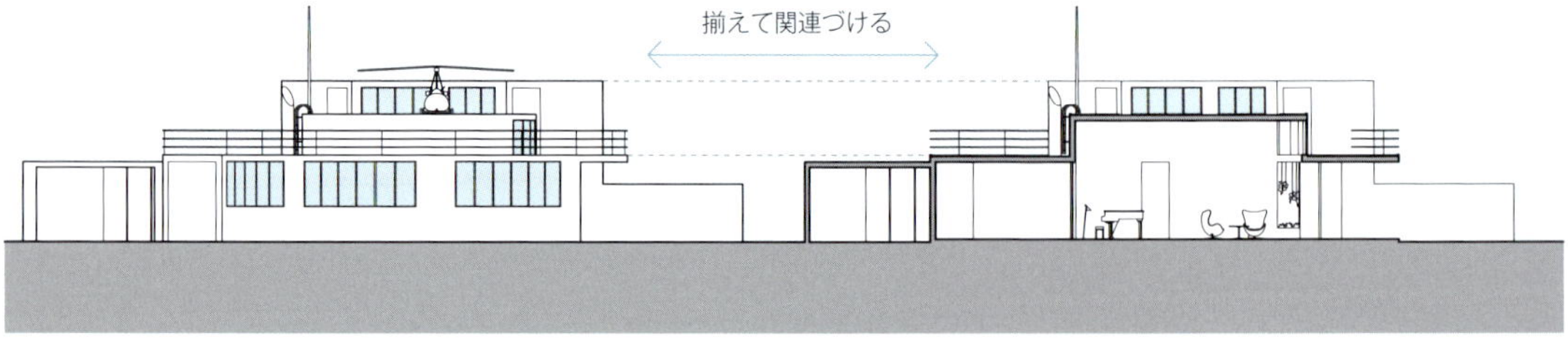
揃えて関連づける

西側立面図　　南北断面図

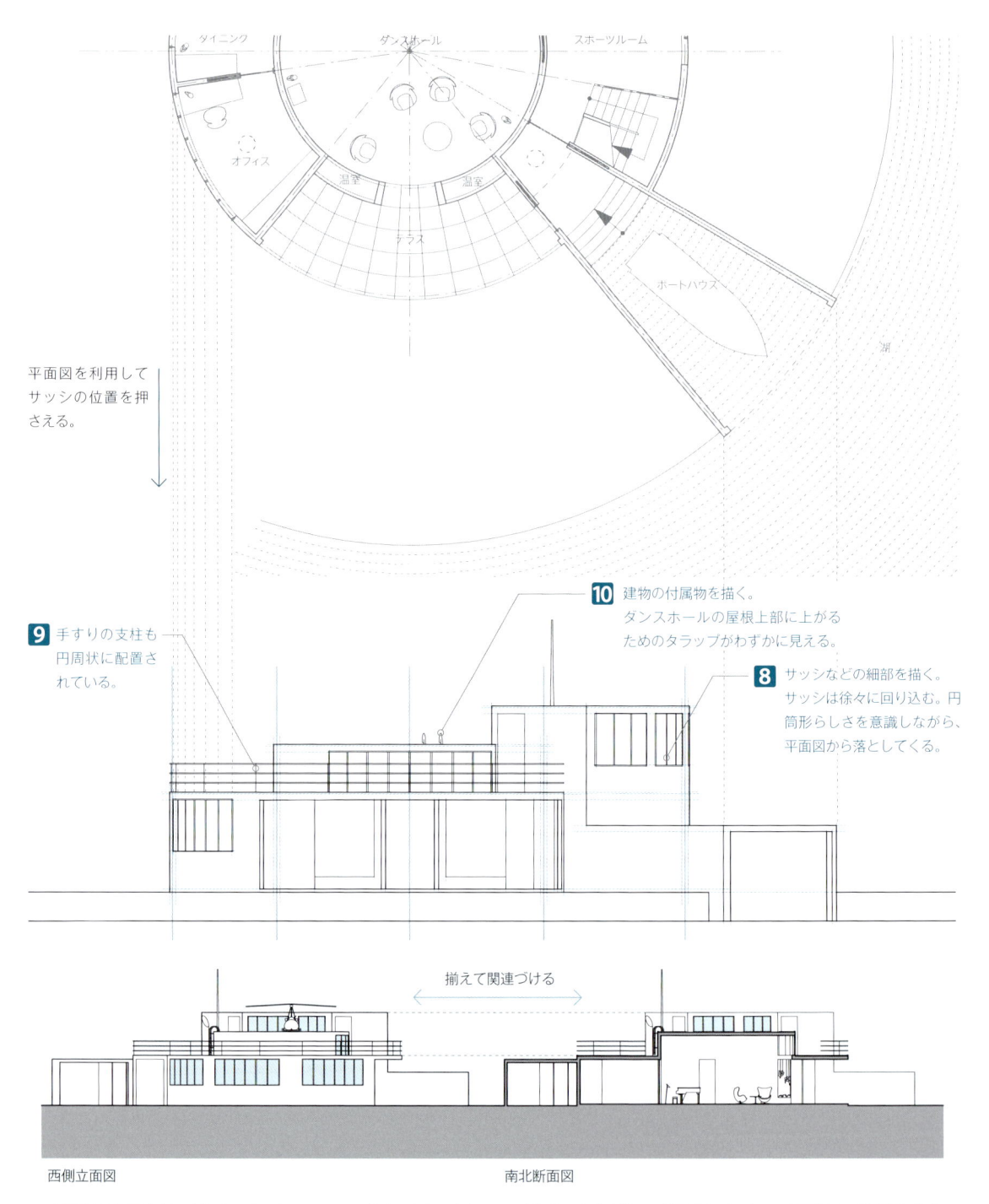

立面図と断面図を組み合わせてプレゼンテーションをするとき、高さレベルと視点の方向を揃えて併置すれば、個々の図面がもつ情報量に加えて、外観と内部空間との関連性も併せて伝達することができる。

4 細部を描き込む

サッシや手すり等の細部を描き込む。ここでの線種の使い分けとしては、「細線」を用いることで、建物本体の輪郭と区別した描写を意識する。「未来の家」では、サッシと手すりの回り込みによって、円筒形の形が立面図として表現されるため、ピッチの変化に注意する。

本図縮尺
S=1/200
演習推奨
S=1/100

太線　：断面線（本図では不使用）

中線　：見えがかりなどの輪郭線

細線　：細部描写、添景、ハッチングなど

極細線：補助線（下描き線）

「3-4 建築立面図の描き方」で使用した線の種類

本図では、建物本体のスカイライン（輪郭）を強調するため、背景を薄いブルーで着色する表現としている。

このような表現を、手描きで行うには、色鉛筆・絵の具・パステル・エアブラシ等による着彩方法がある。中でもパステルを用いる方法は最も手軽に広い面を塗ることができる（92頁参照）。

こういった技法は、CAD やグラフィック系ソフトも選択肢のひとつとすることで、より表現の幅が広がる。

11 添景を描く。

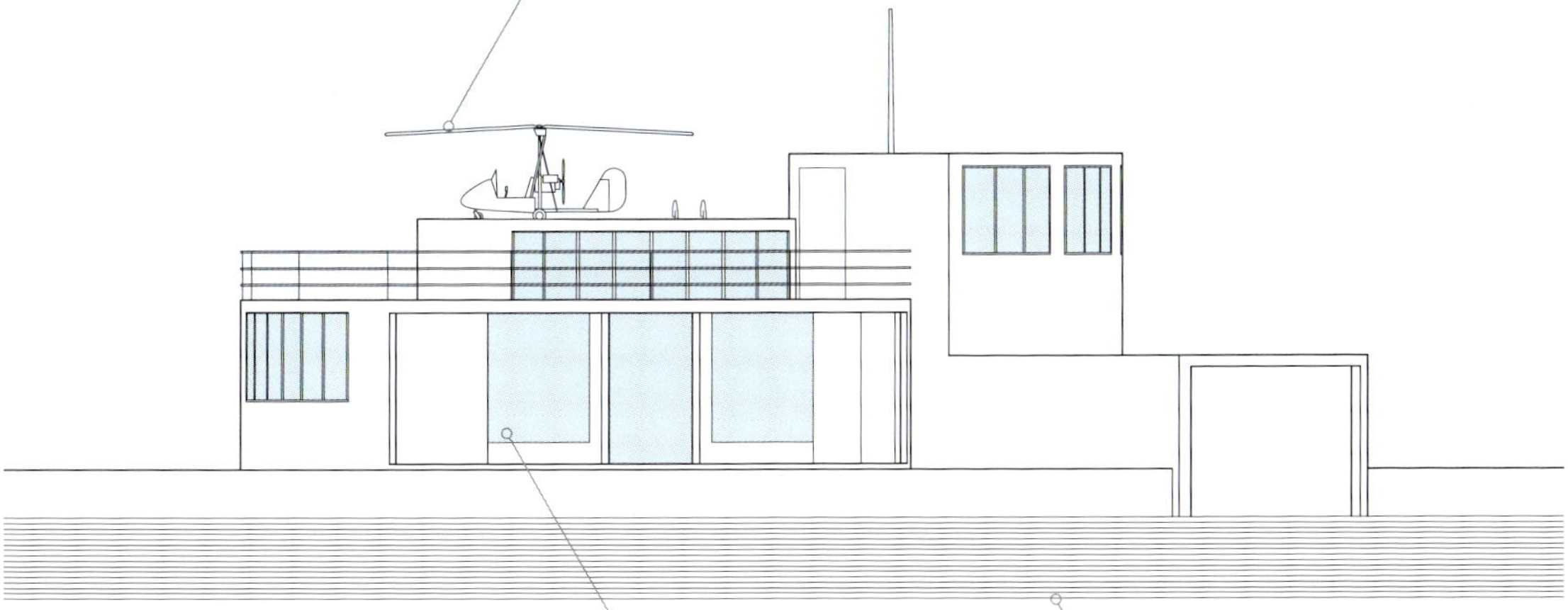

南側立面図 S=1:200

アルネ・ヤコブセン／未来の家
Arne Jacobsen/The House of the Future

12 図面名・タイトルを描く。
文字は、上下に補助線を引いてから高さを揃えて描く。

製図における文字は、字が下手な人でも、ていねいに揃えて描くことで、格段に仕上がりの印象が変わるはず。


一連のプレゼンテーション図面の中でも、とりわけ立面図は、あっさりした仕上がりになりがちである。

図面としてのメリハリを強調するため、本図ではガラス窓部分を着色してみた。


一般的な立面図の多くは、建物の手前の地面でカットした図となるため、GL のラインは断面線＝太線となる。

本図では、湖側から眺めた立面図の表現として、湖面でカットして、ハッチングで表現している。

5 仕上げ

建物本体をすべて描いたら、図面全体の仕上げにかかる。

「添景」（本図では屋上のオートジャイロ）や、「図面名」「タイトル」等の文字情報を描き込む。さらに、外壁の陰影や、周囲の樹木等を描き込むことで、立体感・奥行感を演出することもできる（92 頁参照）。

本図縮尺 S=1/200
演習推奨 S=1/100

未来の家　アクソノメトリック図（完成図）

3-5 アクソノメトリック図の描き方

利用頻度の高いアクソメ

立体を直感的にわかりやすく平面に表す方法には、インテリアの章で述べた透視図以外にもいくつかの図法がある。ここではその中でもっとも利用頻度の高いアクソノメトリック図を取り上げる。

この図法には透視図にはない大きな特徴があるが、それは「平面上と高さ方向の寸法が図面通りになる」という点である。したがって、アクソノメトリック図には縮尺がある。平面図から垂直に寸法通りに立ち上げて描くイメージである。

この図法は寸法が正確に捉えられる利点ゆえに、外観以外にも様々な「説明的なドローイング」に利用される。天井を取り去ったインテリア表現や、構造フレームを説明する図、場合によっては床板を透明にしてその下を見せる

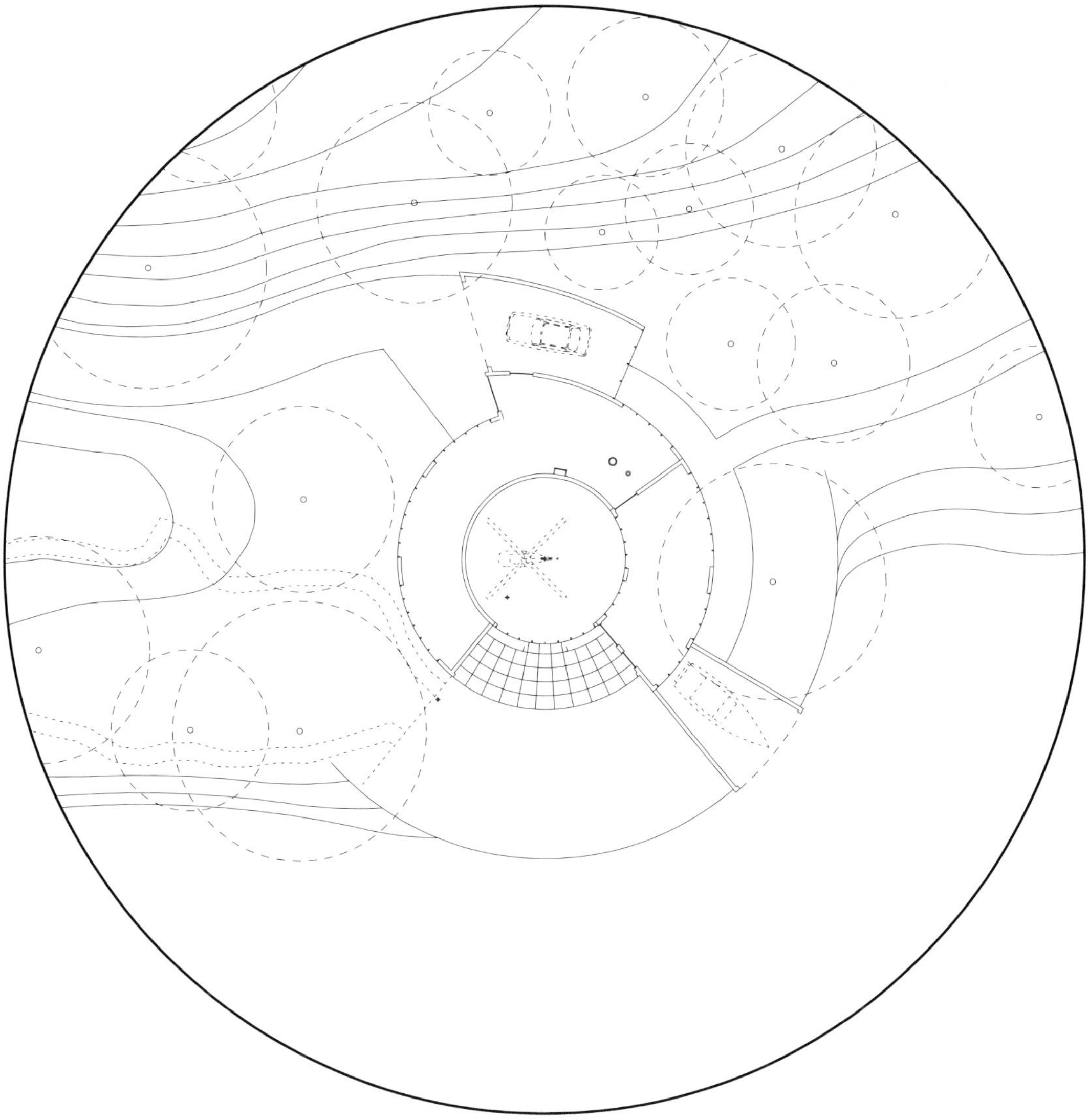

アクソノメトリック作図用シート

200%拡大コピーして円に沿って切り抜く。拡大後の縮尺は 1/200 となる。

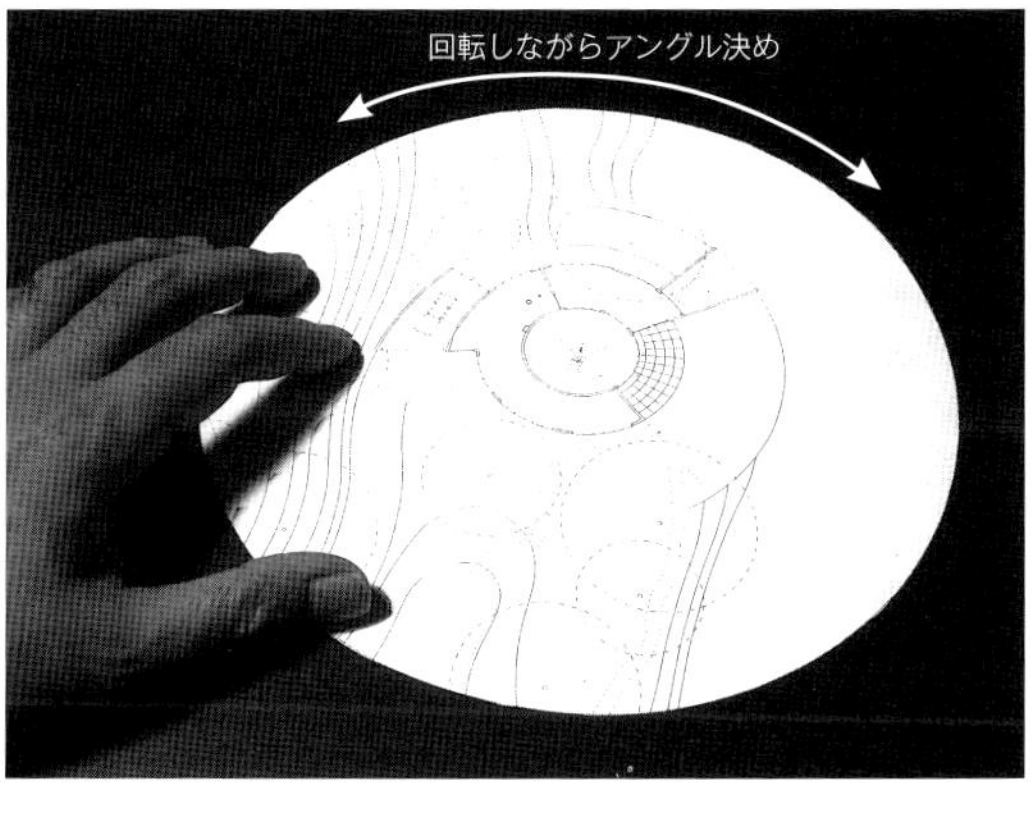

など、その用途と表現方法は多様で、極めて利用価値が高い作図表現方法といえる。

最初に描く演習なので、左頁に作図用の下図を用意した。この図には、未来の家の1階、2階、屋上の平面図を、外から見える物だけ重ねて描いている。周辺の樹木や道路、土地の等高線や湖の線も描いてある。これを200％拡大コピーにとって円に沿って切り離すと左の写真のようになるので、回転させながら、見る方向＝立ち上げる方向を考えてみよう。

準備ができたところで、次頁から描く順に解説する。

アクソノメトリック図の概念図（サイコロを描く場合）

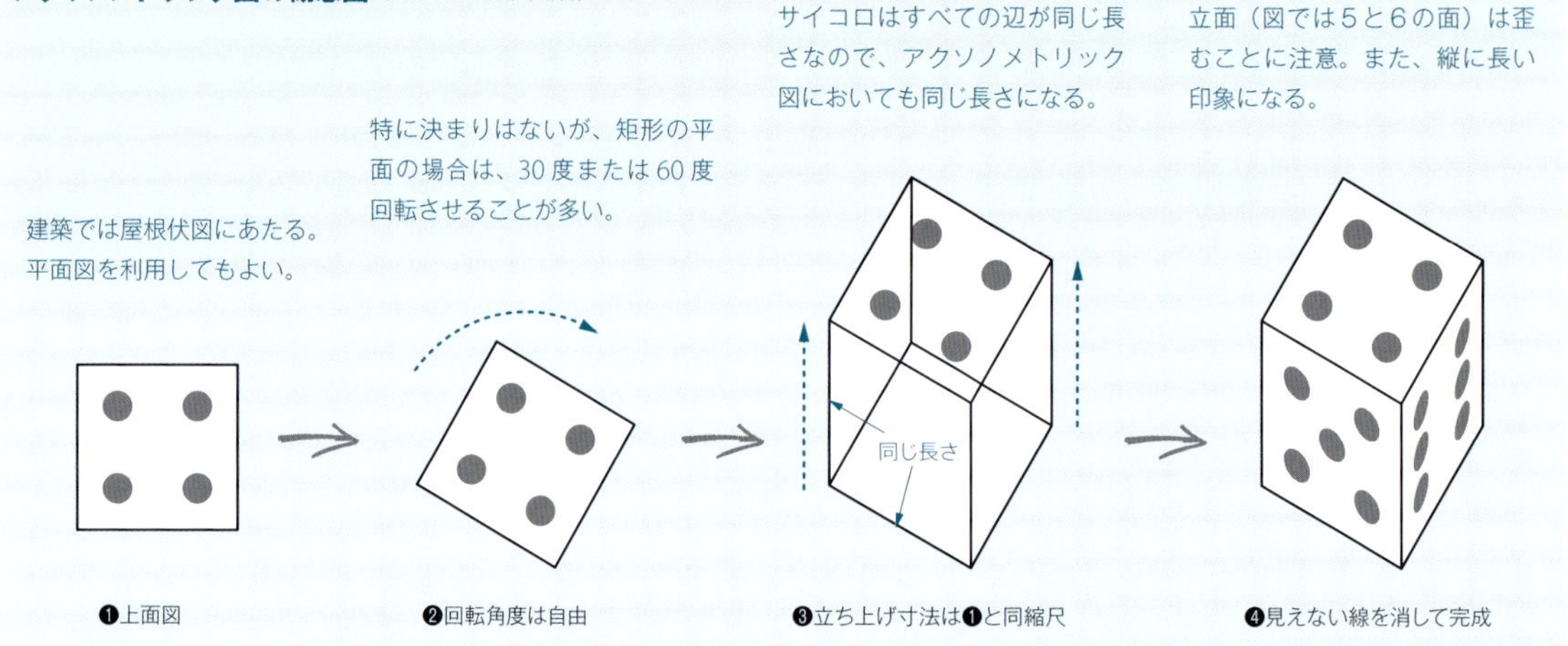

サイコロはすべての辺が同じ長さなので、アクソノメトリック図においても同じ長さになる。
立面（図では5と6の面）は歪むことに注意。また、縦に長い印象になる。
特に決まりはないが、矩形の平面の場合は、30度または60度回転させることが多い。
建築では屋根伏図にあたる。平面図を利用してもよい。
同じ長さ
❶上面図
❷回転角度は自由
❸立ち上げ寸法は❶と同縮尺
❹見えない線を消して完成

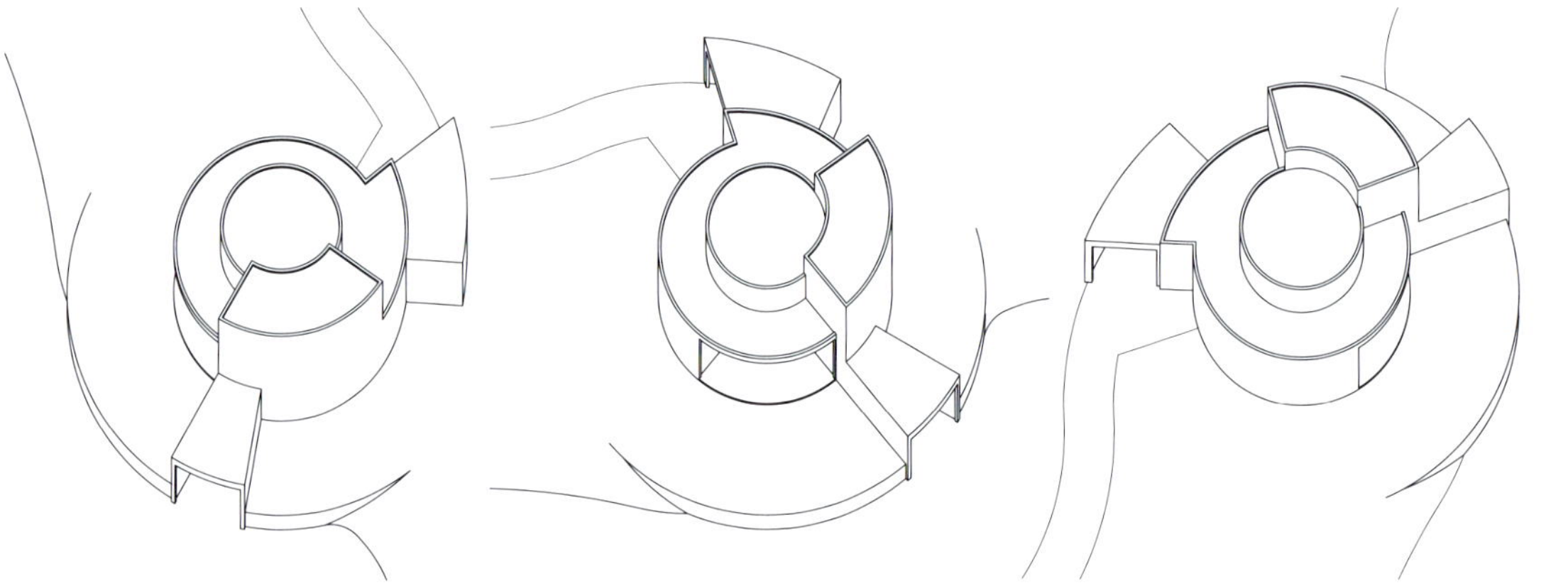

CASE 1

東から見た場合。ボートハウス開口部や、湖との関係がわかりやすい。ただし建物の表情は裏となる。

CASE 2

南から見た場合。62頁のアクソメと同じ向き。各要素がまんべんなく見える。ただし土地の起伏や湖との関係は、やや単調。

CASE 3

やや南よりの西から見た場合。ガレージ、玄関、テラスが見え、2階部分の形態もよくわかる。ただしボートハウス開口は見えない。

見る向きによって印象は変わる。見せたい構図を考えて、立ち上げる方向を決める。（上図はその一例）

1 原理の理解と構図の検討

アクソノメトリック図の原理を上段に示す。平面の形状が変わらないことと、垂直に立ち上げる寸法が平面の縮尺と同じであることがポイントである。この点をまず理解すること。次に、前頁で作成したシートを回しながら、上方向に建築が立ち上がった姿を想像し、見る方向を決める。上にいくつかの例を示しているが、見る方向によってずいぶん印象が変わることがわかる。

本図縮尺
S=1/750
演習推奨
S=1/200

1 建築の概形を描き起こす

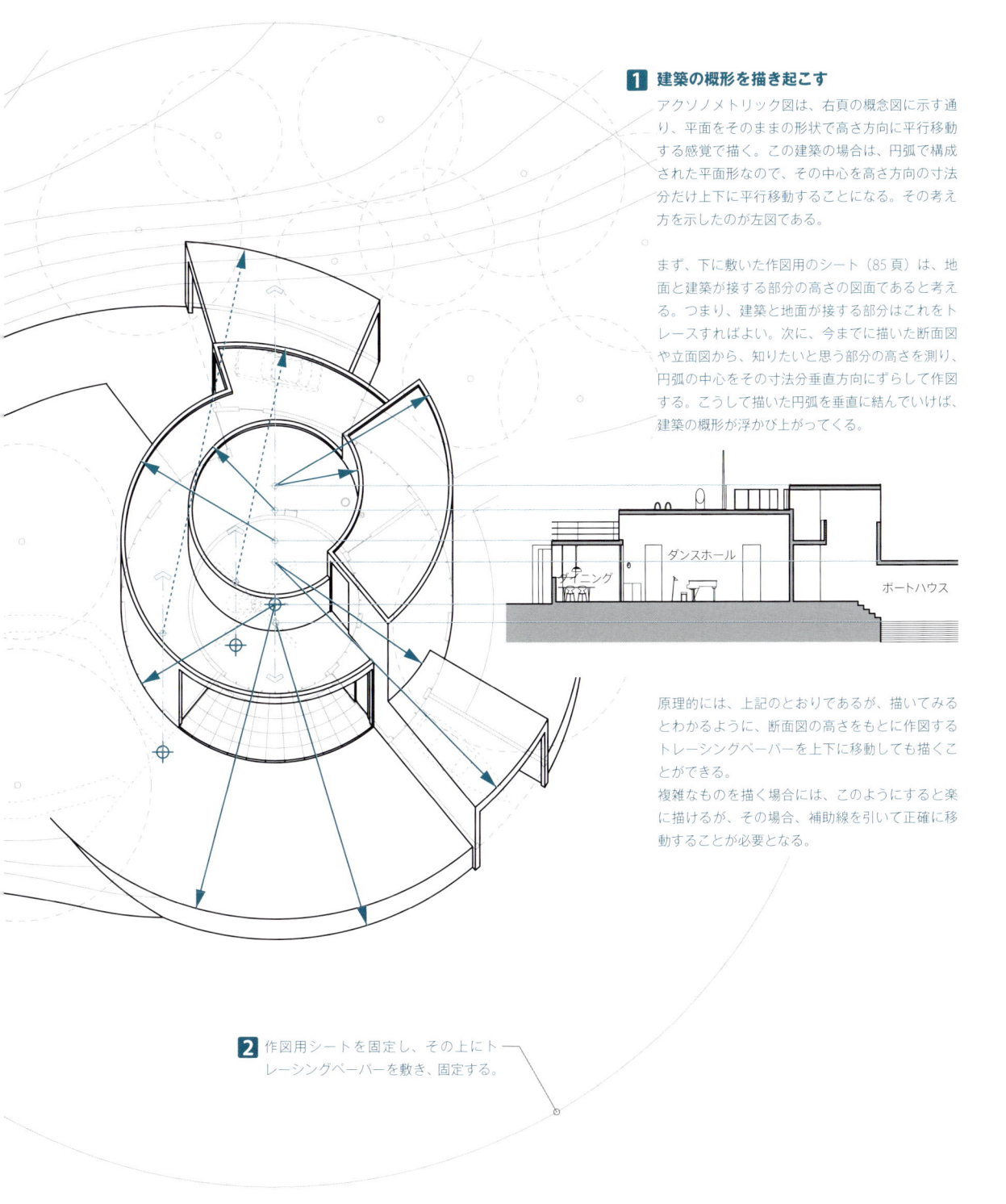

アクソノメトリック図は、右頁の概念図に示す通り、平面をそのままの形状で高さ方向に平行移動する感覚で描く。この建築の場合は、円弧で構成された平面形なので、その中心を高さ方向の寸法分だけ上下に平行移動することになる。その考え方を示したのが左図である。

まず、下に敷いた作図用のシート（85 頁）は、地面と建築が接する部分の高さの図面であると考える。つまり、建築と地面が接する部分はこれをトレースすればよい。次に、今までに描いた断面図や立面図から、知りたいと思う部分の高さを測り、円弧の中心をその寸法分垂直方向にずらして作図する。こうして描いた円弧を垂直に結んでいけば、建築の概形が浮かび上がってくる。

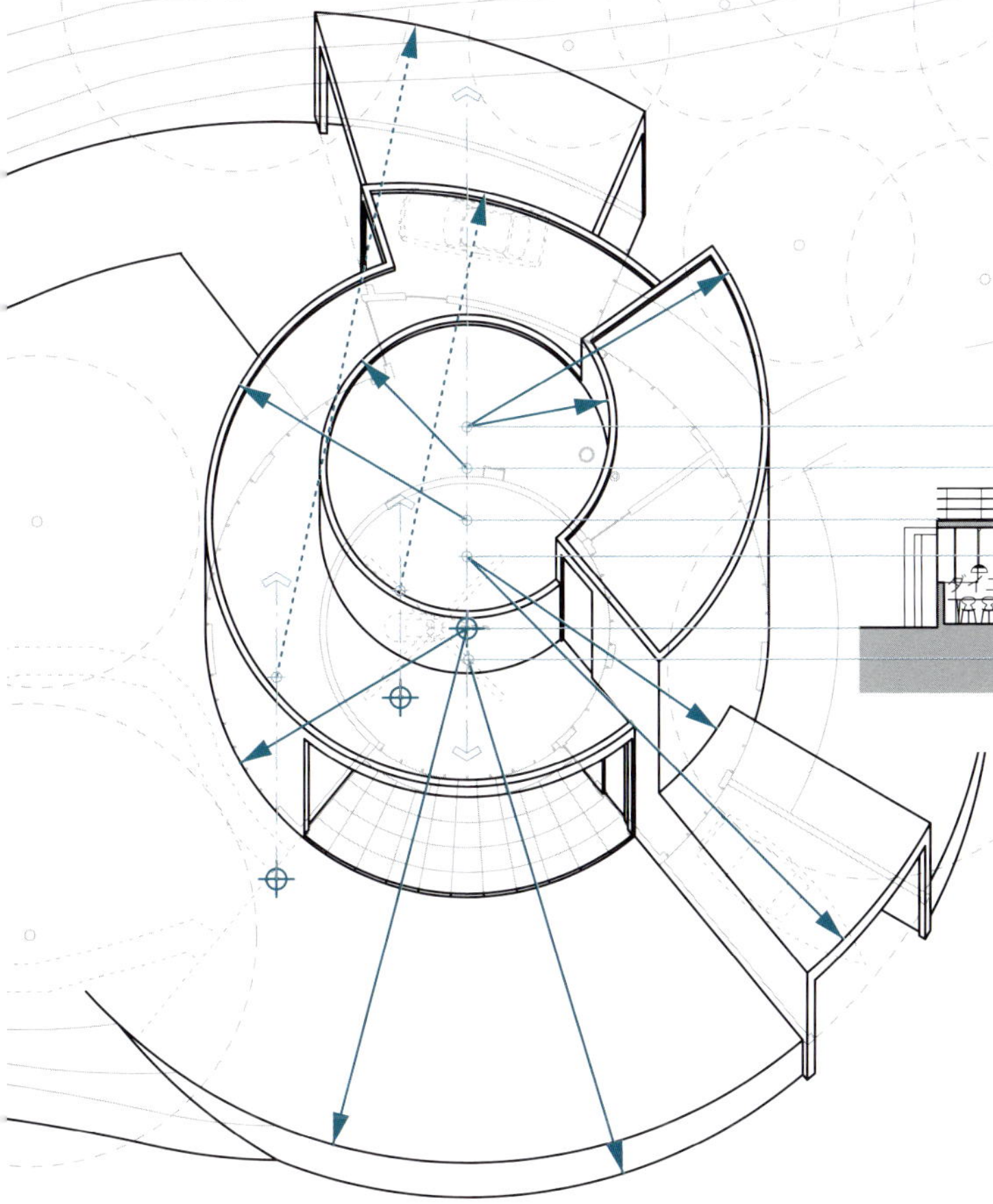

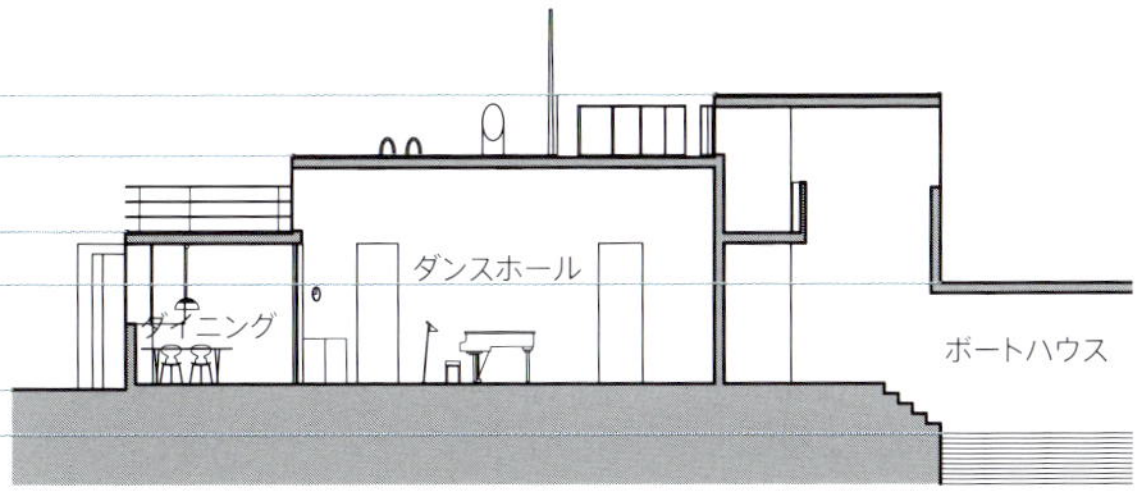

原理的には、上記のとおりであるが、描いてみるとわかるように、断面図の高さをもとに作図するトレーシングペーパーを上下に移動しても描くことができる。
複雑なものを描く場合には、このようにすると楽に描けるが、その場合、補助線を引いて正確に移動することが必要となる。

2 作図用シートを固定し、その上にトレーシングペーパーを敷き、固定する。

2 作図範囲の確定と細部の描き込み

構図を決めたら、上にトレーシングペーパーを当てて描く。建築と地面が接する部分の高さを基準にして、前章までの断面図などを参考に上下方向に縮尺による寸法通りに移動しながら建築のアウトラインを描く。
平面図を上下に平行移動する感覚で描くと理解しやすい。湖の水面の線、つまり庭先の護岸の部分とボートハウスの壁が水に接する線は、建築が地面に接する高さよりも低いので、上記と逆に立ちさげることになる。

本図縮尺
S=1/300
演習推奨
S=1/200

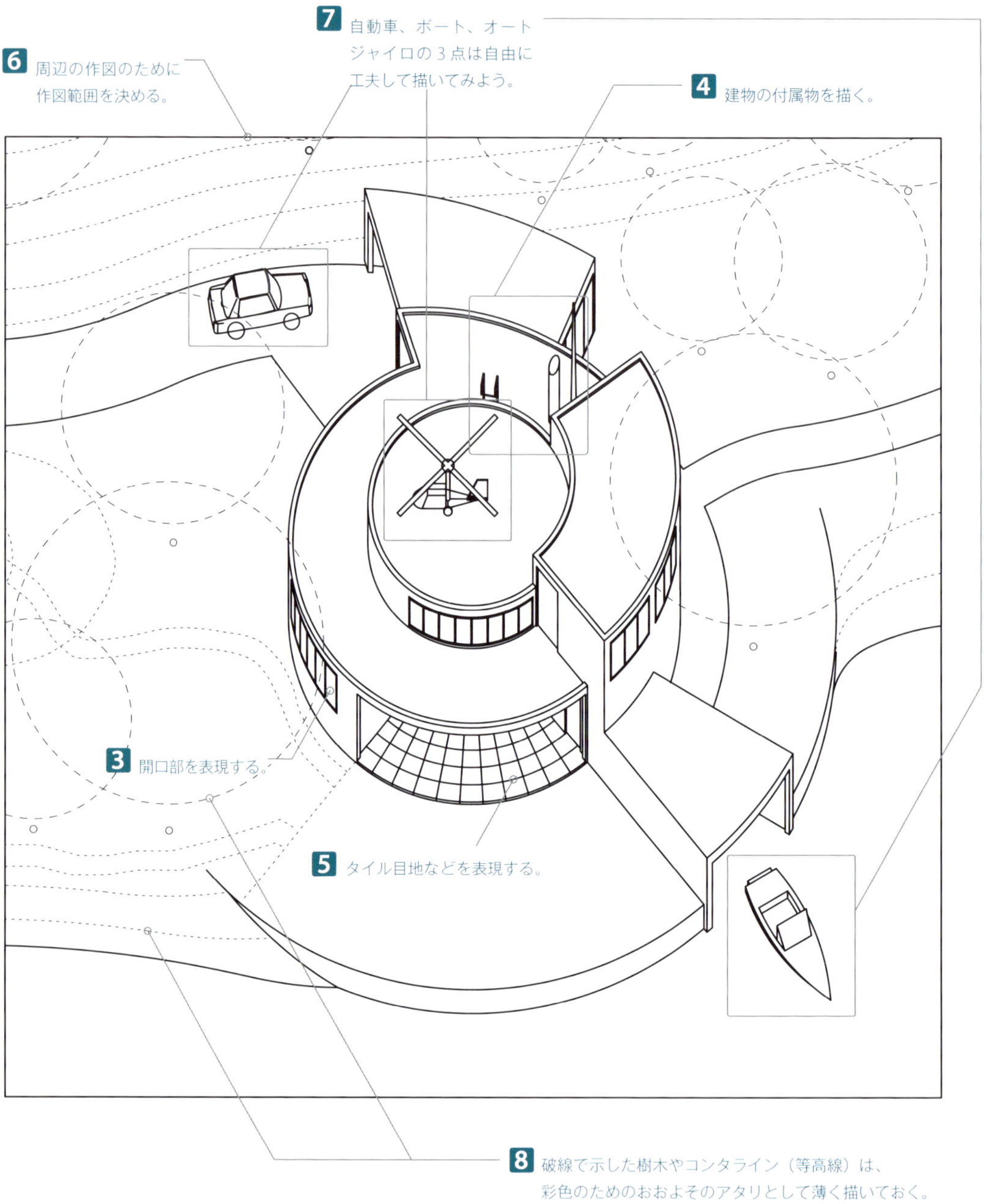
7 自動車、ボート、オートジャイロの3点は自由に工夫して描いてみよう。
6 周辺の作図のために作図範囲を決める。
4 建物の付属物を描く。
3 開口部を表現する。
5 タイル目地などを表現する。
8 破線で示した樹木やコンタライン（等高線）は、彩色のためのおおよそのアタリとして薄く描いておく。

3

細部を描き込み、仕上を意識して添景などを描く

窓などの開口部、屋上の煙突やアンテナ、テラスの目地などを描き、建築を完成させる。今回は縮尺も小さいので、あまり細部にこだわらずに、全体の雰囲気が伝わる範囲で、ある程度省略して描いてみよう。

次に、作図用シートの中心から上下左右10cmの範囲に作図範囲を設定し、その範囲内の等高線、樹木の輪郭線などを高さを考慮しながら薄く描き、その他の描きたい添景も描き加える。この段階では、何を見せたいのか、そのためにはどのような仕上が良いのかを意識する必要がある。着彩で仕上げる場合などは、最終的な表現方法と前後関係を考えて、どこまで描き込むかを決める。不要な線を消し、コピーにとって着彩する。

本図縮尺
S=1/300
演習推奨
S=1/200

「見せたいこと」を考えて、もっとも効果的な方法を選択する。建築の外壁などの色彩は自由に考えてみよう。着彩の手法については次節を参照のこと。

冬の落葉樹のような表現。建築、樹木の双方を見せるのに適している。
建築の色彩はいくぶん抑えた表現。

樹木などとの関係を見せたい場合は、樹木の陰になる部分は描かないか、右図のように色彩を省略するなどする。
この場合は添景→建築の順に描くとよい。
一般に、すべての面を塗らないほうが効果的なことが多い。右図では屋根面は塗っていない。

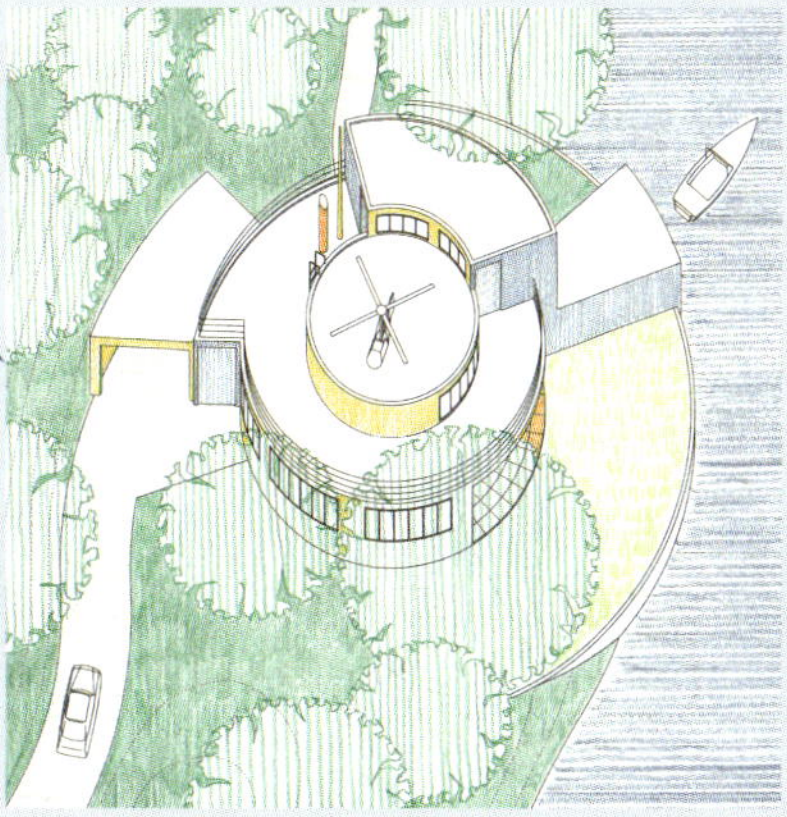

極端に簡略化した添景で、建築そのものの全体像を見せる。この場合は建築→添景の順に描くとよい。
なお、右図の建築色彩は、ヤコブセン作成のアクソノメトリックに近い表現としている。

表現したいこと＝仕上げ方を想定してから描く

立体的な表現をする場合、前後関係で隠れる物が出てくるので、最終的にどのような表現をしたいかを考えてから描くことが重要になる。それは、最初に構図を決めるときと同じくらい重要な局面で、下描きが終わって、これからインクを落とすまたは着彩するという段階で考える必要がある。

上に、その一例を示すが、表現方法によって描かない部分が生じることがわかると思う。

左にたくさん並んでいるのは、筆者らが講義している大学1年生の最初の授業での未来の家アクソノメトリック作品である。巧拙はあるが、それぞれに自分の表現を工夫していて面白い。

3-6 建築図面のプレゼンテーションテクニック

1 屋根伏の輪郭線と樹木のシルエット、等高線、方位だけで表現した配置図。最低限の情報で描かれたもの。

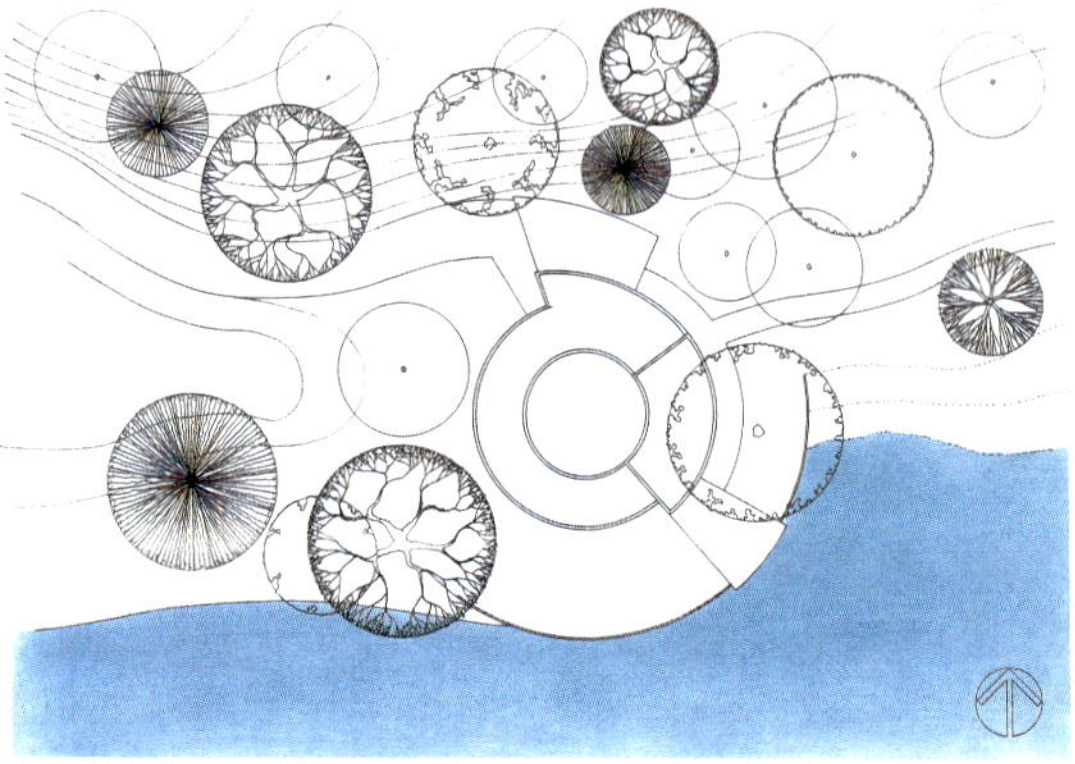

2 湖の部分を着彩し、樹木をいくつか描き込みした配置図。多少周りの状況がわかるようにしたシンプルな図面。

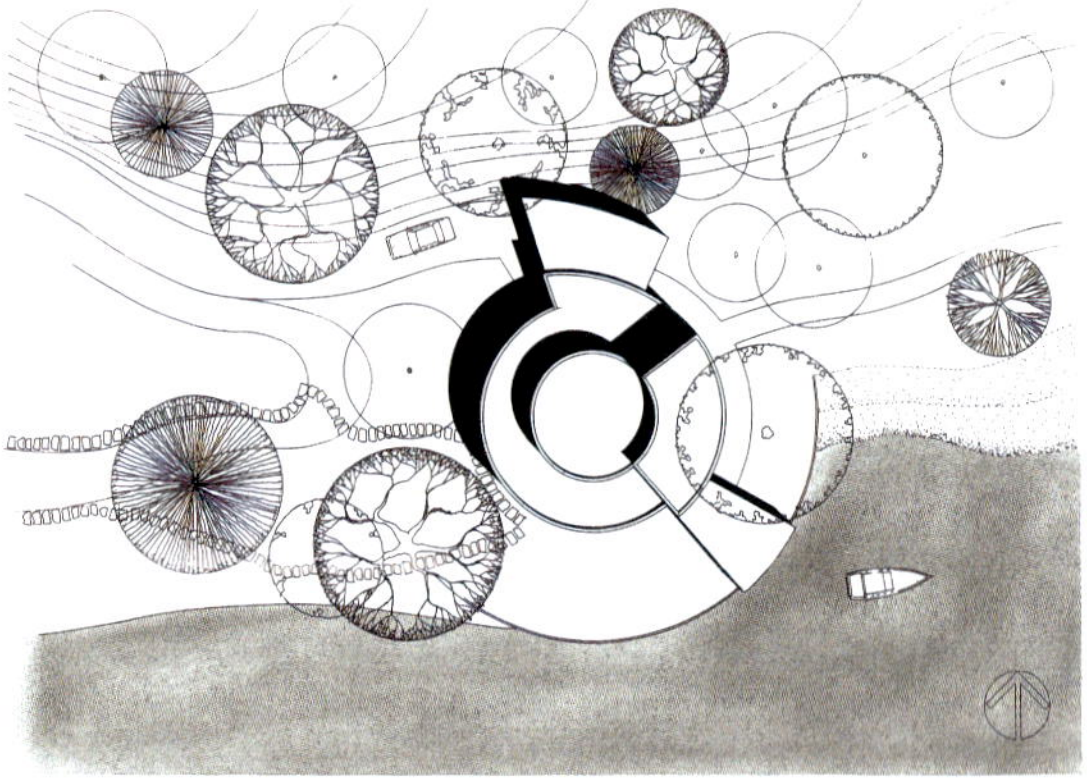

3 建物の影を入れ立体感を強調し、車、ボートの添景を入れ、より周辺の状況をわかりやすくした配置図。

配置図のプレゼンテーション

本章では、平面図、立面図、断面図の描き方を解説した。この節ではそれらの図面の中身をよりわかりやすく相手に伝えるための表現の仕方を解説する。

建物にとって一番大切なことは、どこに立っているかである。どのような敷地環境なのか、山か谷か、平地か斜面地か、そこから何が見えるのかなど、建物を計画する際の第一条件は場所である。そのことからも、建物の立つ場所、位置を表す配置図は、建築図面の中でもっとも重要な図面となる。

配置図は、建物と周りの環境を鳥が見ているように真上から見た図である。そこには敷地境界線はもとより、道路、木々、湖、高さを示す等高線など、敷地周辺の状況を示すものを描かなくてはならない。建物は屋根伏といわれる屋上部分を表した図面を描き、そこに影を示して高さを表現する。周辺環境の表現は建物が引き立つよう、立っている状況がわかるように、できる限り細かく描き込み、時には色を付けることで、より状況をわかりやすくする必要がある。しかし、配置図は、あくまで建物の立つ位置を表すので、建物が埋まってしまうほど周りの状況を描き込む必要はない。

4 周辺環境の状況をより描き込んだ配置図。等高線の部分に陰影を表現して高低差を出し、テクスチャーをより細部まで描き込んでいる。

5 着彩を施すことで建物と周辺環境との関わりを密に表現した配置図。

本図縮尺	演習推奨
S=1/500	S=1/200

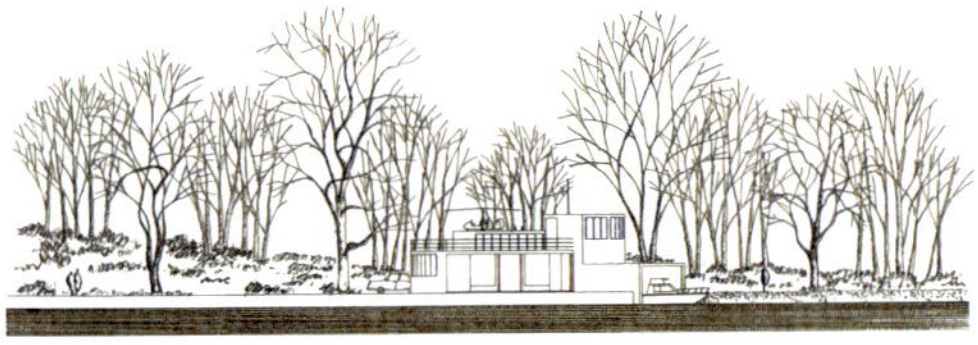

1 樹形のみを描き込んだ立面図。冬の季節を感じる。

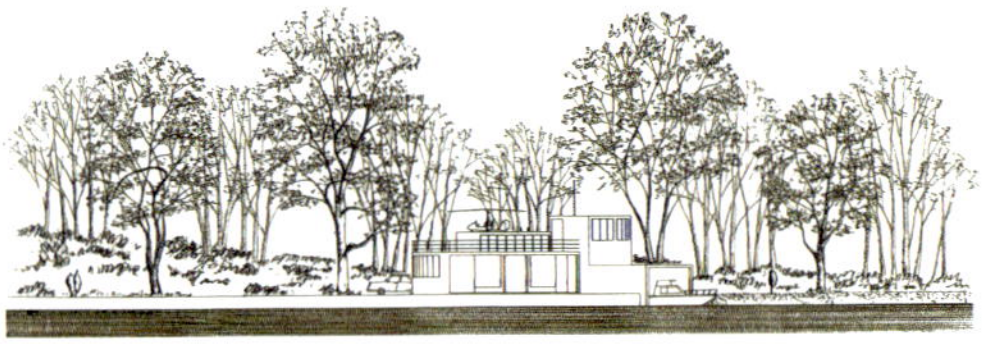

2 樹形に葉を茂らせた立面図。季節感はない。

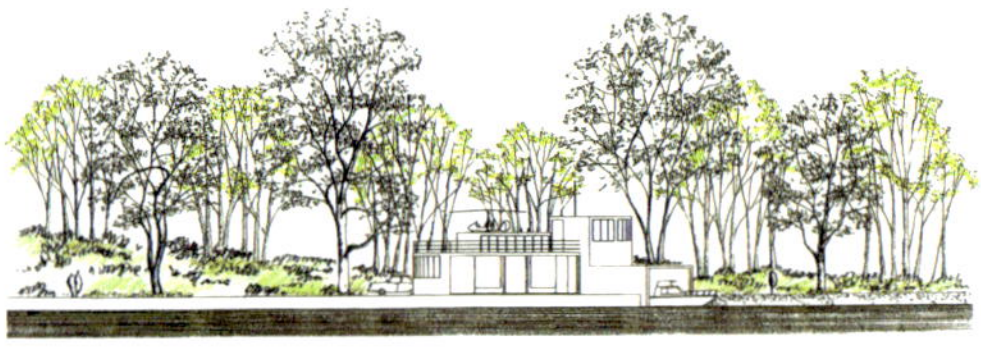

3 奥の樹木に着彩を施した立面図。（色鉛筆）

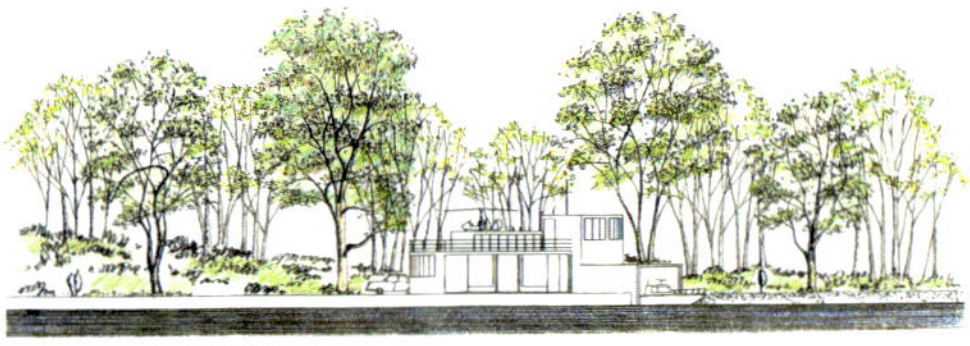

4 樹木全体に着彩を施した立面図。着彩の色によって季節感を変えることができる。

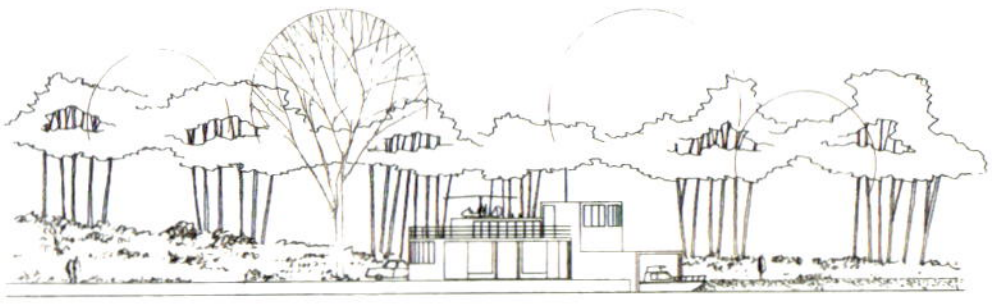

1 樹形を図案化した立面図の描き始め。

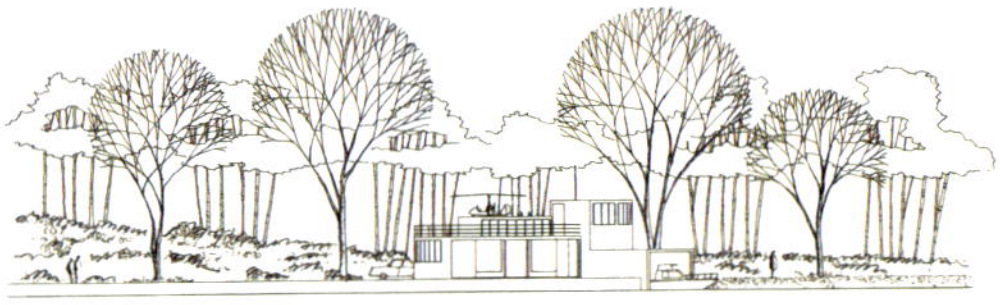

2 樹形を図案化した立面図。

3 奥の樹木に着彩を施した立面図。（パステル）

4 樹木全体に着彩を施した立面図。

立面図のプレゼンテーション

立面は建物の形を表す図であるが、配置図の表現で述べたように、どのような周辺環境に立っているかを、表現することも必要である。

建物の大きさを立面図で表すには縮尺が必要であるが、その縮尺なしで建物の大きさを表現することも、大切である。それではどうするか、添景（点景）といわれる物を図面に描き込むことで、建物のスケールを表すことができるのである。その代表的なものが、樹木、人物、車である。それぞれの描き方はあとで解説するが、ここでは、それらをどのように描き込んでいったらよいかを述べる。

添景の表現の仕方は、より細かく描く方法と、それぞれを図案化（イラスト化）して描く方法がある。それぞれの使い分けは特にないが、建物を理解してもらうために、建物が引き立つような表現を選択するのがよい。ここでは、樹木をより鮮明に描いた図面と樹木をイラスト化した表現を載せている。それぞれ、各手順を右頁から順を追って描いている。まずは樹形のみを描き込んでいく、葉を茂らせ、奥の樹木から着彩をして、順に前面の樹木の描き込

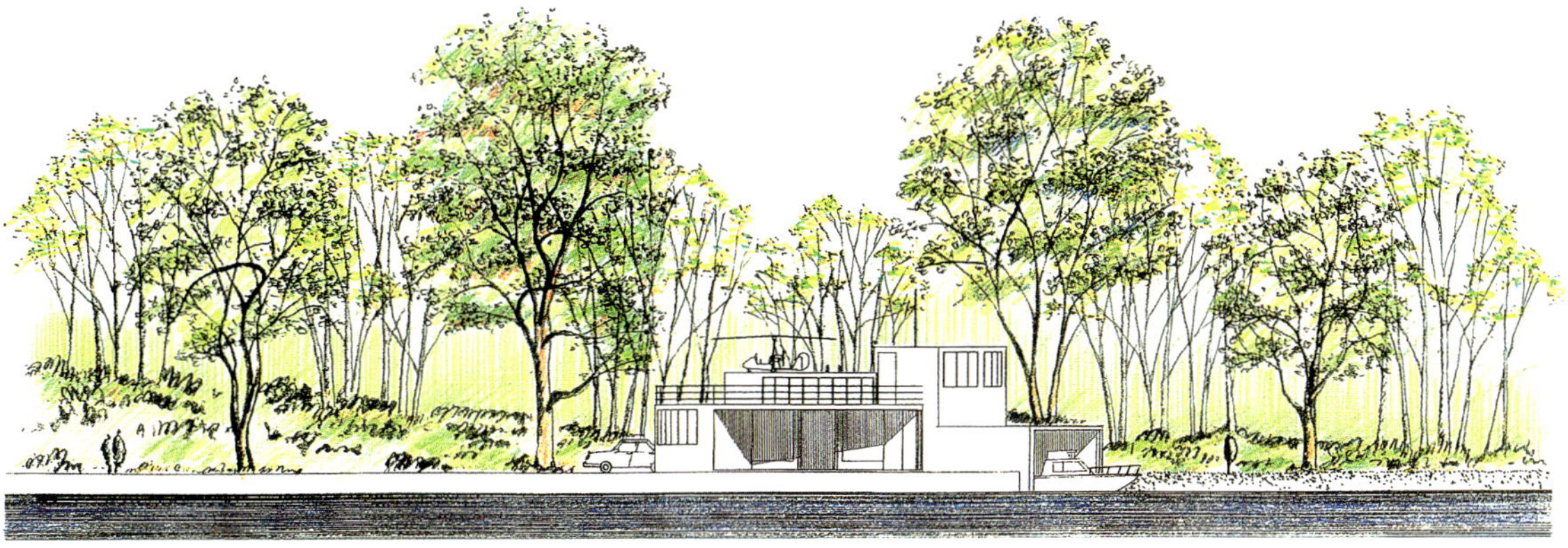

5 建物の影、林の奥にも着彩を施した立面図。奥行き感が一段と増している。（色鉛筆）

本図縮尺	演習推奨
S=1/500	S=1/200

5 建物の影、林の奥にも着彩を施した立面図。（パステル、色鉛筆）

本図縮尺	演習推奨
S=1/500	S=1/200

みに移り、最後に地面の部分を描き込み、水面の表現を描いて、左頁の図面に至っている。このように、ここでは、それぞれの図面の描き込みの量を示しながら、着彩の手順を示しているが、右頁の図面はどの部分で止めても成立する。どの段階の描き込みで図面を使うかは、先ほど述べたように、建物の引き立たせ方をどの段階にするかによって決める。つまり、左頁まで描き込まなくても、図面としては成立しているのである。

透視図は奥行を表現する図法であるが、立面でも奥行を感じさせることはできる。手前にあるものはしっかりと描き、奥にあるものは少し描き込みをひかえ、ぼかすように描くと（空気遠近法）、手前と奥にあるものの差が表現できて、遠近感を出すことができる。

また、奥の物に手前の物を重ねて一部を隠して描くことで（重ね遠近法）、2次元でも遠近感を出すことができる。

さらに、建物の影を描き込むと、建物の出っ張り、引っ込みが表現でき、透視図でもないのに形が浮き上がってくる。最初に述べたように立面図は建物の形を表現する図面なので、建物の奥行を出す陰影の描き込みは必要不可欠である。

1 樹形のみを描き込んだ断面図。

2 樹形に葉を茂らした断面図。

3 奥の樹木に着彩を施した断面図。（色鉛筆）

4 樹木全体に着彩を施した断面図。着彩の色によって季節感を変えることができる。

1 樹形を図案化した断面図の描き始め。

2 樹形を図案化した断面図。

3 奥の樹木に着彩を施した断面図。（パステル）

4 樹木全体に着彩を施した断面図。

断面図のプレゼンテーション

断面は建物の空間を表す図である。しかし、立面と同様に、建物内部から、どのような周辺環境に立ち、室内から何が見えるかを表現することも必要である。

図面の表現の仕方は、立面と同様であるが、ここで、一番重要なことは、敷地の高低差と建物がどのようになっているかを表す必要がある。つまり、敷地の断面線をしっかりと描き、建物の接地面をしっかりと描くことである。配置図で表現した等高線が敷地の傾斜を表すので、その傾斜がわかる部分で敷地の断面線を決め、建物との関わりをよりわかりやすくする必要がある。地形の形状を表現することは、建物の立つ場所の意味を伝えるともに、そこに立つ建築の形の意味を伝えることになる。

添景の表現は、立面図の表現で述べたときと同様である。前項で述べたように、各手順の図面は、それぞれの段階で止めて成立をしているが、立面図と断面図の表現は一緒にならなくては、建物の引き立て方が混乱してしまう。そこで、当然のごとく立面図と断面図の表現の段階は同じところで止める必

5 林の奥にも着彩を施した断面図。奥行き感が一段と増している。（色鉛筆）

本図縮尺	演習推奨
S=1/500	S=1/200

5 林の奥にも着彩を施した断面図。（パステル、色鉛筆）

本図縮尺	演習推奨
S=1/500	S=1/200

要がある。

ここで紹介した図面の着彩は色鉛筆とパステルで施している。これらの道具は消しゴムで消すこともできるために、とても扱いやすく、ともになじみがよく両方を併用して使うとより効果が上がる。パステルは粉にしてからティッシュなどでこすりつけると比較的均一に塗ることができ、表現がしやすい。ただし、線の際をぎりぎりにぬれないために、その部分は消し板を使って丹念に消していく必要があるため、背景になる部分を先に仕上げ、手前の部分へと移行していく必要がある。最後に色鉛筆で筆のタッチを生かして濃淡を付けていくと遠近感がより増して、奥の深い図面に仕上がる。樹木の表現には、さまざまなバリエーションがあるので、次頁で解説する表現をいろいろ試してみるとよい。

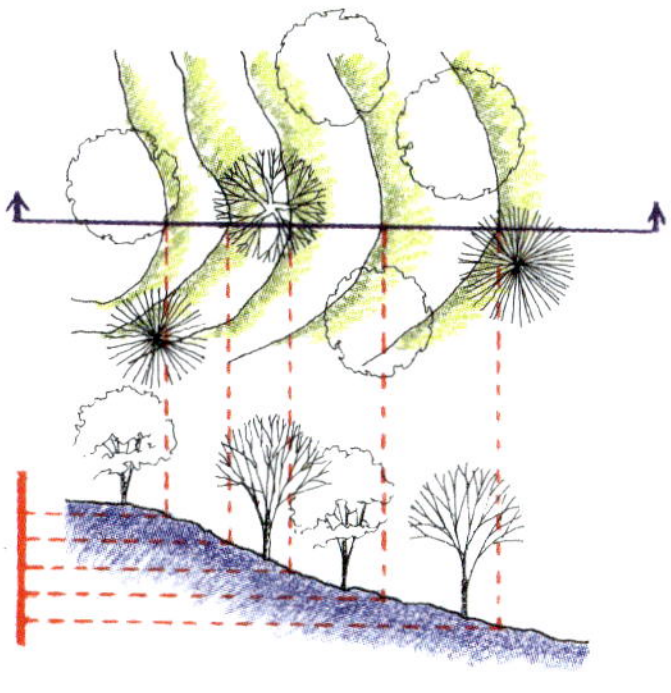

等高線と断面

樹木と人物のスケールの関係 樹木の大きさを変えずに人物の大きさを変えると、同じ樹木が中木から大木に変わって見えてくることがわかる。

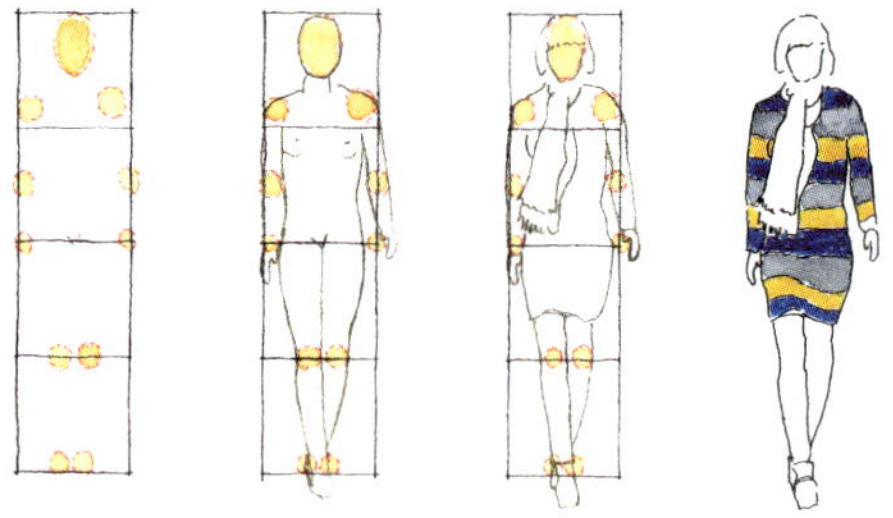

人物の基本的なプロポーションの描き方 4つの升目に基本の関節の位置を示して、それに肉付けをしていくと描きやすい。

様々な人物の姿

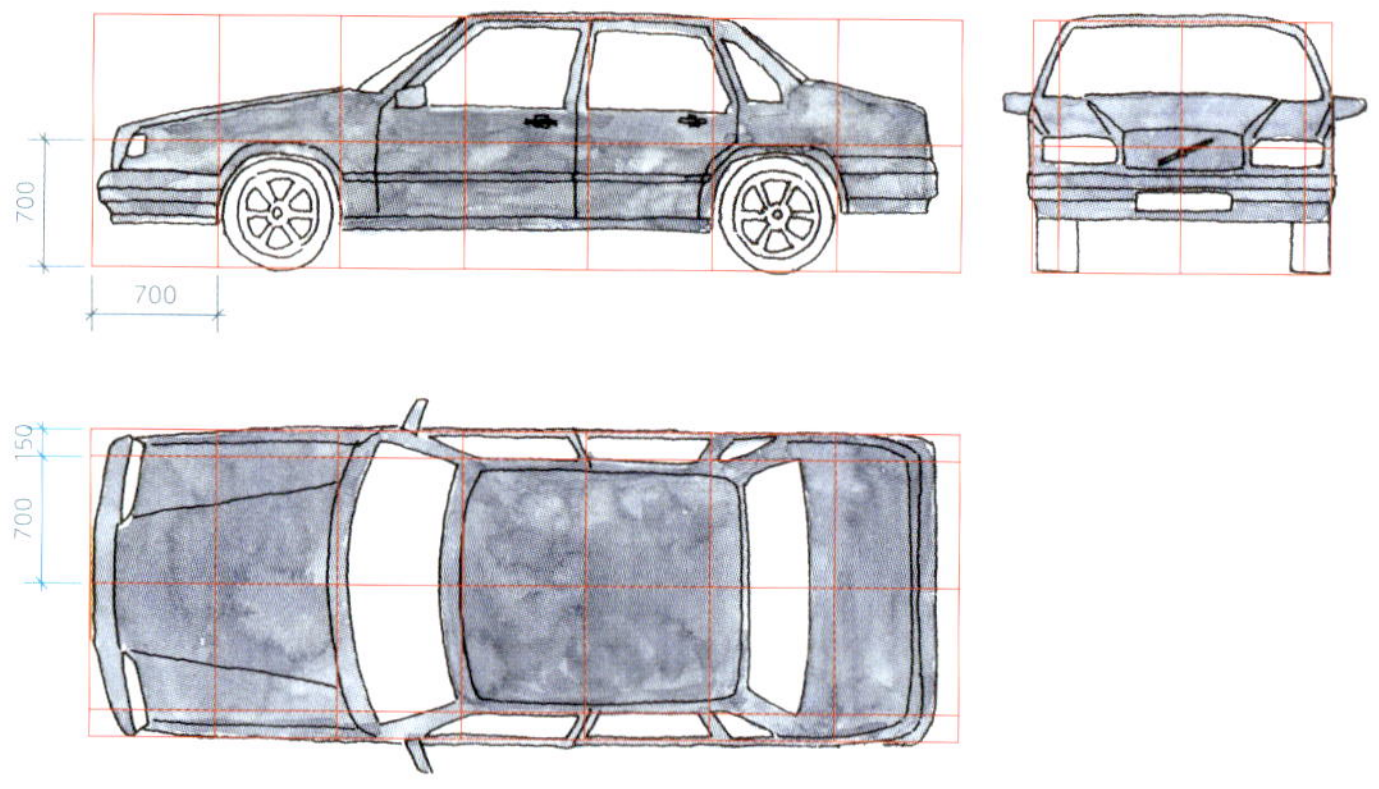

車の描き方 700mm グリッド縦2段、横7段の中に描くとプロポーションがとれる。まず、タイヤを描き前輪の中心と上の段の3番目の点を結び、フロントガラスの傾斜を見つけるとよい。平面は700㎜にプラス150mm プラスした補助線を引くと、バランスがとれる。車種によって長さを変えること。

建築図面に欠かせない添景

建築の図面をよりわかりやすく、スケール感を引き出すためには、人物、車、樹木、この3つの添景を描き込むことが重要である。添景を描き込むことで、建物の大きさや、周辺環境との関わりを表現することができる。添景の描き込まれた図面は、スケールを確かめずとも建物の大きさや形態、機能までも理解させることができる。

そのためには、添景のスケールを正確に描く必要がある。添景のスケールを間違って描くと、図面の縮尺がまったく違うものになってしまい、建物の大きさを間違えて人に伝えてしまうことになる。上の樹木と人物の並んだ添景を見てもらうとわかるであろう。さらにそれぞれの添景には、様々な描き方があり、主役である建物をどのように引き立てるかによって、描き分けることがよい。いろいろ描き方を工夫してそれぞれ個性のある表現にするとよい。

さらに、陰影を描き込むことは、より表現に幅が広がり、図面を理解させる手段として、重要である。陰影とは、建物の暗い部分（陰）と建物によって陽が遮られた部分（影）のことを表す。左頁のキューブの立体にその陰影を表現している。

樹木を描いた図　様々な描き方を加えるとよい。

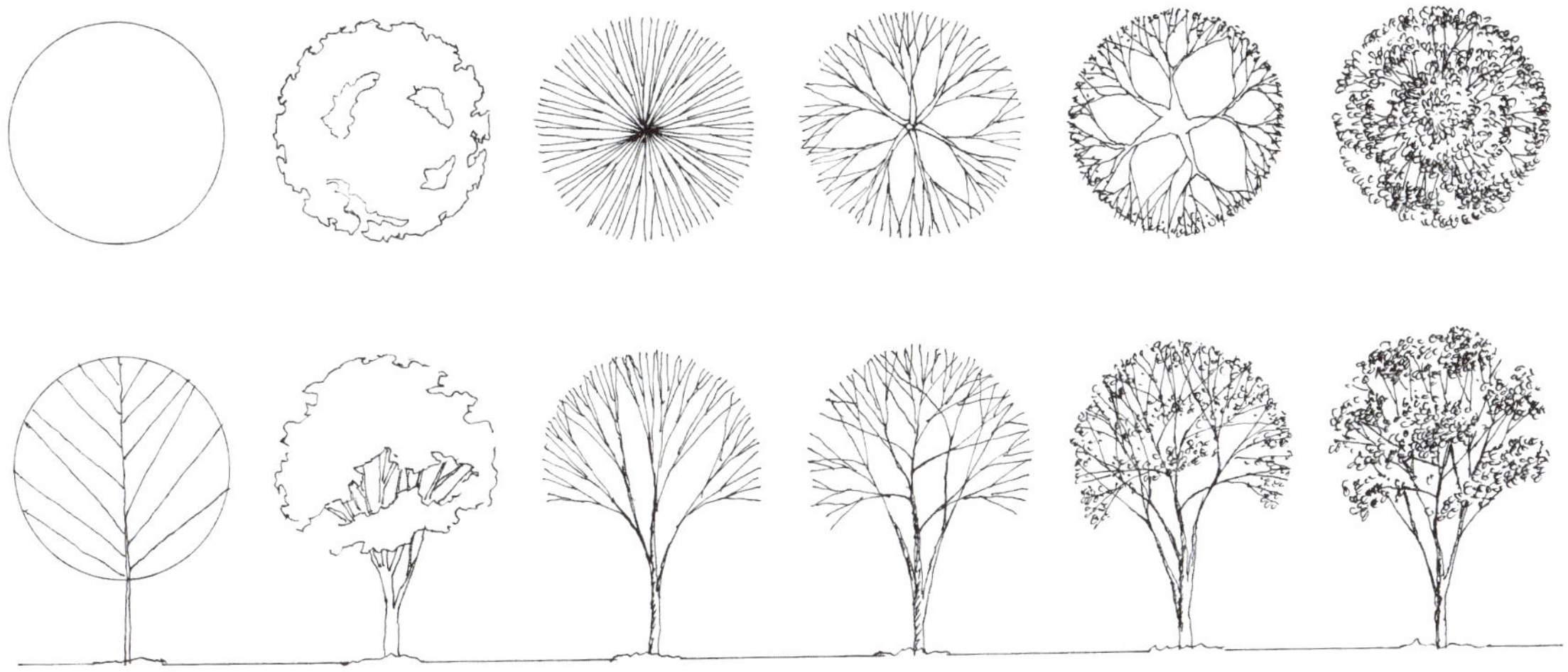

樹木の様々な描き方

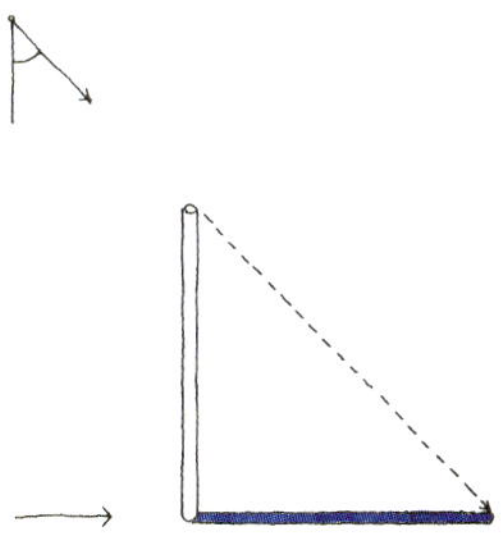

影の付け方　上45度横水平で光が当たっているとして、影を描くと描きやすい。

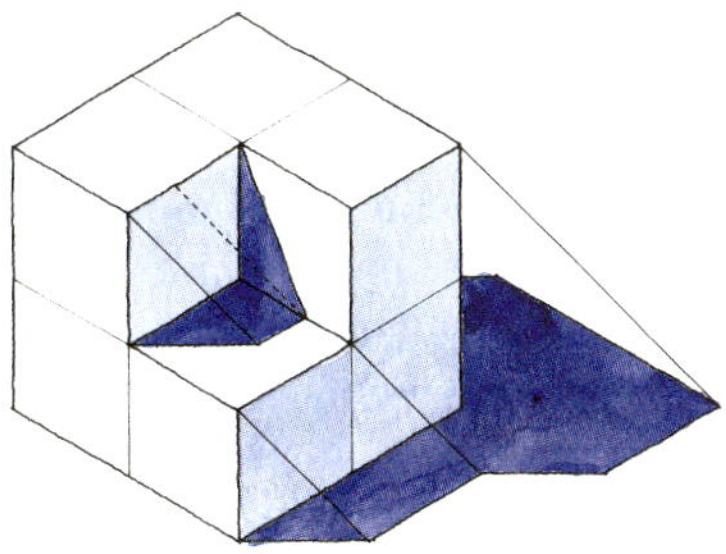

陰影を描いたキューブ　キューブの光の当たっていない部分「陰」、キューブで光が遮られている地面「影」。

影の描き方で、高さ、浮き上がり、窪みを表現できる。

One Point

プレゼンテーション図面をつくる

着彩の方法は様々あるが、それぞれ特徴があるので、表現に合った着彩の方法を選ぶ。

色鉛筆　定規を使って色の線を重ねていくと描きやすい。筆のタッチを残して描くと個性的になるので、いろいろな筆の動きを試して見るとよい。消しゴムで消すことができるので、色調整がしやすい。

パステル　柔らかい表現に適している。粉状にしたものをティッシュなどで塗ると塗りやすい。色を重ねることもできるし、消しゴムで消すこともできる。色鉛筆との併用は相性がよい。

水彩　水を使うので少し扱いづらいが、滲ませたりぼかしたりする表現に適している。乾く前にティッシュなどで拭き取る技法を使うと幅が出る。パレット上で色を混ぜるが、紙上でも色を重ねることができる。

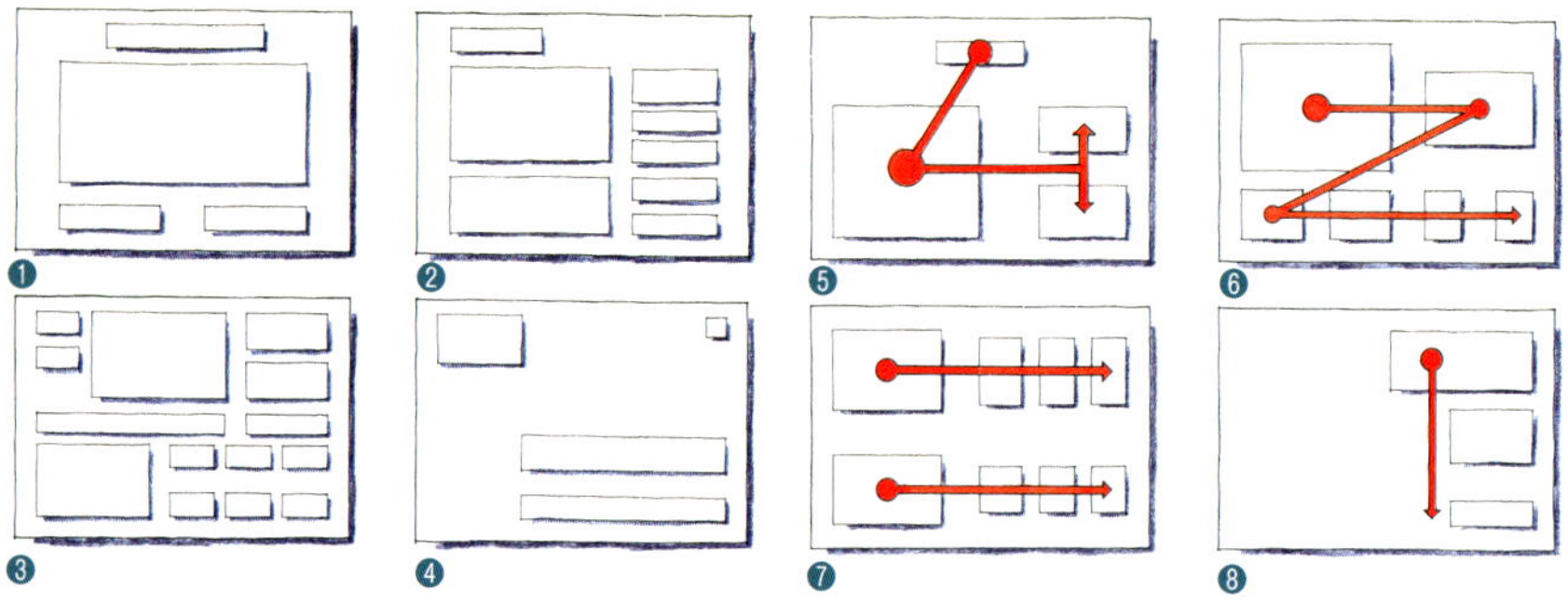

レイアウトはプレゼンテーションの基本

❶シンメトリーな表現　❷順を追った整然とした表現　❸情報をできる限り盛り込んだ表現　❹内容をゆったりと配置した表現　❺起承転結型　❻ビジュアルと文字の並列型　❼内容並列比較型　❽印象効果型

プロダクトの制作や建築の設計をしたいと思っても、自分のアイデアをクライアントに理解してもらわない限り、仕事は成立しない。そのためには、アイデアを理解してもらうためのプレゼンテーション図面をつくらなければならない。相手を説得するためには、わかりやすくなくてはならない。頭の中の3次元のアイデアを2次元の紙に表すのだから、色などを使ってわかりやすくビジュアルに表現をするのがよい。

今までの章で練習をしてきたそれぞれの表現を、1枚のケント紙にまとめることを考えてみよう。一番重要なことは、自分の伝えたいことを決めることである。それに沿った主題を決め、全体の構想を練る。つまり総論から各論へと展開させる。

①計画のテーマを伝えるキャッチフレーズを決める。

②計画の全体像を伝えるコンセプトを決める。

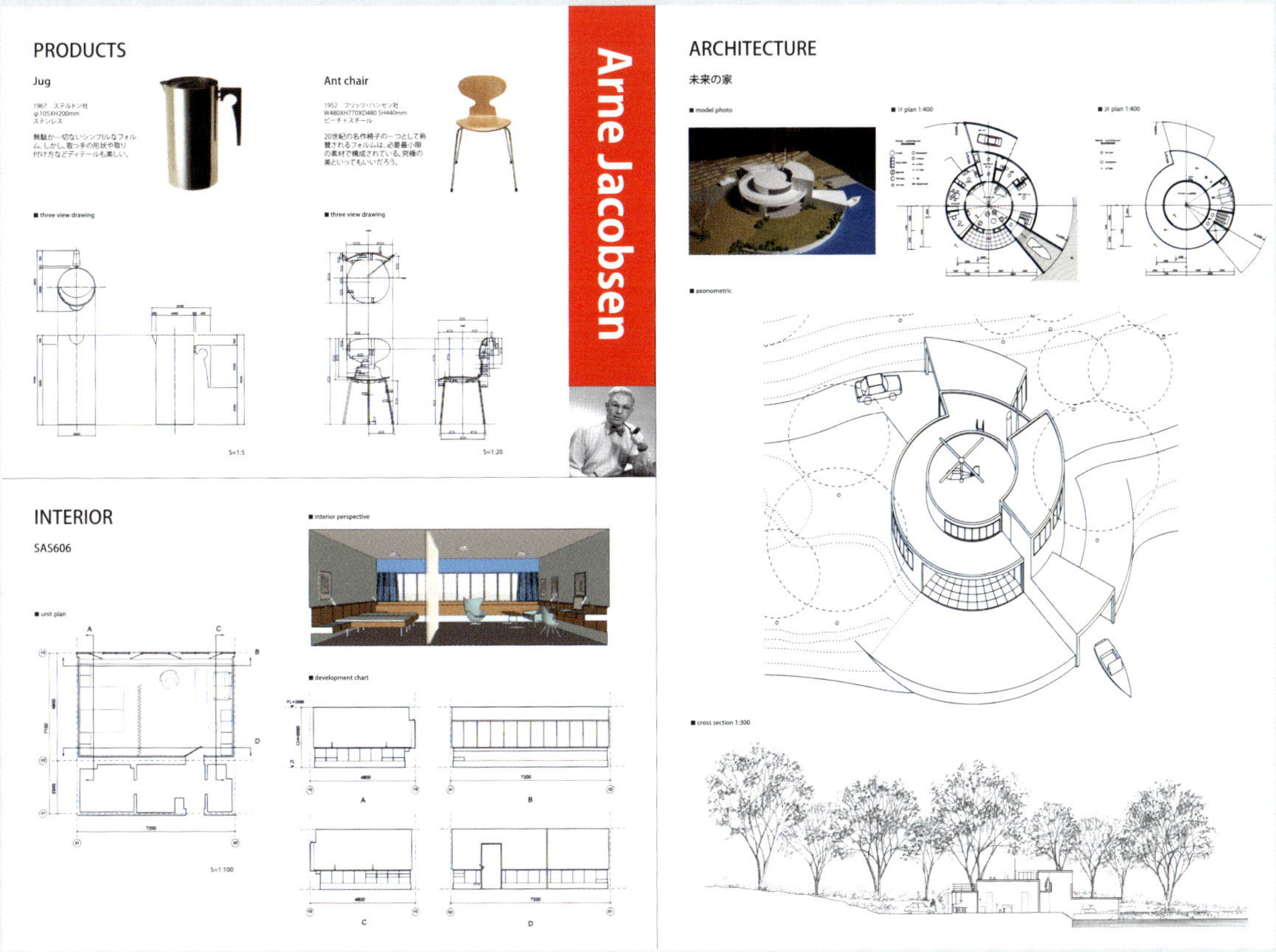
PRODUCTS
Jug
Ant chair
three view drawing
Arne Jacobsen
ARCHITECTURE
未来の家
model photo
axonometric
cross section 1:300
INTERIOR
SAS606
unit plan
interior perspective
development chart

A1 ケント紙にヤコブセンの表現をしてみる。

[1] ヤコブセンの何を表現するか、家具、インテリア、建築を通して彼の考え方のポイントを探る。
[2] 今まで描いてきた、スケッチ、図面、写真等の中から、表現に適したものを選び出す。
[3] 縦横を揃えながら、大枠のレイアウトを決める。
[4] タイトルを決め、全体のバランスから、まずは配置を決める。
[5] 同じ種類の図面は、縦横ずらさずに線を揃える。
[6] その他のアイテムも、揃えて配置を考え、全体を整合させる。
[7] 全体の色のバランスを見て、ポイントに色のあるものを配置する。

③計画の内容を伝える各論のポイントを決める。

そのうえで、これらの手順に沿って、それぞれに合った図面や写真、スケッチ、模型写真など必要と思われるものを並べ、アウトラインを決めていく。効果を上げるためには、色彩や陰影を適度に加え強調することも大切である。

レイアウトの仕方で図面表現の意味は変わっていく。右頁のレイアウト図を参照していただきたい。シンメトリーな表現はオーソドックスで誰にもわかりやすく、順を追った表現は整然とした感じを与え、情報をできる限り盛り込んだ表現はじっくりと考えてもらう提案に近づき、内容をゆったりと配置した表現は印象的でしゃれた感じになる。❺~❽のオレンジ色の矢印は、起承転結型、ビジュアルと文字を並列させる相乗効果型、内容を並列させる比較型、余白を有効に用いる印象効果型を示している。これらの代表的なレイアウトを見れば、それぞれの配置の仕方で効果が違うことがわかる。

上に、本書で描いた図面をもとにしたプレゼンテーションの例をあげておく。

未来の家　縮尺1/100模型

3-7 建築模型をつくる

建物と環境の関係を把握する

建築は敷地がなければ存在できない。建物を計画する段階で、どんな環境に建設されるのか周辺環境を把握し、新たに計画する建物と周辺環境との関係を検討することが大切である。建物は特定の人の所有物であっても、街並みの一部になるからだ。周辺環境の模型をつくることは、建築と地域との関係を検討するのに役立つ。

未来の家は、１９２９年にヤコブセンがコンペで優勝した計画案である。陸・海・空へのアプローチをもつ。周辺環境を想定して模型をつくってみよう。

縮尺は１／１００である。椅子やインテリアより小さな縮尺でつくるのでディテールまでつくる必要はない。建物の形と周辺環境を表すことを主眼につくってみよう。縮尺に応じて何を表現するか選択が必要となる。

1 コンタ切り出し 敷地図の低いレベルの等高線から順々にコンタを切り出す。材料は5mm厚の段ボール。大きな段ボールが手に入らないときは、目立たない位置でつなぐ。

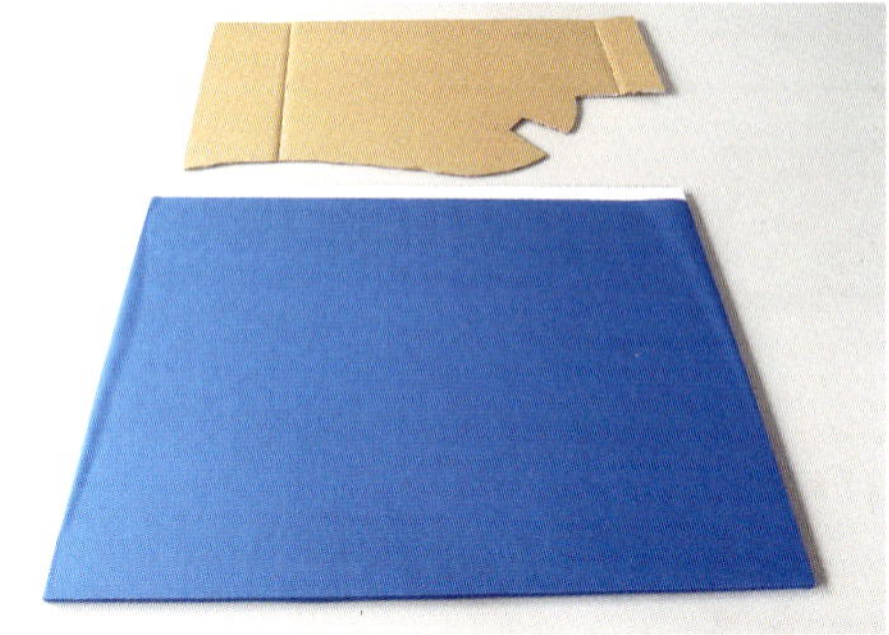

2 重ねて貼り上げる 敷地の台紙に水面の青い紙をスプレーのりで貼り付ける。切り出したコンタを重ねて貼り上げる。

3 ヘラを使う 接着剤がはみ出たり、エッジが浮かないようにヘラで均一に広げてから貼り付ける。

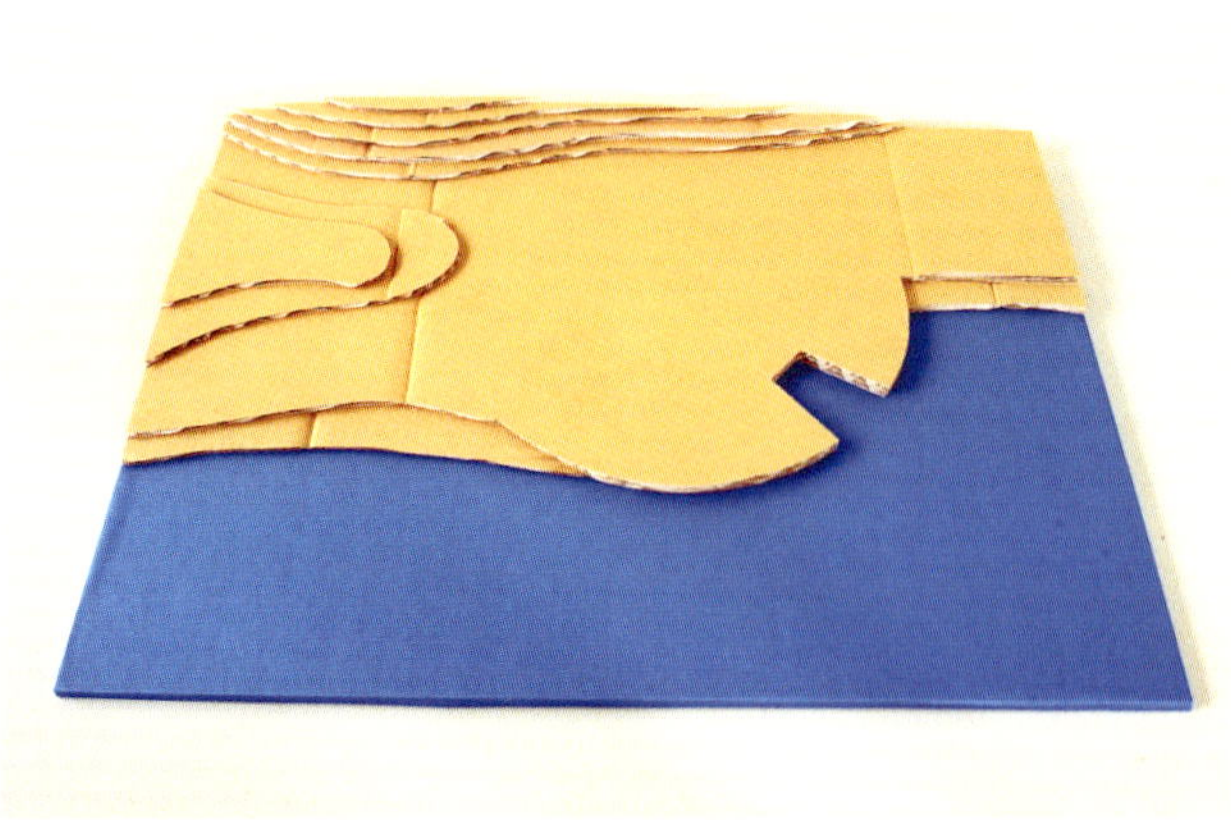

4 コンタ完成 ボートハウスの部分は、コンタを切り抜いておく。

5 灌木、芝生などを貼り付ける 灌木や芝生、水際の砂浜や岩などは、着色したスポンジやコルクの粒などを接着剤で貼り付ける。

6 樹木をつくる
カスミソウやスターチスなどのドライフラワーは、樹木に見立てやすい。1/100のスケールに合わせて、束ねて樹形をつくる。

敷地をつくる（コンタ模型）

高低差のある敷地を表現するために、コンタ模型をつくる。コンタ（contour）とは等高線のことで、一定間隔ごとの水平ラインである。ここでは、高低差５００㎜で設定した。縮尺１／１００で、５㎜厚の材料を重ねてつくる。素材は段ボール、スチレンボード、コルクなどがよく使われる。質感と予算に合わせて材料を選ぶ。敷地図のコンタに沿って材料を切り出し重ねる。コンタによって、湖のレベルから建物が立つレベル、さらに周囲の丘の高さを正確に表すことができる。水面、水際、芝生などは、材料を工夫して表現する。樹木は敷地の重要な要素である。スケールに合わせてドライフラワーを利用したり、電線をほぐしてつくったり、抽象化した形態で表現するなど、樹木に見えればなんでもかまわない。舗装道路は色紙を貼りつけたり、芝生の表現には接着剤を台紙に塗り着色した砂粒などをまいて固定するなど、いろいろ工夫してみよう。

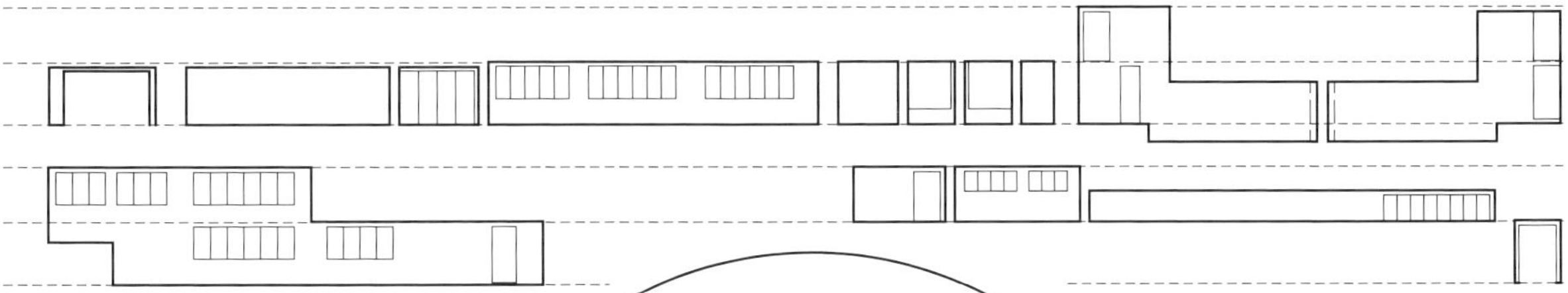

主なる壁部材　S=1/500

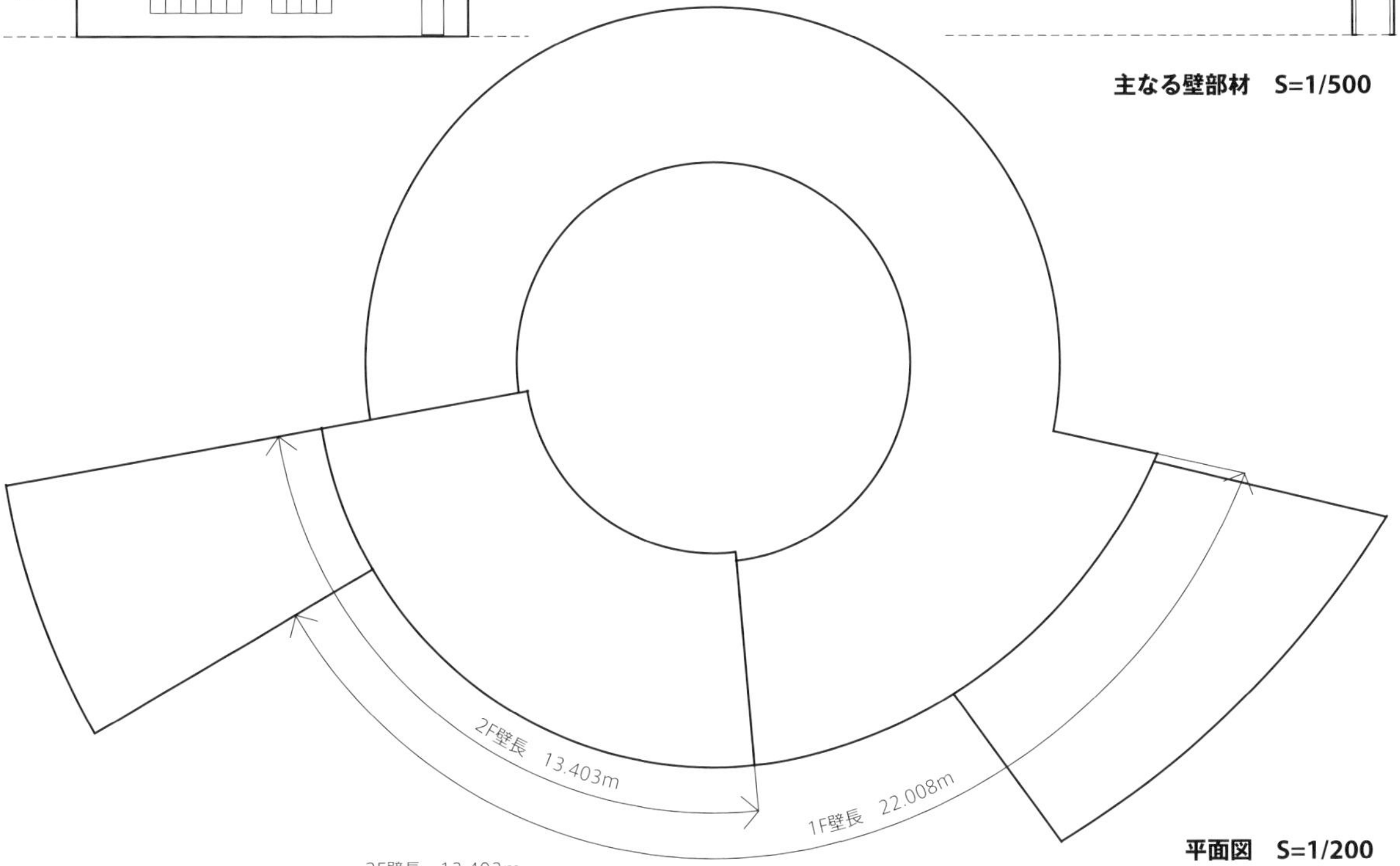
2F壁長　13.403m
1F壁長　22.008m

平面図　S=1/200

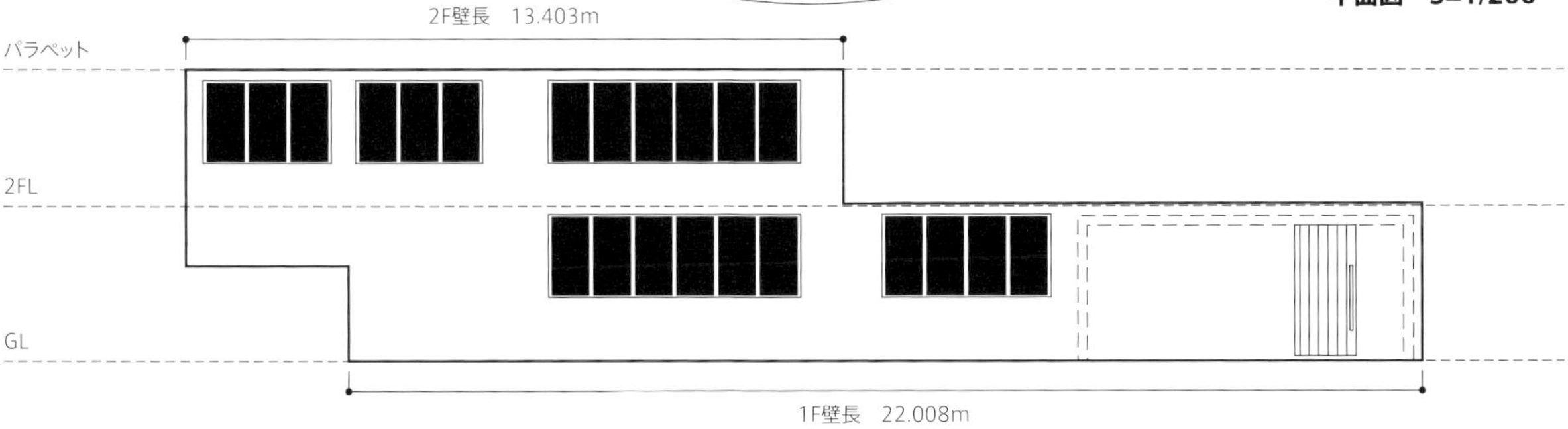
2F壁長　13.403m
パラペット
2FL
GL
1F壁長　22.008m

展開した立面図　S=1/200

本図縮尺
S=1/500、S=1/200
演習推奨
S=1/100

建物をつくる

「未来の家」の特徴である円形の形態と陸・海・空へのアプローチを表現する。外観模型であるから内部はつくらない。窓の表現はガラスの部分を黒く塗りつぶす。

円形であるから立面図では、壁の長さが表現できない。平面図から壁の長さを割り出して曲面を平らにした立面図を描こう。立面図、平面図をスチレンボードに張り付け、切り出す。

平面図は、壁のスチレンボードの厚み分を小さく切り取り、立面のパーツの芯にする。内部は見えないので、壁の垂直の補助や屋根の下地として、内部にリブを組み込んでおくと精度を上げやすい。敷地に平面図を貼り付けてから組み立てても建物をつくってからはめ込んでもかまわない。建物がゆがんだり敷地から浮かないように注意しながら、しっかり固定する。スケールがわかりやすいように車やボートも加えてみよう。

模型をつくる基本テクニック

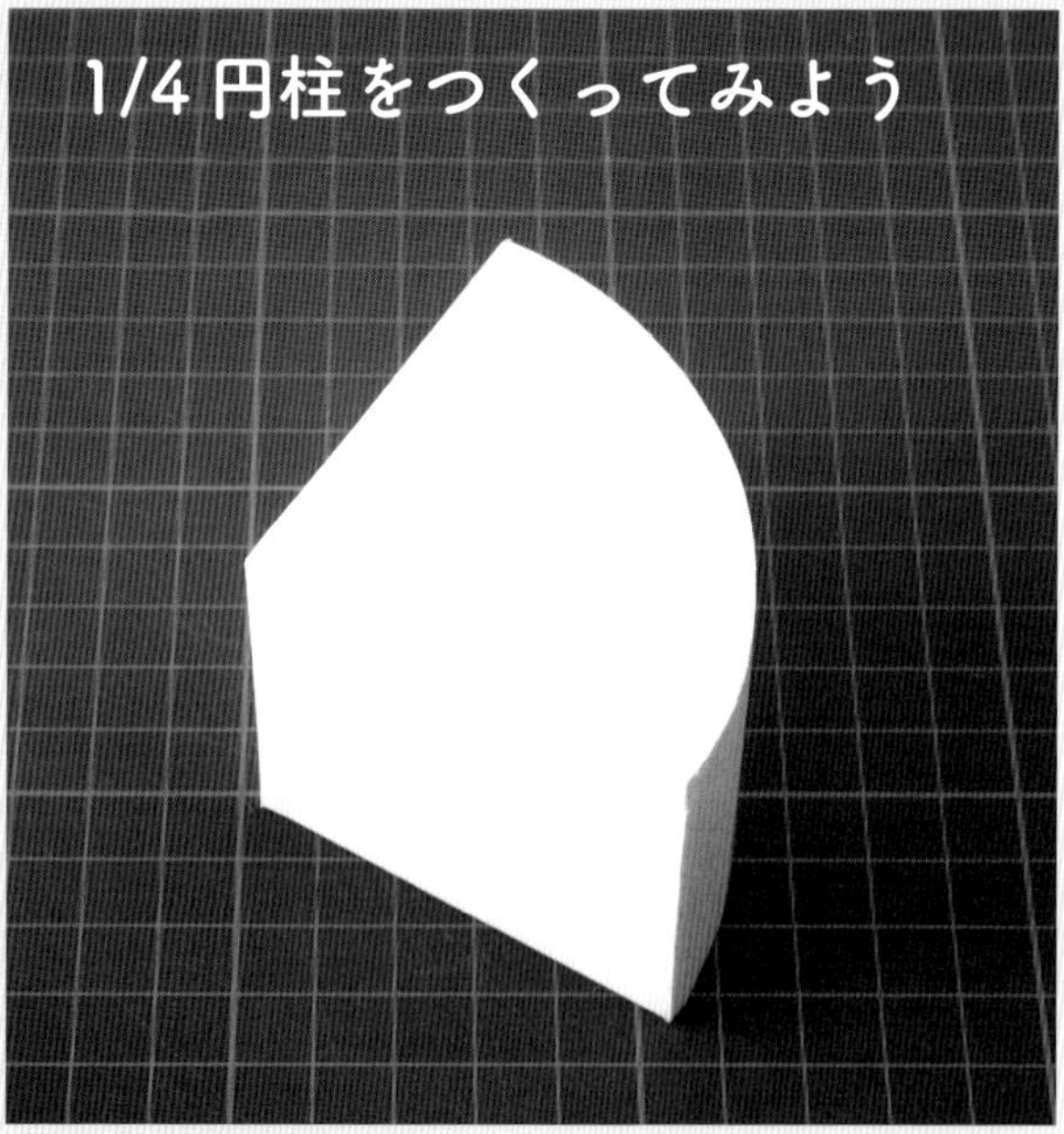

1 1/4円を切り出す
スチレンボードにコンパスで円を描き、カッターで切り出す。カッターの先が引っかかるようになったら、刃先を折って新しくする。

2 凹凸面の修正
フリーハンドで切断した曲面のでこぼこは、固定したサンドペーパーで曲面をこすって、修正する。

3 直交面のつくり方（薄皮残し）
4 スチレンボードの厚み分の幅を、下面の紙を残してカッターを入れ、スチレンを定規などで掻き取る。安定した直角をつくりやすい。

5 直交面のつくり方（45度カット）
6 上面の紙を、厚みと同じ幅にカットし、紙だけをはがす。上下の紙をガイドにスチレンを45度にそぎ落とす。切り幅を変えれば任意の角度をつくることができる。

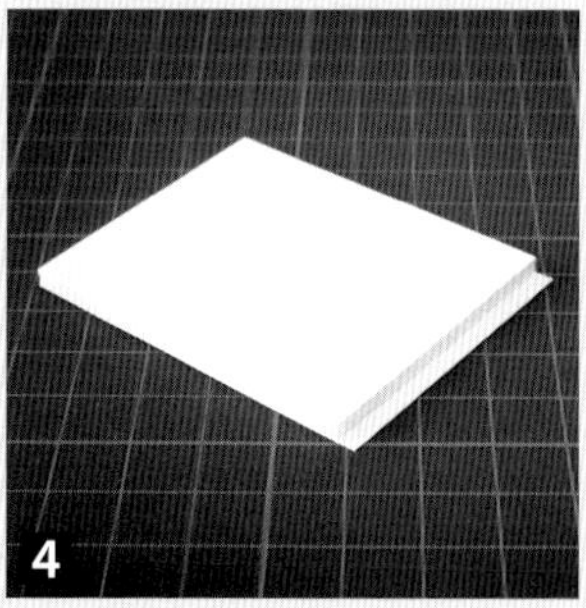

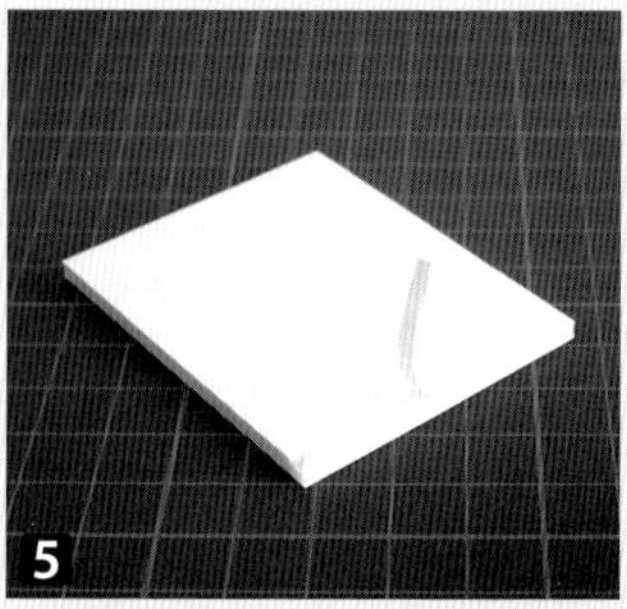

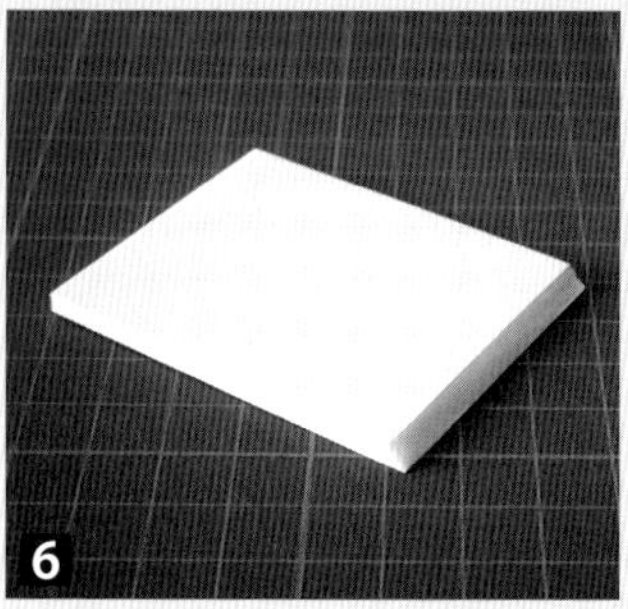

●カッターナイフの使い方
模型をつくるうえで、もっとも基本的な道具がカッターナイフである。切断面の精度が建築模型の出来に直結する。切れ味の悪い刃を使い続けるとシャープな小口がつくれないだけではなく、余分な力が入って怪我のもとになる。こまめに刃を折りながら使う。危険なので、折った刃はその都度ケースに戻すか、ガムテープに張り付けるなどして適切に処分する。

●基本的な持ち方
親指、人差し指、中指の3本でカッターナイフを持ち、小指と薬指はボードにつけてガイドの役割をさせる。鉛筆を持つように小指を握ってしまうとカッターが安定しない。常に切断面が直角になるように持ち方を練習する。

●刃を出し過ぎない
刃を出し過ぎると、刃先がたわみ正確に切ることができない。刃の出し幅は筋1、2枚程度である。厚いボードは

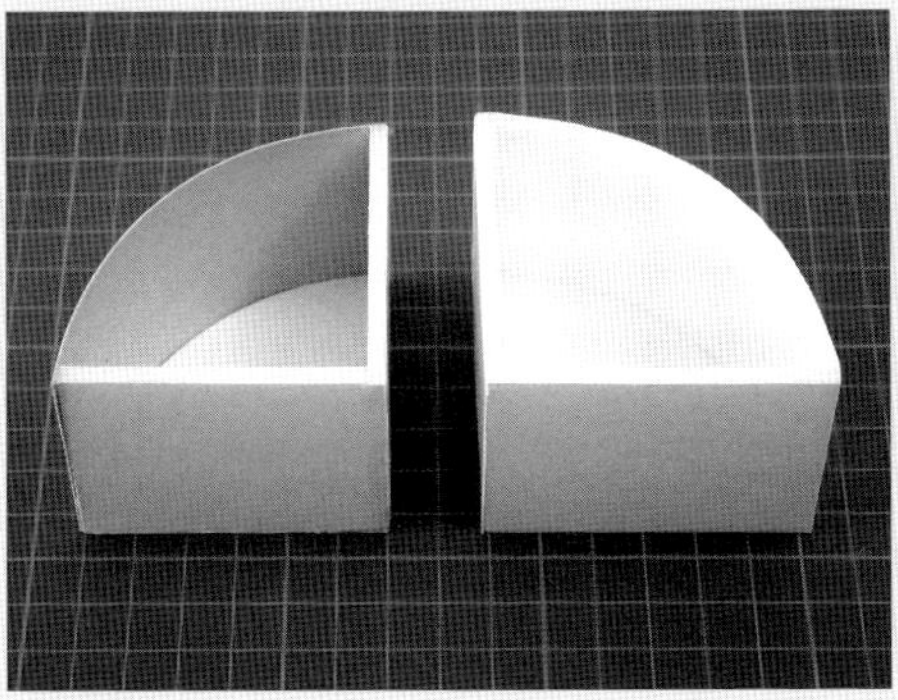

11 完成写真

湾曲面：右は厚紙、左はスチレンボードで制作。

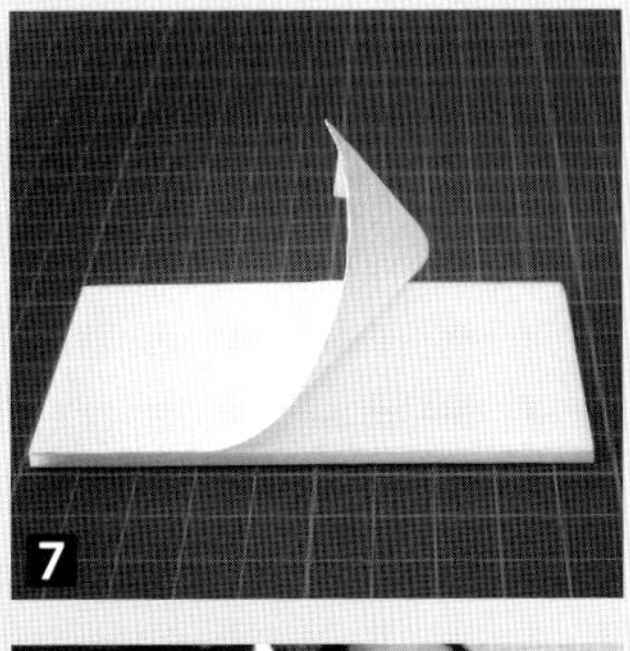

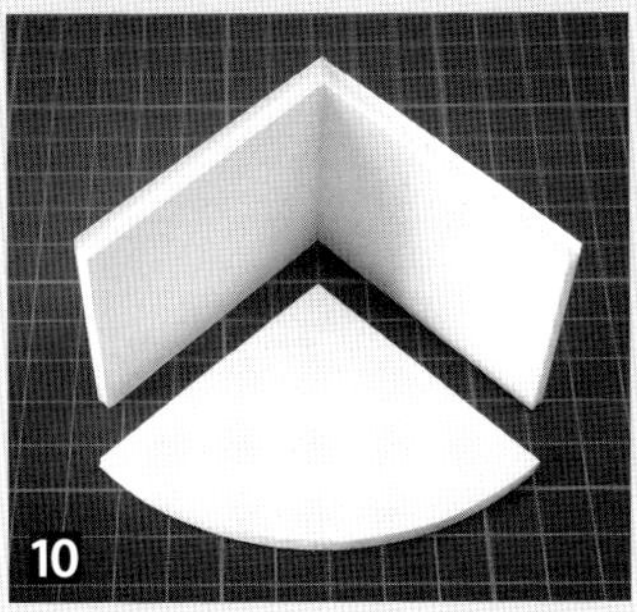

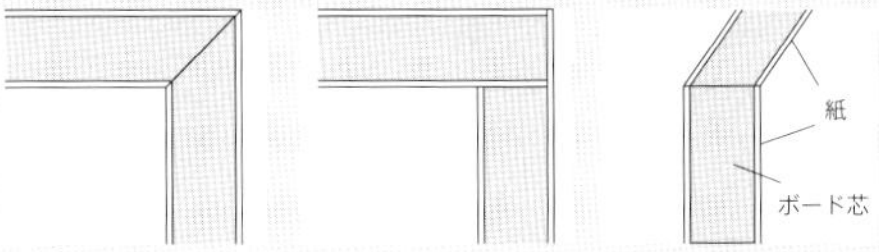

45度カット　一枚のこしカット　ボード小口断面

7 曲面をつくる　その1

スチレンボードでも厚紙を利用してもよい。スチレンボードは、片面の紙をはがし、しごいて湾曲させる。

8 曲面をつくる　その2

厚紙は、机の角などでしごいて曲げる。

9 組立て　その1

スチのりは、はみ出さず、一様に付くようヘラでのばす。

10 組立て　その2

直角が正確に出るよう確認しながら各面を接着する。

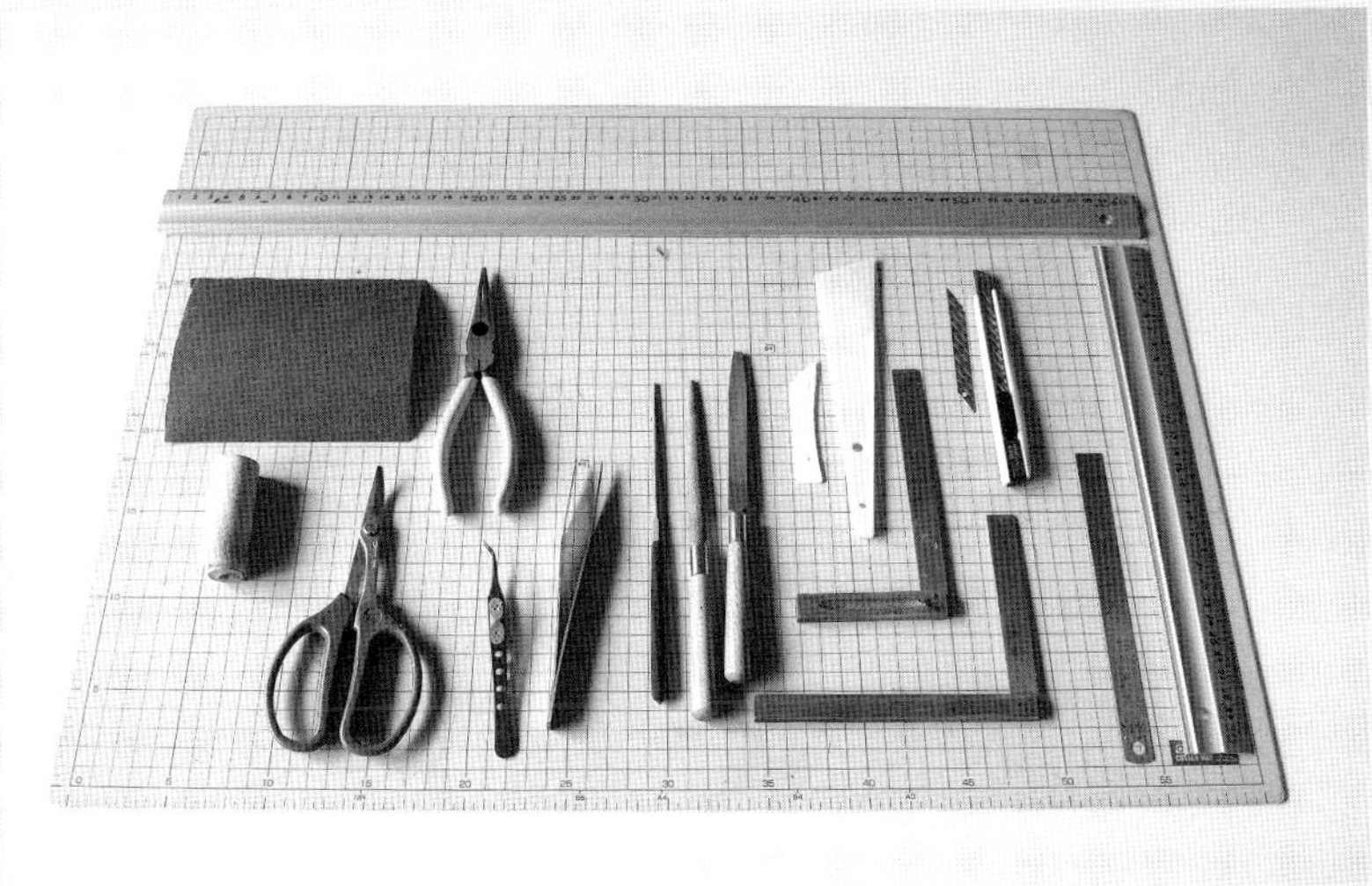

12 工具

カット台、金尺：長さ60cm、30cm、15cm　スコヤ、カッター、30度替え刃、ヘラ、棒ヤスリ、ピンセット、ラジオペンチ、先曲金属ばさみ、サンドペーパー

無理をして片面から切るのではなく、両面から切るとよい。

ボード類をきれいに切るコツは、一度に切ろうとしないことである。力を入れずに数回同じ切断面を一定速度で引いて切る。原則として定規は、部材を保護するため利用する側に乗せる。

●部材を切り落とさない

小さな部材を切り出す際は、各面ごとに利用しない部分を切り離さず切り抜くようにカットすると、正確に切り出しやすくなる。

●直交する壁のつくり方

スチレンボードで直角の面をつくるには、スチレンの小口が隠れるよう、片方の部材を薄皮を残しカットするか、両面を45度カットする。正確にできるよう練習すること。

精度の良い模型をつくるには、接着剤の使い方が重要となる。接着剤がはみ出すときれいに仕上がらない。付け過ぎた場合や大きな面を接着する場合は、ヘラで均一にのばしてから接着する。接着剤は、固まる速度や接着面の素材に合わせて使い分ける。

column 03

アルネ・ヤコブセンの原図を保存するデンマーク国立芸術図書館建築資料室

アルネ・ヤコブセンのオリジナルドローイングを見ることができる場所がある。デンマーク国立芸術図書館の建築資料室だ。スウェーデンに留学中の建築家のつてで、事前に予約し、「SAS ロイヤルホテル」と「未来の家」に関する写真やドローイングを用意しておいてもらった。

予約した時間に資料室を訪れると、大きなテーブルの上に大判の紙包みの束が無造作に積み上げられていた。200 枚以上はあるだろうか。ほとんど整理されてはいない。20 枚くらいずつ厚紙に挟まれてグルーピングされているだけだ。写真は自由に撮っていい。ただし使用する場合は事前の申請が必要だ。上から広げていくと、SAS ロイヤルホテルのファサードのスタディがたくさん出てきた。タワーの配置や、外装材の色、サッシュの分割のパターンなど、ヤコブセンの思考過程が手に取るように伝わってくる。客室の展開図は、まさに宿泊した ROOM606 をほうふつとさせた。SAS ロイヤルホテルのロゴや、時計やスワンチェアの原寸大の図面まであった。また、知りたかった未来の家に関しては家具の配置をスタディした平面図や貴重な写真を見ることができた。

本書の教材作成に必要な手がかりや根拠を、ここの資料で確認することができた。つい数日前にはスペインの研究者が同じくヤコブセンの資料を見に来ていたという。90 年前のアルネ・ヤコブセンの原図を、海外の研究者に惜しみなく公開するデンマークという国に心から感謝した。

❶ デンマーク　クンストビブリオテーク
デンマーク語でアートライブラリーを意味する「クンストビブリオテーク」は、コペンハーゲン中央のコンゲンス・ニュートー広場の東南にある。あらかじめウェブや電話を通じて日時を予約しておくと、建築家のドローイングや、デンマークの建築と芸術に関する書籍を無料で見せてもらうことができる。
Danmarks Kunstbibliotek www.kunstbib.dk/ Kongens Nytorv 1 Postboks 1053 1007 København K. Denmark

❷ 建築資料室
資料を調べに訪ねたとき、この資料室には司書と僕たちしかいなかった。腰の高さまである大きなテーブルに図面を広げ、何時間でも心行くまでヤコブセンの資料と向き合った。

4

epilogue

おわりに

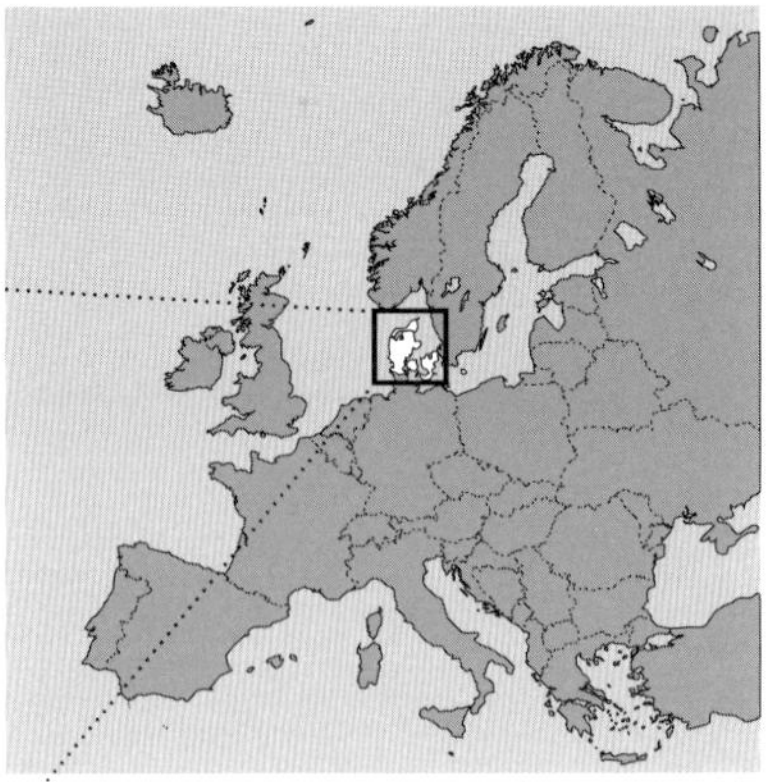

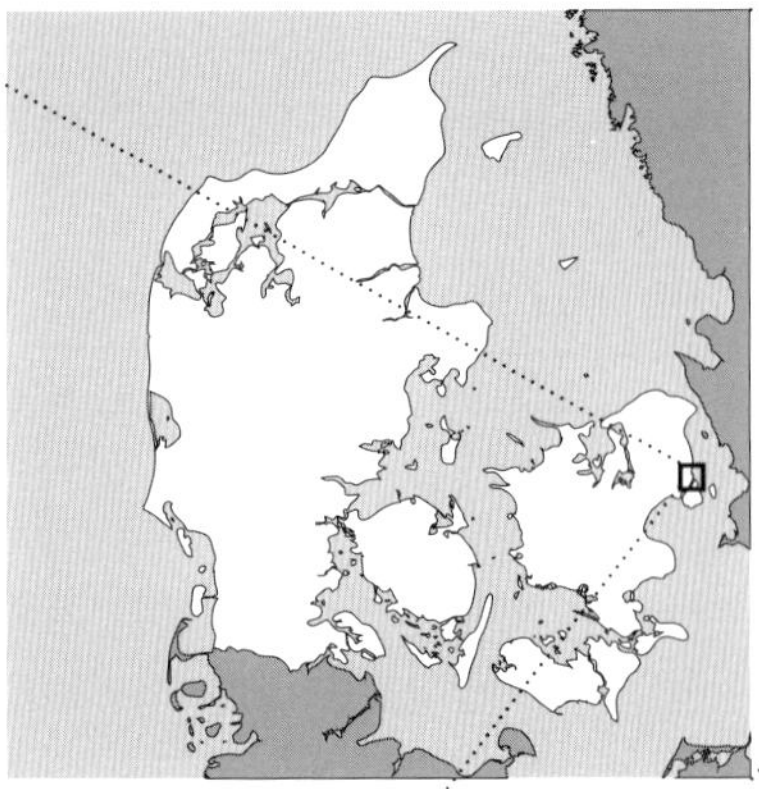

epilogue

アルネ・ヤコブセンをめぐるショートトリップ

これまで、アルネ・ヤコブセンの作品を通して表現技法を学んできた。デンマークを訪ねて、ヤコブセンの作品に実際に触れてみたいと思う読者も多いのではないか。本書の締めくくりとして、2泊3日の紙上アルネ・ヤコブセン見学ツアーに招待したい。

【1日目】

コペンハーゲン泊。宿泊はもちろんSASロイヤルホテルである。現在はラディソンブルー・ロイヤルホテルと名前を変えているが、ヤコブセン・スイートのROOM606を予約しておこう。ブルーグリーンの色彩の部屋に入ると、60年代にタイムスリップして、ヤコブセンがめざしたトータルデザインを肌で実感することができる。一息ついたら、市内を散策しよう。デンマーク国立銀行（1978）は必見だ。入り口がわかりにくい場所にあるが、誰でもエントランスロビーまでは入場可能だ。2つの自動ドアを抜けると吹抜けがある。堂々とした吹抜けと、奥に吊るされた階段の軽快なコントラストに圧倒されるだろう。そこからすぐのところに、ヤコブセンのオリジナルドローイングを保管しているデンマーク国立芸術図書館建築資料室がある。予約が必要だが、見たい資料を事前に伝えておくと、無料で用意してくれる。

【2日目】

ROOM606のゲストはホテル最上階のレストラン、アルベルトKで朝食をとることができる。70mの高さから一望する景色を背景に、ヤコブセンのインテリアと食器、ステルトン社のコーヒーポットと共に食べる朝食は格別だ。腹ごしらえがすんだら、クランペンボーに列車で移動。駅のそばのマットソン乗馬クラブ（1934）、ベルビュー海水浴場（1932）を見学し、ベルビュー・シアター

❶SAS ロイヤルホテル／現・ラディソン・ブルー・ロイヤルホテル ROOM606／レストラン Alberto K

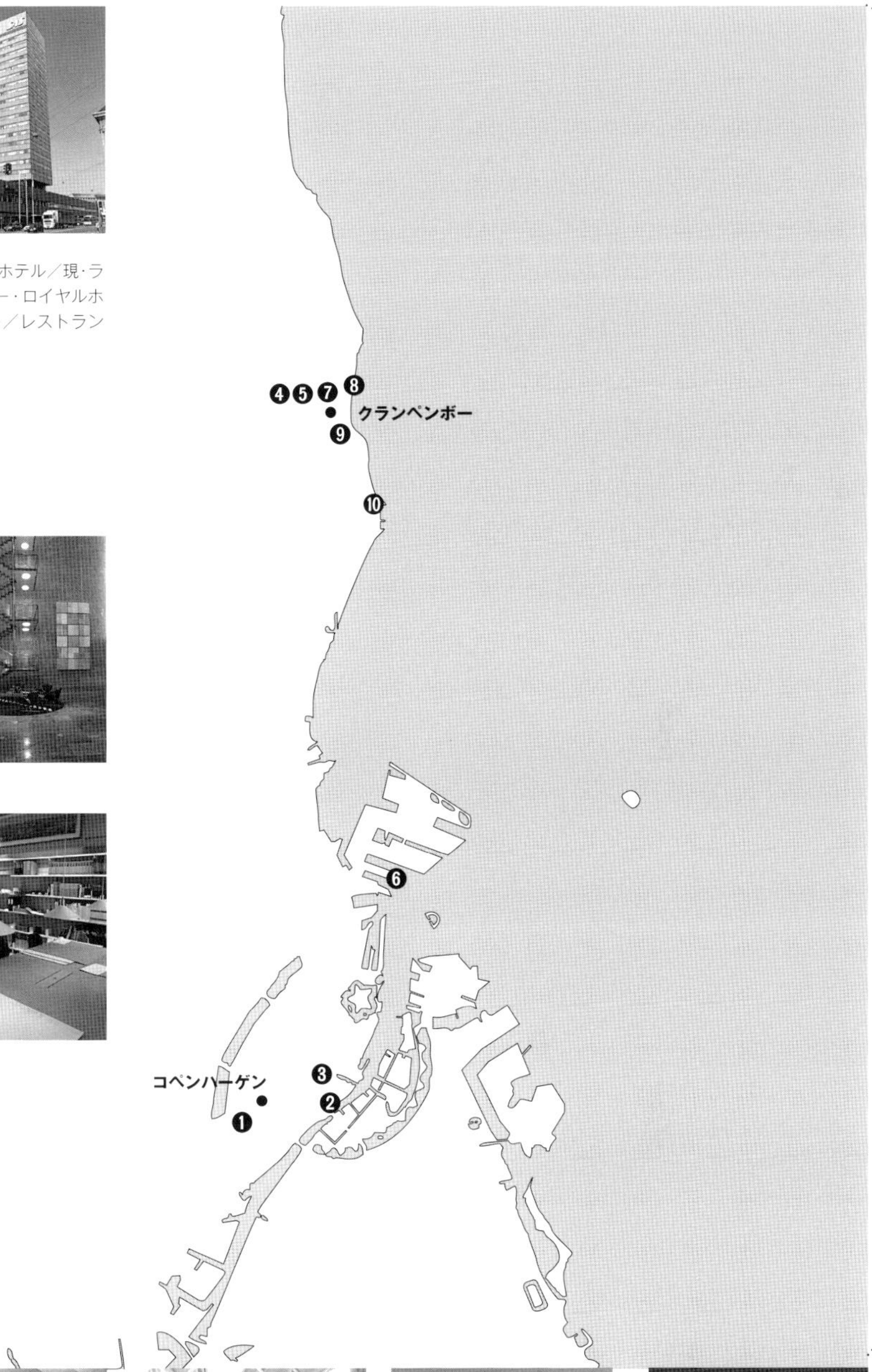

❷ デンマーク国立銀行／エントランスホール

❸ デンマーク国立芸術図書館／建築資料室内部

❹ マットソン乗馬クラブ

❺ ベルビュー・シアターとレストラン／レストラン・ヤコブセン

❻ フリッツ・ハンセン社ショールーム

❼ ベラヴィスタ集合住宅

❽ ベルビュー海水浴場

❾ スーホルム集合住宅

❿ テキサコ・ガスステーション

⑬フリッツ・ハンセン本社／工場内部

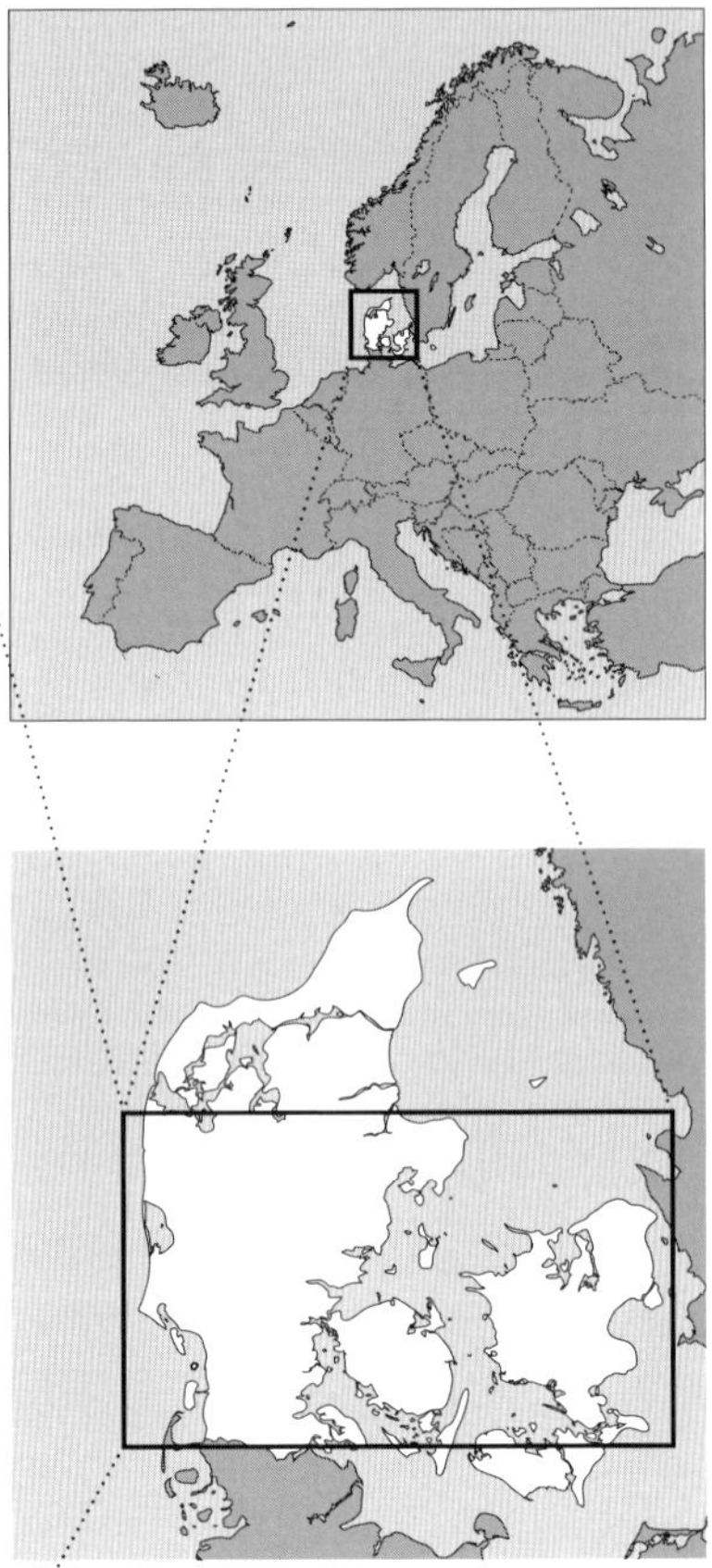

（１９３７）に戻って、レストラン・ヤコブセンでランチをとる。ここは、家具調度品すべてヤコブセンにこだわったレストランだ。食後にはベラヴィスタ集合住宅（１９３４）、スーホルム集合住宅（１９５０）を右手に望みながら海岸沿いを20分ほど歩き、テキサコ・ガスステーション（１９３７）を見学。今はアイスクリームスタンドになっているので、歩き疲れを甘さで癒すのもいいだろう。夕方、列車でデンマーク第２の都市、オーフスに移動。駅横の観光案内所にて、翌日のオーフス市庁舎ガイドツアーを申し込んでおこう。オーフス泊。

【３日目】

オーフス市庁舎（１９４２）にてガイドと落ち合い、通常は見ることのできない内部を2時間ほど見学。英語が堪能なガイドは、ワーグナーの椅子が置いてある議会室や、市内を見渡せる時計塔の屋上へと案内してくれる。オーフス市庁舎も、灰皿やらせん階段、エレベーターまでヤコブセンのデザインが徹底されている。ぴかぴかに磨かれた手すりに触れ

⓫ オーフス市庁舎／事務棟／会議室／エントランスホール

⓬ クーブフレックスハウス／内部／トラポルト・ミュージアム展示ホール

ると、ヤコブセンのデザインが今でもオーフス市民に大事にされていることがわかる。昼にコリングへ列車で移動し、バスでトラポルト・ミュージアムへ。ここには、クーブフレックスハウス（1970）が移設されている。この実験住宅は、商品化には至らずヤコブセンがサマーハウスとして使用していたものだ。1時間ごとに見学ツアーがあり、英語かデンマーク語で内部を案内してくれる。ヤコブセンの家具、照明、テキスタイルでトータルコーディネートされ、カトラリーもキッチン什器にディスプレーされているコンパクトな空間を味わえる。美術館自体も、ヴァーナー・パントンなど家具のコレクションが充実しているので一見の価値あり。夕刻、バス、電車にてコペンハーゲンへ。

以上で、アルネ・ヤコブセン見学ツアーを無事終了。もう1日余裕のある人は、フリッツ・ハンセン社のショールームおよび工場見学を勧めたい（工場見学は要予約）。

Furniture ／ Product Design　家具・プロダクトデザイン

アントチェア [1952]
世界ではじめて背と座面を合板で一体成形した革新的な椅子。

ウォータージャグ [1967]
ステンレスの無駄のないシリンダー形状には当時の高い技術が求められた。

アッシュトレイ [1967]
灰皿のボウルが回転して灰が落ちる光景はまるで動くオブジェのようだ。

エッグチェア [1958]
体全体を包み込むフォルムは、適度に隔離された固有の空間をつくり出す。

スワンチェア [1958]
没入感はエッグチェアに劣るが、軽やかさと親しみやすさが際立っている。

AJ フロアランプ [1957]
シェードの角度は可変、脚で操作するフットスイッチを付属。

AJ デスクランプ [1957]
AJ フロアランプのシャフトが短かく、ベースにスイッチがあるデスク型。

AJ カトラリー [1957]
未来的なデザインのフォークとナイフとスプーンとサラダサーバー。

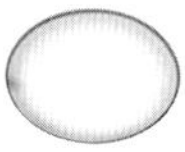

AJ ディスカス [1956]
壁面や天井面に陰が出ないように照らす円形の照明。

セブンチェア [1955]
アントチェアからさらに向上した一体成形技術によって生まれたフォルム。

AJ ロイヤル [1960]
上部のスリットから天井を照らし出す光の空間的効果が素晴らしい。

Interior Design　インテリアデザイン

SAS ロイヤルホテル ROOM606[1960]
「SAS ロイヤルホテル」の創業当時の部屋を再現したのが「ROOM606」。

Architecture Design　建築デザイン

未来の家 [1929]
フレミング・ラッセンと共同で応募し勝利したコンペ案。1929 年に発表。

スーホルム集合住宅 [1950]
クランペンボーの海岸沿いに立つ落ちついた傾斜屋根とレンガのテラスハウス。

オーフス市庁舎 [1942]
原案にはなかったが、市民の反対に合い、シンボルとなる時計台を付けた。

ベラヴィスタ集合住宅 [1934]
クランペンボーの海岸沿い、ベルヴュー地区に実施したリゾート開発。

ベルビュー・シアターおよびレストラン [1937]　全ての家具調度品をヤコブセンで揃えた、ヤコブセンという名のレストラン。

テキサコ・ガスステーション
[1937]　屋根の形状がまるでアントチェアのようなガソリンスタンド。

クーブフレックスハウス
[1970]　ヤコブセンが夏の家として利用した工業化量産住宅のプロトタイプ。

デンマーク国立銀行 [1978]
コペンハーゲン中心地に建つ、ヤコブセンの遺作となる建築物。

後記

本書は「建築学部にふさわしい基礎設計の教科書はいかにあるべきか」という問いから出発した。2011年春、工学院大学の建築学科が日本初の建築学部となり、その1期生の基礎設計・図法の演習講義を私たちが担当することになった。振り返れば、日本における建築教育は工学系の内容で占められているが、インテリアデザインやプロダクトデザインの教育は美大系で教えられている。しかしそもそも建築とは総合的な学問であるべきだ。人々が生き生きと生活するためには、身の回りのスケールまで含めたトータルデザインの教育が重要だと考えた。

そこで指南役の建築家として浮上したのが、北欧デザインの巨匠であるアルネ・ヤコブセンだ。ヤコブセンは若い頃に画家をめざしたが、建築を学んだあとに多くの建物やプロダクトを設計し、今では北欧を代表する建築家・デザイナーとして名を馳せている。本書の教材となる対象は、すべて彼のプロダクトや建築作品から選定している。

執筆にあたっては、大学にて基礎設計・図法の演習講義を分担する、半田雅俊、村山隆司、小川真樹、大塚篤が各章を担当した。

コペンハーゲンではSASロイヤルホテルROOM606の実測や資料収集にあたって、千葉大学デザイン学科の原寛道氏にご協力いただいた。また、出版にあたり、彰国社の鈴木洋美氏に多大なご理解とご尽力をいただいた。ここに記して深く感謝の意を表する次第である。

本書が建築の初学者だけでなく、図法の習得を必要とするすべての方々の一助になれば幸いである。

2012年3月　鈴木敏彦

写真撮影とクレジット

◉ p.6、12、33………………courtesy of Radisson Blu Royal Hotel

◉ P.8………………フリッツ・ハンセン社

◉ p.11 左（家具・プロダクト）、14、15、20、22 左上、24、59 上、100、102 左中・下、104、105（下を除く）………………畑拓

◉ p.61………………坂倉建築研究所（原出典：『芸術新潮』1961年5月号）

◉ p.62………………デンマーク国立芸術図書館

◉ p.107………………Strüwing

※上記以外は、著者による

図版クレジット

◉カバー………………デンマーク国立芸術図書館

参考図書

◉ Carsten Thau & Kjeld Vindum, *Arne Jacobsen*, Arkitektens Forlag / The Danish Architectural Press, 2001

◉ Michael Sheridan, *Room 606 : The SAS House and the Work of Arne Jacobsen*, Phaidon, 2003

◉ Sandra Dachs, Patricia de Muga and Laura Garcia Hintze, *Objects and Furniture Design Arne Jacobsen*, Ediciones Poligrafa, 2010

◉和田菜穂子『アルネ・ヤコブセン　時代を超えた造形美』学芸出版社、2010

◉島崎信＋生活デザインミュージアム『美しい椅子　北欧4人の名匠のデザイン』枻文庫、2003

◉鈴木敏彦・松下希和・中山繁信『世界で一番美しい建築デザインの教科書』エクスナレッジ、2011

Special thanks to Michael Sheridan

著者プロフィール

鈴木敏彦（すずき　としひこ）　［**担当**＝企画・構成および、0、1〜3イントロダクション、column 1・2・3］

工学院大学大学院建築学専攻修士課程修了。黒川紀章建築都市設計事務所、フランス新都市開発公社EPAmarne、早稲田大学建築学専攻博士課程を経て、1999〜2007年東北芸術工科大学プロダクトデザイン学科助教授、2007〜2010年首都大学東京システムデザイン学部准教授、2010〜2011年工学院大学建築都市デザイン学科教授。現在、工学院大学建築学部教授。ATELIER OPA共同主宰。

大塚篤（おおつか　あつし）　［**担当**＝1-3、3-1、3-3、3-4］

工学院大学大学院建築学専攻修了、博士（工学）。渡辺建築事務所を経て、1997〜2007年工学院大学専門学校建築科・インテリアデザイン科専任講師、2007〜2011年工学院大学建築系学科実習指導教員。現在、工学院大学建築学部実習指導教員。LLPソフトユニオン会員。

小川真樹（おがわ　まさき）　［**担当**＝2-1、2-2、2-3、3-2、3-5］

東京芸術大学大学院美術研究科建築設計修了。1985〜1998年三上祐三＋MID－綜合設計研究所。1991年東京芸術大学非常勤講師（情報デザイン概論）。2007〜2016年工学院大学非常勤講師。現在、小川真樹建築綜合計画主宰。日本大学非常勤講師。東京造形大学非常勤講師。日本建築家協会会員。日本建築学会会員。形の科学会会員。

半田雅俊（はんだ　まさとし）　［**担当**＝1-2、2-4、3-7］

工学院大学建築学科卒業。遠藤楽建築創作所、Frank Lloyd Wright Shool of Architecture（タリアセン）を経て、半田雅俊設計事務所設立。2006〜2016年工学院大学非常勤講師。NPO法人家づくりの会理事。日本建築学会会員。

村山隆司（むらやま　りゅうじ）　［**担当**＝1-1、3-6］

工学院大学大学院建築学専攻修士課程修了。山下司建築研究所、中山繁信設計室勤務を経て、1996年村山隆司アトリエ設立。1992〜2002年文化学院、東京YMCAデザイン研究所非常勤講師。現在、工学院大学非常勤講師。建築家住宅の会会員。日本建築家協会会員。日本建築学会会員。伝統木構造の会会員。東京建築士会会員。

北欧の巨匠に学ぶ図法　家具・インテリア・建築のデザイン基礎

2012年5月10日　第1版　発　行
2017年8月10日　第1版　第2刷

著作権者との協定により検印省略

著　者　鈴木敏彦・大塚　篤
　　　　小川真樹・半田雅俊
　　　　村山隆司

発行者　下　出　雅　徳

発行所　株式会社　彰　国　社

162-0067　東京都新宿区富久町8-21
電話　03-3359-3231（大代表）
振替口座　00160-2-173401

自然科学書協会会員
工学書協会会員

Printed in Japan

印刷：壮光舎印刷　製本：ブロケード

ISBN978-4-395-01301-2　C 3052　http://www.shokokusha.co.jp